Arbitragem e Valor Probatório da Conduta da Parte

Arbitragem e Valor Probatório da Conduta da Parte

2023

Naiane Lopes Soares de Melo

ALMEDINA

ARBITRAGEM E VALOR PROBATÓRIO DA CONDUTA DA PARTE

AUTOR: Naiane Lopes Soares de Melo

DIRETOR ALMEDINA BRASIL: Rodrigo Mentz
EDITORA JURÍDICA: Manuella Santos de Castro
EDITOR DE DESENVOLVIMENTO: Aurélio Cesar Nogueira
ASSISTENTES EDITORIAIS: Larissa Nogueira e Letícia Gabriella Batista
ESTAGIÁRIA DE PRODUÇÃO: Laura Roberti

DIAGRAMAÇÃO: Almedina
DESIGN DE CAPA: Roberta Bassanetto

ISBN: 9786556278063
Abril, 2023

Dados Internacionais de Catalogação na Publicação (CIP)
(Câmara Brasileira do Livro, SP, Brasil)

Melo, Naiane Lopes Soares de
Arbitragem e valor probatório da conduta da parte / Naiane Lopes Soares de Melo. – 1. ed. – São Paulo : Almedina, 2023.

Bibliografia.
ISBN 978-65-5627-806-3

1. Arbitragem (Direito) – Leis e legislação – Brasil 2. Direito civil 3. Direito probatório 4. Provas (Direito) I. Título.

23-143634 CDU-347.918

Índices para catálogo sistemático:
1. Arbitragem : Direito civil 347.918
Aline Graziele Benitez – Bibliotecária – CRB-1/3129

Este livro segue as regras do novo Acordo Ortográfico da Língua Portuguesa (1990).

EDITORA: Almedina Brasil
Rua José Maria Lisboa, 860, Conj.131 e 132, Jardim Paulista | 01423-001 São Paulo | Brasil
www.almedina.com.br

À tão presente memória da vovó Zilda,
fonte inesgotável de força e fé.

ABREVIATURAS

AAA	– *American Arbitration Association*
ACICA	– *Australian Centre for International Commercial Arbitration*
ALI	– *American Law Institute*
CAMARB	– Câmara de Mediação e Arbitragem Empresarial – Brasil – CAMARB
CAM-B3	– Câmara de Arbitragem do Mercado
CAM-CCBC	– Centro de Arbitragem e Mediação da Câmara de Comércio Brasil--Canadá
CBAr	– Comitê Brasileiro de Arbitragem
CF	– Constituição da República Federativa do Brasil de 1988
CIARB	– *Chartered Institute of Arbitrators*
CIETAC	– *China International Economic and Trade Arbitration Commission*
CPC	– Lei n. 13.105, de 16 de março de 2015
CPC/73	– Lei n. 5.869, de 11 de janeiro de 1973
CPR	– Instituto Internacional para prevenção e solução de disputas (*CPR International Institute for Conflict Prevention & Resolution*)
DIAC	– *Dubai International Arbitration Centre*
EUA	– Estados Unidos da América
HKIAC	– *Hong Kong International Arbitration Centre*
IBA	– *International Bar Association*
ICC	– Câmara de Comércio Internacional (*International Chamber of Commerce*)
ICCA	– Conselho Internacional para Arbitragens Comerciais (*International Council for Commercial Arbitration*)
ICJ	– Corte Internacional de Justiça (*International Court of Justice*)
ICSID	– Centro Internacional para Resolução de Controvérsias sobre Investimentos (*International Centre for Settlement of Investment Disputes*)
IUSCT	– *Iran-United States Claims Tribunal*
LCIA	– *London Court of International Arbitration*
NAFTA	– Acordo de Livre Comércio da América do Norte (*North American Free Trade Agreement*)

ONU – Organização das Nações Unidas
SCC – *Stockholm Chamber of Commerce*
UNCITRAL – Comissão das Nações Unidas para o Direito Comercial Internacional (*United Nations Commission on International Trade Law*)
UNIDROIT – Instituto Internacional para a Unificação do Direito Privado (*International Institute for the Unification of Private Law*)
WIPO – Organização Mundial da Propriedade Intelectual (*World Intellectual Property Organization*)

SUMÁRIO

1
INTRODUÇÃO

1.1. Apresentação do tema

Há quase um século, Piero Calamandrei descreveu em um artigo a seguinte situação prática: um cidadão chamado Biscini, obrigado a reportar sua administração a outro, de nome Alberio, entrega a este todos os livros contábeis de uma sociedade. Após isso, Biscini e Alberio discordam sobre o resultado financeiro alcançado sob a administração de Biscini e então entram em litígio. Contudo, Alberio retém os livros contábeis que lhe haviam sido entregues por Biscini, recusando-se a exibi-los em juízo mesmo quando intimado a fazê-lo. Essa recusa inviabiliza a utilização desses documentos por Biscini para provar sua versão sobre o resultado da administração.

Naquele artigo, esse exemplo é invocado pelo autor para questionar qual deveria ser a reação do juiz diante dessa situação. A conclusão defendida por ele é a de que esse comportamento de Alberio autorizaria o juiz a se convencer de que ele só se recusou a exibir os livros contábeis porque essa exibição faria uma prova contrária aos seus interesses.[1]

Este trabalho é motivado, inicialmente, pela perplexidade gerada pela situação ilustrada por esse exemplo, que descreve bem o grave impacto que esse comportamento processual da parte pode ter sobre a esfera de interesses de outrem e sobre a própria concretização da justiça. É realmente tormentoso imaginar que uma parte pode não conseguir demonstrar seus direitos porque não consegue acessar uma prova que seu oponente retém.

[1] Calamandrei, Piero. Conseguenze della mancata esibizione di documenti in giudizio. *Rivista di diritto processuale civile*, Padova, v. VII, n. II, p. 289-301, 1930, p. 300-301.

A motivação para o enfrentamento do tema é fomentada pela constatação de que, a despeito de o exemplo acima citado refletir um problema antigo – muito anterior à data em que Piero Calamandrei didaticamente o descreveu –, a técnica processual desenvolvida para enfrentar essa situação ainda está em evolução, com contornos e desafios próprios quando seu campo de aplicação é o processo arbitral. Foi a identificação desses contornos e desafios, por sua vez, que motivou as escolhas feitas para delimitação do escopo deste trabalho.

Historicamente, a técnica processual se desenvolveu em várias frentes buscando neutralizar ou minimizar a frustração do direito da parte que não consegue provar suas alegações em razão de um comportamento injustificado de seu oponente. Nesse desenvolvimento, pode-se citar o incremento dos poderes coercitivos do juiz, a aplicação de sanções processuais *etc.* No entanto, o objeto deste trabalho é a técnica específica cuja aplicação é defendida por Piero Calamandrei no exemplo acima, consistente, grosso modo, na interpretação do comportamento processual da parte em situações de recusa injustificada na produção de uma prova que está sob seu exclusivo controle, de modo a extrair desse comportamento a conclusão de que o teor da prova não produzida seria desfavorável à parte resistente.

Como se verá ao longo deste livro, essa técnica é definida como a extração de uma *inferência adversa* a partir do comportamento da parte. A doutrina registra que sua aplicação inaugural teria ocorrido há exatos três séculos, em uma decisão proferida pela *Court of King's Bench*, na Inglaterra, em 1722 (caso *Armory vs. Delamirie*). O caso envolvia um pedido de indenização contra um ourives que havia removido pedras de uma joia que lhe havia sido entregue pelo filho do autor da demanda. Como o réu não exibiu as pedras da joia, presumiu-se, para fins do cálculo do dano, que seu valor seria equivalente ao das pedras mais preciosas.[2]

[2] Luttrell, Sam. Ten Things to Consider When Seeking Adverse Inferences in International Arbitration. In: González-Bueno, Carlos (Org.). *40 Under 40*: International Arbitration (2018). Madri: Dykinson, 2018, p. 283-284; Bedrosyan, Alexander Sevan. Adverse inferences in international arbitration: toothless or terrifying? *University of Pennsylvania Journal of International Law*, Filadélfia, v. 38, n. 1, p. 241-273, 2016, p. 252-253; Nelson, Timothy G.; Henin, Paula F; Nairn, Karyl. Evidentiary Inferences: do Choice of Law and Seat Make a Difference? In: Kaplan, Neil; Moser, Michael J. (Orgs.). *Jurisdiction, Admissibility and Choice of Law in International Arbitration*: Liber Amicorum Michael Pryles. Nova York: Wolters Kluwer, 2018, p. 153.

Desde então, o instituto se consolidou como uma ferramenta útil à disposição dos julgadores para a solução de impasses criados por comportamentos processuais da parte aptos a obstruir a produção da prova. Em várias jurisdições – como no caso do Brasil, nos termos do artigo 400 do Código de Processo Civil (CPC) –, a lei prevê expressamente a aplicação dessa técnica aos processos judiciais.

As inferências adversas também se difundiram na arbitragem, especialmente no ambiente internacional, estimuladas pelas necessidades próprias do processo arbitral. Destaca-se, como propulsor da utilização dessa técnica, a ausência de poder de império que marca a atividade dos árbitros, uma limitação que não é facilmente superada com a utilização de outros remédios, como a busca de apoio das cortes estatais para a produção da prova e/ou a aplicação de sanções.

Assim, tem-se hoje, sobretudo no estrangeiro, um repertório considerável de decisões e estudos doutrinários sobre o tema[1]. Sua regulação em instrumentos normativos, embora não seja frequente, também atesta essa difusão, confirmada ainda pela menção a essa técnica feita em instrumentos de *soft law*, com destaque para as Regras da *International Bar Association* (IBA) sobre Produção de Provas (artigos 9(6) e 9(7)).

A despeito disso, as discussões sobre o tema estão longe de estarem pacificadas. A aplicação prática da técnica de extração de inferências adversas a partir do comportamento da parte desperta hesitações, dúvidas e controvérsias importantes.

É esperado que assim seja, já que estão envolvidos temas relevantes para a teoria processual (especialmente os temas relacionados à atividade probatória, aos poderes do árbitro e às garantias processuais das partes). Outros traços próprios do processo arbitral também contribuem para que o tema esteja em contínua evolução, como: (i) o espaço deixado pela regulação normativa mínima dos temas relativos ao processo arbitral e, em particular, à atividade probatória na arbitragem; e (ii) a existência de um ambiente propício para convivência de agentes com formações e práticas diversas.

O exame do assunto à luz da lei brasileira – como aqui se propõe – é particularmente instigante. Como se verá no decorrer do trabalho, será necessário o estabelecimento de premissas claras quanto às balizas para regulação do instituto e o enfrentamento de reflexões importantes sobre sua natureza jurídica, seu campo de aplicação, as fontes do poder do árbitro para aplicá-lo, a compatibilidade de seu uso com o enquadramento normativo dado pela Lei n. 9.307 de 23 de setembro de 1996 ("Lei Brasileira de Arbitragem"), e as condições específicas para sua utilização.

1.2. Delimitação do objeto de estudo

Apresentado o tema (*supra*, n. 1.1), cumpre fazer três esclarecimentos específicos sobre a delimitação de escopo inevitavelmente imposta ao conteúdo do trabalho. Espera-se que outras opções adotadas para análise dos temas aqui tratados já estejam claras no decorrer do texto.

Primeiro. Este estudo tem como preocupação a análise do valor probatório do comportamento das partes e os critérios para extração de inferências adversas pelos árbitros nas arbitragens sujeitas à regulação pela lei brasileira. A escolha se justifica particularmente pela constatação de que, embora o tema já seja objeto de debate mais amplo na doutrina estrangeira, ainda não há no país uma análise sistematizada sobre o instituto.

Assim, o objetivo mais *específico* deste estudo é a sistematização do tema da técnica de extração de inferências adversas a partir do comportamento processual da parte na instrução probatória, analisando-se o conceito e da natureza jurídica do instituto, seu campo de aplicação, a fonte dos poderes do árbitro para seu uso, sua conformidade ao sistema estabelecido pela Lei Brasileira de Arbitragem e as condições para a utilização dessa técnica no âmbito dos processos por ela regulados.[3]

Busca-se demonstrar, em particular, que: (i) a atribuição de valor probatório ao comportamento processual da parte na arbitragem a partir da extração de inferências adversas se dá a partir de um raciocínio próprio da construção de presunções e das provas indiretas, e resulta no convencimento do árbitro quanto à veracidade de um enunciado de fato (*infra*, n. 4.3); (ii) essa técnica pode ser aplicada tanto em desfavor do requerente quanto em desfavor do requerido, tanto para questões de mérito quanto para questões puramente processuais, tanto na prova documental quanto em outros meios de prova (*infra*, n. 4.4); (iii) o poder dos árbitros para extraírem inferências pode resultar da incidência de múltiplas fontes normativas, sem prejuízo de ser considerado um poder inerente do julgador, inclusive quando ausente previsão normativa expressa, extraído especial-

[3] Como será detalhado adiante (*infra*, n. 2.2.2), neste trabalho parte-se da premissa de que o CPC não se aplica automaticamente, ainda que em caráter subsidiário, para supressão de lacunas na regulação procedimental de arbitragens com sede no Brasil.

mente dos poderes instrutórios, dos poderes de condução do processo e poder de valoração das provas atribuídos aos árbitros (*infra*, n. 4.5); (iv) existe compatibilidade entre a aplicação dessa técnica e a lei brasileira (*infra*, n. 4.6); e (v) dada a ausência de regulação expressa do tema na Lei Brasileira de Arbitragem, a aplicação dessa técnica deve se dar observando-se uma séria de condições específicas (*infra*, n. 4.7).

Este estudo parte da premissa de que, como regra, a Lei Brasileira de Arbitragem é aplicável às arbitragens nacionais e internacionais com sede no Brasil, independentemente de a lei brasileira ser aplicável para solução do *mérito* da disputa. Isso porque a Lei Brasileira de Arbitragem adota um sistema *monista*,[4] que não estabelece tratamento legal diferenciado voltado às arbitragens internacionais – o que faz a França, por exemplo.[5] Assim, "é possível vislumbrar uma arbitragem que seja internacional, por decorrer de relações comerciais internacionais, mas doméstica para fins da lei brasileira, por ser o local da prolação da sentença situado no Brasil".[6]

No entanto, vale desde já esclarecer que esse enfoque dado à lei brasileira não direciona ou limita a análise do tema às regras positivadas na Lei Brasileira de Arbitragem. Isso ocorre porque o mapeamento do quadro regulatório do procedimento arbitral e, em particular, das normas que incidem regulando o poder dos árbitros para valoração do comportamento da parte, mostra que o tema está sujeito à influência de fontes outras além da aplicação dessa lei.

Por isso, o estudo será permeado pela referência a outras fontes – leis processuais e arbitrais estrangeiras, instrumentos de *soft law*, regulamentos de câmaras arbitrais etc. –, seja (i) para fins de comparação ou exemplificação, seja (ii) porque, como será demonstrado, a aplicação da Lei Brasileira de Arbitragem ocorre na prática sem prejuízo da influência dessas outras fontes de regulação.

Segundo. Este estudo concentra-se na análise do valor probatório do comportamento da *parte* no processo. Isso significa que não serão analisadas em específico as condutas individuais do representante da parte no

[4] Tripodi, Leandro. Arbitragem doméstica e internacional: o que significam monismo e dualismo no terreno da arbitragem?. In: Cahali, Francisco José; Rodovalho, Thiago; Freire, Alexandre (Orgs.). *Arbitragem – Estudos sobre a lei n. 13.129, de 26-5-2015*. São Paulo: Saraiva, 2016, p. 333.

[5] Tripodi, *op. cit.*, 2016, p. 331.

[6] Mange, Flávia Fóz. *Processo arbitral*. São Paulo: Quartier Latin, 2014, p. 40.

processo – figura opcional e que não necessariamente precisa ser exercida por advogado, nos termos do artigo 21, § 3º da Lei Brasileira de Arbitragem.

Essa limitação se justifica inicialmente porque, especificamente para condutas que têm maior potencial para serem valoradas negativamente e levarem à extração de inferências adversas na realidade do processo, é mais difícil a individualização dos atos do representante da parte que sejam determinantes para a sua prática.

No caso da parte que, por exemplo, resiste injustificadamente a uma decisão impondo a exibição de documento, dificilmente será possível identificar uma conduta individual do representante da parte que seja decisiva para esse comportamento. Na prática, o representante da parte, ainda que imbuído do dever de esclarecer ao seu cliente as consequências dessa resistência, muitas vezes não terá sequer acesso aos documentos prova cuja exibição tenha sido ordenada. É dizer: ainda que a parte esteja representada na arbitragem, o comportamento a ser valorado com a extração de inferências negativas será, na generalidade dos casos, resultado de uma ação em relação à qual ela própria (a parte) terá maior controle.

Nesse sentido, o fato de a inferência adversa ser um resultado que penaliza diretamente a própria *parte* também justifica a delimitação do estudo.

De todo modo, sobretudo no caso de representantes que não venham de uma cultura jurídica que lhes imponha um dever autônomo relacionado à produção de provas a despeito de serem desfavoráveis à tese de seu cliente, a penalização de um comportamento específico do representante da parte com a extração de inferências adversas enfrentaria muitos desafios.[7]

No mais, a existência de um quadro próprio para a responsabilização dos representantes das partes por condutas na arbitragem confere considerável autonomia ao tema, escapando dos objetivos centrais deste trabalho.

De fato, não se ignora a relevância da busca por padrões elevados de conduta dos representantes das partes na arbitragem, ilustrada, no âmbito internacional, pela edição das *IBA Guidelines on Party Representation in International Arbitration* (2013), das *General Guidelines for the Authorised Representatives of the Parties* que constam no Anexo às Regras de Arbitragem da

[7] WAINCYMER, Jeffrey. *Procedure and Evidence in International Arbitration.* Nova York: Kluwer Law International, 2012, p. 833-834; HANOTIAU, Bernard. The search for the truth in arbitration: is it possible to start from a definition of "truth"? In: DEMEYERE, Luc (Org.), *Do Arbitral Awards Reveal the Truth?* Nova York: Wolters Kluwer, 2019, p. 5.

London Court of International Arbitration (LCIA) (desde 2014)[8] e das *ICCA Guidelines on Standards of Practice in International Arbitration* (2021).[9] No caso da primeira, há inclusive a previsão de que a má-conduta do representante da parte pode justificar, como um "remédio" para tanto, a extração de inferências no momento de valoração da prova ou a análise dos argumentos suscitados pela parte representada por ele (*IBA Guidelines on Party Representation in International Arbitration*, item 26.b).[10]

Mas a existência de um campo de análise nesse sentido parece sinalizar mais para a *especificidade* do tema do comportamento do representante da parte na arbitragem – tornando-o merecedor de análise autônoma que contemple todas as suas particularidades – do que para sua integração no escopo de análise aqui proposto, inevitavelmente limitado.

Ainda assim, este trabalho é elaborado na confiança de que o desenvolvimento do tema em estudo impactará o trabalho dos representantes das partes nas arbitragens, seja (i) tornando ainda mais relevante o trabalho que estes desempenham na orientação e advertência quanto às consequências de um comportamento não colaborativo das partes, seja (ii) preparando-os para o enfrentamento prático do tema, tanto na posição de quem pre-

[8] Em seu § 5º, as *Guidelines* preveem que "an authorised representative should not knowingly conceal or assist in the concealment of any document (or any part thereof) which is ordered to be produced by the Arbitral Tribunal" (versão de 2020).

[9] No que é relevante para este trabalho, o documento prevê: "Os representantes das partes devem agir cooperativamente entre si e com o tribunal arbitral. Ao fazê-lo, envidarão todos os esforços razoáveis para cumprir as instruções do tribunal arbitral; [...] Os representantes das Partes não devem se envolver, sem motivos legítimos, em atividades destinadas a obstruir, atrasar ou interromper o processo de arbitragem ou comprometer a finalidade de qualquer sentença" (tradução nossa). No original: "*Party representatives shall act cooperatively with one another and the arbitral tribunal. In doing so, party representatives shall use all reasonable efforts to comply with the arbitral tribunal's directions;* [...] *Party representatives shall not engage, without legitimate reasons, in activities intended to obstruct, delay, or disrupt the arbitration process or to jeopardize the finality of any award*" (ICCA. *ICCA Task force on Standards of Practice in International Arbitration*: ICCA Guidelines on Standards of Practice in International Arbitration. Haia, 2021, item II.A).

[10] "[A]s Diretrizes ainda colocam em xeque o clássico dilema a respeito de se é correto e adequado que o tribunal arbitral responsabilize as partes por ações inadequadas adotadas por seus representantes no procedimento – por exemplo, aplicando inferências negativas no tocante às provas ou responsabilizando uma das partes pelo pagamento das custas da arbitragem." (BÉDARD, Julie; MARQUES, Ricardo Dalmaso. A conduta dos advogados e representantes de parte em geral na arbitragem internacional – as Diretrizes IBA para a Representação de Partes em Arbitragens Internacionais. *Revista Brasileira de Arbitragem*, São Paulo, v. 14, n. 53, p. 24-43, 2017, p. 41).

tende demonstrar o cabimento de aplicação dessa ferramenta, como na posição de quem pretende demonstrar seu descabimento no caso concreto.

Terceiro. Esclarece-se também que o objeto deste estudo se limita à análise do comportamento *processual* da parte, isto é, os atos e omissões praticados pelas partes durante o curso do processo (e em seu âmbito, não fora dele) e, em particular, na fase de produção de provas.

Essa limitação naturalmente não infirma a relevância da análise do comportamento pré-processual e extraprocessual da parte, capaz de afetar diretamente a interpretação das obrigações em discussão no processo e/ou a própria existência dos direitos alegados. Seja lembrado, a título de ilustração, que a lei material brasileira expressamente prevê que a interpretação dos negócios jurídicos deve levar em consideração o comportamento das partes posterior à sua celebração (Código Civil, artigo 113, § 1º, inciso I).

Contudo, estando o tema específico das inferências negativas diretamente atrelado às questões de direito processual e, em específico, aos poderes conferidos ao árbitro para valoração das provas produzidas pelas partes, foi feita a opção pela limitação à análise do comportamento das partes no curso do processo arbitral.

Quarto. Cumpre desde já esclarecer que, ao longo deste trabalho, os termos "negativa" e "adversa" serão usados de forma intercambiável, sempre para designar uma inferência contrária, ou seja, destoante, oposta, inversa ao interesse da parte.

1.3. Relevância do tema estudado

A relevância deste estudo é ilustrada por vários fatores. O primeiro deles se relaciona ao papel central da instrução probatória na solução das demandas submetidas à arbitragem[11] e à complexidade da situação decorrente da impossibilidade apuração da verdade nos casos em que uma das partes, tendo controle sobre determinada prova, impõe obstáculos a sua produção.

Ou seja, o tema estudado é importante não só porque trata de uma técnica aplicável no âmbito de um aspecto central do processo arbitral (a produção de provas), mas também porque essa técnica busca solucionar um problema grave: a dificuldade que uma parte pode enfrentar para se desin-

[11] Estima-se que de 60% a 70% das arbitragens internacionais dependam primordialmente da interpretação de fatos, e não da pura interpretação de regras legais. Cf. BLACKABY, Nigel *et al. Redfern and Hunter on International Arbitration.* 6ª ed. Nova York; Oxford: Kluwer Law International; Oxford University, 2015, p. 374-755.

cumbir de seu ônus probatório quando não tem acesso a fontes de prova sob o controle da outra parte quando esta abusivamente se recusa a permitir que delas sejam extraídos os elementos de prova relevantes para a solução da demanda. E, no enfrentamento dessa situação, são suscitados temas de maior relevância, como os poderes do árbitro na produção e na livre apreciação da prova e o respeito ao devido processo legal na arbitragem.

A solução para essa situação é especialmente desafiadora no âmbito arbitral em razão de fatores como: (i) a limitação imposta aos árbitros na imposição de suas decisões; e (ii) o ambiente propício à (a) convivência de atores com experiência em "famílias" ou sistemas processuais diferentes[12] e (b) à confluência de normas com diferentes graus de imperatividade em um cenário de pouca regulação, tradicionalmente.

Outro fator a ilustrar a relevância do tema é a sua *atualidade*. A técnica de extração de inferências negativas é objeto de crescente interesse e debate entre os profissionais e estudiosos da arbitragem, que têm buscado fixar conceitos, funções, requisitos e limitações à sua utilização.[13]

Trata-se de um tema que vem sendo construído "a várias mãos", com destaque para o estudo da doutrina e a preocupação de instituições internacionais em assentar critérios para a utilização dessa técnica, e em especial com contribuição da jurisprudência arbitral e estatal, funcionando esta última como fiscalizadora[14] e, ao fazê-lo, estimuladora da consagração das inferências negativas como um dos importantes poderes do árbitro na condução e no julgamento a respeito de questões factuais.

Nos últimos anos, o tema também ganhou destaque em razão de uma decisão das cortes estatais francesas no âmbito de ação de anulação de sentença arbitral (*Dresser-Rand vs. Diana Capital*) que ensejou uma dis-

[12] "O agrupamento dos direitos em famílias é o meio próprio para facilitar, reduzindo-os a um número restrito de tipos, a apresentação e a compreensão dos diferentes direitos do mundo contemporâneo" (DAVID, René. *Os grandes sistemas do direito contemporâneo*. São Paulo: Martins Fontes, 2002, p. 22). Neste livro, são analisados mais detidamente aspectos das famílias romano-germânica (aqui referida como sistemas de *civil law*) e da *common law*.

[13] Por exemplo, no Brasil, em 25.9.2017, Guilherme Rizzo Amaral tratou do tema *Ônus da prova e sua distribuição. Inferências negativas* no XVI Congresso Internacional de Arbitragem (CBAr). Em 9.9.2021, Adriana Pucci e Daniel Levy debateram o tema *inferência negativa na arbitragem doméstica e internacional* no *Canal Arbitragem*. Disponível em: <https://www.youtube.com/watch?v=k3OfPHWCT84&ab_channel=CanalArbitragem>. Acesso em: 16 mar. 2022.

[14] Especialmente no âmbito de ações para anulação de sentenças arbitrais e homologação de sentenças arbitrais estrangeiras.

cussão relevante sobre as condições para utilização do instituto à luz das garantias processuais das partes. A decisão é discutida em mais detalhes nos itens 4.7.7 e 4.7.8, *infra*.

A despeito da atualidade do tema e do crescente interesse acadêmico que desperta, trata-se de um debate ainda incipiente. Ao mesmo tempo em que frequentemente se encoraja a utilização dessa técnica, reconhecendo-se sua relevância para aprimorar a qualidade da prestação jurisdicional dada sobre um leque de provas mais amplo e eficientemente produzido, ainda se discute quais seriam os requisitos para sua aplicação.

E esse é um terreno fértil para reflexões, já que esses requisitos estão sujeitos à influência de fatores diversos em decorrência da origem e cultura das partes e dos demais sujeitos do processo arbitral, das regras processuais aplicáveis ao procedimento, da percepção dos tribunais estatais com poder de controle sobre a sentença a respeito do tema, dentre outros.

Por isso, um terceiro fator que corrobora a relevância do tema sob estudo é a necessidade de maior clareza quanto às condições de aplicação da técnica de extração de inferências adversas.[15] Como será aprofundado no item 4.5 *infra*, o poder de que os árbitros se revestem para fazer uso dessa técnica raramente decorre de previsão expressa das leis nacionais ou de regras contratuais previamente negociadas pelas partes (na própria convenção arbitral ou no termo de arbitragem). E, ainda que as Regras da IBA sobre Produção de Provas e outros instrumentos de *soft law* prevejam a aplicação dessa técnica, a interpretação das condições para seu uso ainda dá azo a um debate relevante sobre a utilização do instituto.

Há diversas questões que parecem depender de maior análise para que possam encontrar resposta. Em seu estudo de 2006 sobre o tema,[16] Jeremy

[15] KREINDLER, Richard. Practice and Procedure Regarding Proof: The Need for More Precision. In: BERG, Albert Jan van den (Org.). *Legitimacy*: Myths, Realities, Challenges. Nova York: Kluwer Law International, 2015, p. 157-158 e 180.

[16] O artigo analisa um decisões arbitrais no âmbito do *Iran-United States Claims Tribunal* (IUSCT). Trata-se de um tribunal estabelecido em 1981 para a solução de demandas envolvendo partes estadunidenses e iranianas e/ou os dois Estados decorrentes de débitos, contratos, expropriações e outras medidas afetando direitos de propriedade, compra e venda de mercadorias e fornecimento de serviços, divergências interpretativas nas *Algiers Declarations* – uma das medidas para a solução da "Crise dos Reféns Americanos no Irã" de 1979 a 1981. Todos os processos foram iniciados até 19 de janeiro de 1982 e, até esta data, mais de 3900 casos já foram encerrados. Para mais informações, cf.: <http://www.iusct.net/>. Acesso em: 16 mar. 2022. Decisões proferidas no âmbito do IUSCT serão analisadas ao longo deste trabalho.

K. Sharpe já destacava a existência de inúmeras hipóteses de investigação ainda em aberto:

> [o] que exatamente os árbitros estão autorizados a fazer? Podem eles extrair inferências negativas para decidir em favor de uma parte que não produziu prova suficiente para se desincumbir de seu ônus da prova? As regras de instituições internacionais fornecem poucas respostas. Doutrinadores citam o poder dos árbitros de extrair inferências negativas, mas também eles oferecem poucas diretrizes práticas para a aplicação dessa técnica.[17]

Esse debate – crescente desde os apontamentos acima, mas ainda longe de estar superado – segue essencial para o desenvolvimento do instituto. Sem ele, sua existência e utilidade remanescem pouco conhecidas, o que funciona como um ciclo vicioso de desincentivo para que as partes e os árbitros busquem sua utilização nos casos concretos.

Outro prejuízo decorrente desse cenário de pouco debate e ausência de sistematização do tema é a utilização pouco criteriosa do instituto, com maiores chances de violação a direitos e garantias das partes.

Enfim, quanto mais o debate doutrinário sobre o tema amadurecer, mais a aplicação dessa técnica será cogitada em situações práticas e, quanto mais for aplicada, mais suas propriedades e seus limites ficarão delineados (iniciando, aí sim, um ciclo virtuoso de consolidação do instituto).

Por exemplo, a hesitação dos árbitros em extrair inferências negativas foi demonstrada por Simon Greenberg e Felix Lautenschlager em estudo a partir da análise de 36 decisões proferidas em arbitragens administradas pela ICC, no âmbito das quais a extração de inferências adversas havia sido solicitada por uma das partes. Em apenas 12 dessas 36 decisões o tribunal arbitral efetivamente extraiu inferências adversas.[18] Além disso, pareceu clara aos autores a tendência dos árbitros de evitarem decidir o caso com base na extração de inferências negativas para, com isso, não criarem suspeitas em relação ao respeito ao devido processo legal.[19]

[17] Tradução nossa. SHARPE, Jeremy K. Drawing Adverse Inferences from the Non-production of Evidence. *Arbitration International*, Oxford, v. 22, n. 4, p. 549-572, 2006, p. 550.

[18] GREENBERG, Simon; LAUTENSCHLAGER, Felix. Adverse Inferences in International Arbitral Practice. *ICC International Court of Arbitration Bulletin*, Paris, v. 22, n. 2, p. 43-56, 2011, p. 49

[19] "Como mencionado, ao revisar minutas de sentenças arbitrais, os autores sentiram que os tribunais arbitrais eram relutantes na extração de inferências adversas. Eles às vezes contornavam a questão e decidiam o caso por outros meios, presumidamente em um esforço

A pesquisa divulgada em 2012 pela Queen Mary University of London e pelo escritório White & Case LLP confirmou essa avaliação ao reportar que: (i) a maioria significativa dos entrevistados (86%) indicou que, na sua experiência, os tribunais arbitrais haviam extraído inferências negativas em um número muito limitado de casos; e (ii) os entrevistados confirmaram que os árbitros hesitam em fazer uso do instituto expressamente por terem receio de, ao fazê-lo, abrir margem para a impugnação da sentença arbitral. A despeito disso, muitos participantes indicaram que os árbitros deveriam fazer uso mais frequente dessa prerrogativa de extrair inferências negativas, desde que advertindo previamente as partes quanto a essa possibilidade.[20]

Especificamente no ambiente doutrinário brasileiro, há muito pouco escrito a respeito do tema, e essa escassa produção nacional fomenta a tendência de que os árbitros hesitem em fazer uso dessa ferramenta em arbitragens reguladas pela Lei Brasileira de Arbitragem.

Nesse contexto, a realização de estudos mais profundos sobre o tema se justifica, pelas razões já explicadas, pela busca de condições de utilização mais frequente e segura dessa ferramenta, ou seja, com vistas a identificar e definir o cerne desse instituto e os critérios para sua aplicação prática sem prejuízo a garantias das partes.

O estudo do tema especificamente sob a ótica do direito brasileiro também se justifica pelo fato de que, com o crescimento da arbitragem no Brasil (*infra*, n. 2.1), o sistema brasileiro está cada vez mais sujeito à influência das tendências internacionais no tema da instrução probatória na arbitragem, dada a confluência de princípios e práticas decorrentes da crescente internacionalização de muitas disputas, da difusão do conhecimento e da

para evitar preocupações sob a ótica do devido processo legal" (tradução nossa). No original: "*As mentioned above, in reviewing draft ICC arbitral awards, the authors sensed that arbitral tribunals were reluctant to draw adverse inferences. They sometimes skirt around the issue and decide the case by other means, presumably in an effort to avoid creating due process concerns*" (GREENBERG; LAUTENSCHLAGER, *op. cit.*, 2011, p. 49); "Uma das razões pelas quais se diz que tribunais arbitrais são relutantes em usar inferências adversas é porque eles se preocupam com *due process* e em dar às partes a oportunidade devida para a apresentação de seus casos" (tradução nossa). No original: "*One of the reasons that arbitral tribunals are said to be reluctant to use adverse inferences is because, quite understandably, they are concerned about due process and providing the parties with a proper opportunity to present their cases*" (GREENBERG; LAUTENSCHLAGER, *op. cit.*, 2011, p. 55).

[20] QUEEN MARY UNIVERSITY OF LONDON; WHITE & CASE LLP. *2012 International Arbitration Survey*: Current and Preferred Practices in the Arbitral Process. Londres, 2012.

assimilação de técnicas comuns por sujeitos que, cada vez mais, são instados a conviver com culturas processuais diferentes no que se refere à prova em soluções de disputas pela via arbitral.[21]

Por tudo isso, acredita-se que o presente estudo possa prestar uma contribuição original à ciência jurídica nacional, especialmente: (i) pela análise detida da natureza jurídica das inferências adversas, de seu campo de aplicação e da fonte dos poderes dos árbitros para fazerem uso dessa técnica; (ii) pela demonstração da compatibilidade entre a utilização desse instituto e o ordenamento jurídico brasileiro (em particular, o quadro normativo desenhado pela Lei Brasileira de Arbitragem); e (iii) pela sistematização das condições para atribuição de valoração probatório ao comportamento da parte mediante a extração de inferências negativas. Espera-se, enfim, que este estudo contribua para o desenvolvimento do tema e para a busca de um processo arbitral mais seguro, eficiente e legítimo.

1.4. Estrutura do trabalho

Este trabalho está organizado em cinco capítulos. Este primeiro capítulo, de caráter introdutório, tem como ponto de partida a problematização e a contextualização do tema (*supra*, n. 1.1). Na sequência, procurou-se delimitar o objeto de estudo e a apresentar alguns esclarecimentos sobre o escopo do trabalho (*supra*, n. 1.2). Em seguida, procurou-se demonstrar a relevância do tema estudado, destacando-se sua atualidade e a pertinência de seu estudo mais aprofundado à luz da lei brasileira (*supra*, n. 1.3). Neste item (n. 1.4), concluindo o capítulo introdutório, apresenta-se a estrutura do trabalho, para melhor orientação do leitor.

No segundo capítulo (*infra*, n. 2), são mapeadas as fontes normativas mais relevantes para a regulação procedimental da arbitragem e definição das condições para atribuição de valor probatório à conduta da parte na arbitragem. De partida, o tema é situado como uma questão processual,

[21] "Na medida em que a Lei de Arbitragem vai ganhando força, a arbitragem internacional realizada em território brasileiro também enfrenta proporcional desenvolvimento, o que requer natural expertise dos advogados em variados idiomas, em ordenamentos jurídicos estrangeiros e nos costumes do comércio internacional. Com efeito, já não é novidade desenvolver-se perante órgãos arbitrais brasileiros arbitragens envolvendo partes de nacionaldiades diferentes, com o emprego de leis estrangeiras, de tratados internacionais ou de costumes comerciais internacionais" (CARMONA, Carlos Alberto. *Arbitragem e processo*: um comentário à Lei nº 9.307/96. 3ª ed. São Paulo: Atlas, 2009, p. 300).

e não substancial da arbitragem (*infra*, n. 2.1). Na sequência, é explorada a influência da lei da sede na definição das regras processuais aplicadas à arbitragem, esclarecendo-se as consequências do reconhecimento da arbitragem como inserida na teoria geral do processo (*infra*, n. 2.2.2). A partir das premissas assentadas nesse item, são explorados os papeis da autonomia da vontade da parte o poder normativo dos árbitros na definição das regras processuais da arbitragem (*infra*, n. 2.2.3). Encerrando o capítulo, é destacada a relevância das normas não estatais (*soft law*) na regulação procedimental da arbitragem (*infra*, n. 2.2.4).

O terceiro capítulo (*infra*, n. 3) trata de questões específicas sobre a atividade probatória na arbitragem, destacando inicialmente a relação entre a instrução e a busca da verdade no processo arbitral (*infra*, n. 3.1). Na sequência, é analisada a regulação da atividade probatória na arbitragem (*infra*, n. 3.2). O item seguinte trata da extensão dos poderes instrutórios dos árbitros (*infra*, n. 3.3). O próximo item analisa aspectos sobre o ônus da prova e o *standard* probatório na arbitragem (*infra*, n. 3.4). O capítulo também explora a participação das partes na produção de provas, buscando compreender como a boa-fé processual, o dever de cooperação, o abuso processual e o princípio da não autoincriminação se equilibram no processo arbitral (*infra*, n. 3.5.1 e 3.5.2). O capítulo se encerra com a análise das alternativas à disposição do árbitro diante da recusa da parte na produção da prova, ressalvada a aplicação da técnica de extração de inferências negativas – tema que passa a ser sistematizado na sequência (*infra*, n. 3.5.3).

O quarto capítulo (*infra*, n. 4) trata especificamente da hipótese investigativa que motiva este trabalho, com a sistematização do tema da técnica de extração de inferências adversas a partir do comportamento processual da parte na instrução probatória.

Nesse item, é inicialmente demonstrada a relevância da sistematização do instituto (*infra*, n. 4.1). Na sequência, é destacada a relevância da atribuição de valor probatório ao comportamento da parte à luz dos objetivos do processo (*infra*, n. 4.2). O item seguinte trata da natureza jurídica das inferências negativas (*infra*, n. 4.3).

Após, é delimitado o campo de aplicação dessa técnica no processo (*infra*, n. 4.4). Em seguida, é detalhada a fonte do poder dos árbitros para a extração de inferências negativas na arbitragem (*infra*, n. 4.5). O item seguinte trata da compatibilidade do instituto com a lei brasileira (*infra*, n. 4.6). Na sequência, a sistematização do tema se dá com o detalhamento das condições em que essa técnica pode ser aplicada sob essa premissa de compatibilidade com o sistema legal brasileiro (*infra*, n. 4.7). Por fim, são mencionados os desafios e as limitações da técnica de extração de inferências adversas.

No quinto capítulo, encerrando-se o trabalho, são brevemente sistematizadas as conclusões alcançadas ao longo do estudo (*infra*, n. 5).

2
PROCESSO ARBITRAL: QUADRO REGULATÓRIO

Este capítulo se dedica a mapear as fontes normativas mais relevantes para a regulação do valor probatório da conduta da parte na arbitragem, guiando a análise empreendida nos itens seguintes.

Esse mapeamento é relevante por algumas razões, em especial pela multiplicidade de fontes de regulação com potencial de influência, em diferentes graus, na definição dessas regras procedimentais.

De fato, a despeito da harmonização crescente na forma de condução dos processos arbitrais, a confluência dessas diversas fontes normativas em cenário marcado pela autonomia da vontade das partes na definição das regras aplicáveis faz com que, na realidade, não exista uniformidade na prática de condução do procedimento arbitral. Como constata Flávia Mange, trata-se de um paradoxo, já que, ao mesmo tempo em que há uma "crescente harmonização da prática processual arbitral", "são recorrentes os embates sobre questões processuais no curso da arbitragem, evidenciando que não há uma compreensão uniforme sobre a prática processual arbitral".[22]

Nesse contexto, é relevante o fato de que, em razão de sua utilização como método frequente de solução de conflitos no plano internacional, a arbitragem é ambiente particularmente propício à convivência de agentes experimentados em sistemas e culturas jurídicas diferentes.

No mais, especificamente para o tema em estudo, esse mapeamento se revela importante porque a autoridade e os limites dos poderes dos árbi-

[22] MANGE, *op. cit.*, 2014, p. 25.

tros na atribuição de valor probatório ao comportamento da parte decorrerão comumente não de uma única regra contratual ou legal expressa, mas de um quadro regulatório mais amplo e complexo (*infra*, n. 4.5). Assim, para que este trabalho possa analisar esses poderes dos árbitros à luz da lei brasileira – em especial pelas regras cogentes de devido processo legal estabelecidas pela Lei Brasileira de Arbitragem –, será preciso identificar, preliminarmente, os elementos do quadro regulatório que permitem a existência de um tal poder.

2.1. Processo arbitral: aspectos gerais

Definida de modo simples e objetivo, a arbitragem é "técnica para a solução de controvérsias através da intervenção de uma ou mais pessoas que recebem seus poderes de uma convenção privada, decidindo com base nesta convenção sem intervenção do Estado, sendo a decisão destinada a assumir eficácia de sentença judicial".[23]

Como essa definição deixa claro, a arbitragem tem origem *contratual*, já que a outorga de autoridade a um terceiro para a solução da controvérsia se dá pela celebração de um negócio jurídico, retirando do Estado sua autoridade "ordinária" para solucionar definitivamente o conflito (pelo Poder Judiciário). Essa definição também destaca a natureza *jurisdicional* da atividade desempenhada por esse terceiro, cuja decisão é apta a produzir os mesmos efeitos que uma decisão proferida pelos tribunais estatais no âmbito de um processo judicial.

É antigo o debate sobre a natureza jurídica da arbitragem e, como resultado desse esforço de classificação, várias teorias já foram defendidas. Destacam-se: (i) a teoria "contratualista", que dá ênfase à autonomia da vontade das partes e minimiza a equiparação entre a atividade desempenhada por árbitros e juízes estatais;[24] (ii) a teoria "jurisdicional", que confere maior relevância a essa equiparação entre a atividade dos árbitros e aquela desem-

[23] CARMONA, *op. cit.*, 2009, p. 15. Em sentido semelhante: "A arbitragem, ao lado da jurisdição estatal, representa uma forma heterocompositiva de solução de conflitos. As partes capazes, de comum acordo, diante de um litígio, ou por meio de uma convenção, estabelecem que um terceiro, ou colegiado, terá poderes para solucionar a controvérsia, sem a intervenção estatal, sendo que a decisão terá a mesma eficácia de que uma sentença judicial" (CAHALI, Francisco José. *Curso de arbitragem*: mediação, conciliação, tribunal multiportas. 8ª ed. São Paulo: Revista dos Tribunais, 2020, p. 120).

[24] BORN, Gary. *International Commercial Arbitration*. 3ª ed. Nova York: Kluwer Law International, 2021, p. 240.

penhada pelos juízes estatais;[25] (iii) a teoria "mista" ou "híbrida", que reúne elementos das duas primeiras para defender um papel instrumental da natureza contratual da arbitragem,[26] já que, uma vez instaurado a partir de um ato de vontade das partes, estas passam a ter uma autonomia limitada no âmbito de um processo de natureza adjudicatória, voltado a produzir uma decisão equiparável a uma decisão definitiva proferida em um tribunal estatal; [27]-[28] e, ainda, (iv) a teoria "autônoma" de que o consentimento das partes, aliado a um conjunto de regras transnacionais, bastaria para fazer da arbitragem internacional um sistema autônomo e "deslocalizado" que se desenvolve de forma independente em relação às leis nacionais.[29]-[30]

Com exceção de alguns aspectos muito específicos para os quais a prevalência de uma ou outra classificação teria um impacto concreto,[31] essa discussão acabou adquirido "um colorido excessivamente acadêmico, e, pior, pouco prático".[32] Afinal, como adiantado na definição trazida no início deste item, ainda que com origem contratual[33] e permeada pela influência

[25] Lew, Julian David Mathew; Mistelis, Loukas A.; Kröll, Stefan, *Comparative International Commercial Arbitration*. Nova York: Kluwer Law International, 2003, p. 72.

[26] Lew; Mistelis; Kröll, *op. cit.*, 2003, p. 79.

[27] Born, *op. cit.*, 2021, p. 241.

[28] No Brasil, essa visão é defendida por Adriana Braguetta, para quem "o simples fato de a arbitragem contemplar um exercício de dizer o direito não retira o seu principal elemento, a base contratual. Ou seja, a autonomia da vontade das partes de poder excluir a jurisdição estatal. Sendo assim, partilho da opinião de que a natureza é híbrida, mista ou sui generis: a arbitragem é contratual em sua base e jurisdicional em sua função" (Braguetta, Adriana. *A importância da sede da arbitragem*: visão a partir do Brasil. Rio de Janeiro: Renovar, 2010, v. I, p. 6).

[29] Blackaby *et al.*, *op. cit.*, 2015, p. 71.

[30] O tema é enfrentado no item 2.2.2, *infra*.

[31] A esse respeito, veja-se, por exemplo, a menção ao impacto da adoção da teoria "autônoma" ou da "deslocalização" no debate sobre a possibilidade de homologação de sentenças arbitrais anuladas no país-sede da arbitragem (*infra*, n. 2.2.2).

[32] Carmona, *op. cit.*, 2009, p. 27. No mesmo sentido, o próprio Jan Paulsson, defensor da teoria da *delocalisation*, reconhece a limitada relevância prática dessa discussão: "Tendo assim reafirmado que a arbitragem pode ser separada da lei da sede, apresso-me a acrescentar que duvido que esta característica da arbitragem internacional tenha muito impacto na prática" (tradução nossa). No original: "*Having thus reaffirmed that arbitration may be detached from the law of the situs, I hasten to add that I doubt this feature of international arbitration has much of an impact in practice*" (Paulsson, Jan. Delocalisation of International Commercial Arbitration: When and Why it Matters. *The International and Comparative Law Quarterly*, Cambridge, v. 32, n. 1, p. 53-61, 1983, p. 57)

[33] O próprio Código Civil traz referência ao compromisso e à cláusula compromissória como exemplos *das várias espécies de Contrato* (Título VI, artigos 851 e 853).

da autonomia da vontade das partes durante seu desenvolvimento, a atividade desempenhada pelos árbitros tem natureza *jurisdicional*, e é este um de seus aspectos mais importantes, em larga medida responsável pelo desenvolvimento do instituto no país.[34]

Como resume Gary Born, "é impossível não considerar a arbitragem como um elemento híbrido, que combina os elementos tanto das relações contratuais quanto da autoridade jurisdicional", já que "não faz sentido buscar analisar a convenção de arbitragem, e seus efeitos em todas as etapas do processo arbitral, sem referência ao direito e aos princípios dos contratos", como também não faz sentido "procurar analisar a função do árbitro, o procedimento arbitral e a sentença arbitral sem referência à lei, aos princípios do processo adjudicatório e à coisa julgada".[35]

Essa visão que reconhece o caráter jurisdicional da atividade dos árbitros, dominante na doutrina brasileira, é corroborada por várias razões.

A primeira é a constatação de que a arbitragem atende ao conceito *tradicional* de jurisdição, que, no Brasil, é definida como

> uma das funções do Estado, consistente na oferta de tutela a um sujeito que tenha direito ao bem pretendido. Seu escopo magno, que a caracteriza, é a pacificação a ser promovida entre sujeitos em conflito, eliminando os conflitos mediante justiça. A jurisdição também pode ser vista como conjunto de atividades do juiz realizadas com aquele escopo. Mas ela não é um poder, senão uma expressão do poder estatal, porque é uno e portanto não comporta divisão ou classificações.[36]

Note-se que essa mesma definição já destaca: "[a] jurisdição é exercida não só pelos juízes estatais mas também pelos árbitros".[37]

[34] "O fato que ninguém nega é que a arbitragem, embora tenha origem contratual, desenvolve-se com a garantia do devido processo e termina com ato que tende a assumir a mesma função da sentença judicial" (Carmona, *op. cit.*, 2009, p. 27).

[35] Tradução nossa. No original: "*It makes no sense to seek to analyze the arbitration agreement, and its effects at every stage of the arbitral process, without reference to contract law and principles, just as it makes no sense to seek to analyze the arbitrator's function, the arbitral proceedings and the arbitral award without reference to the law and principles of adjudicative decision-making and res judicata*" (Born, *op. cit.*, 2021, p. 242-243).

[36] Dinamarco, Cândido Rangel; Lopes, Bruno Vasconcelos Carrilho. *Teoria Geral do Novo Processo Civil.* São Paulo: Malheiros, 2016, p. 244.

[37] Dinamarco; Lopes, *op. cit.*, 2016, p. 244.

Partindo-se dessa definição, não se pode questionar que a arbitragem atende ao propósito de pacificação de conflitos, o que ocorre de forma heterocompositiva, isto é, com a solução ditada por um terceiro (e não pelas próprias partes). Para Cândido Rangel Dinamarco, o reconhecimento dessa função de pacificação para "realização de justiça" é um aspecto fundamental que confirma o caráter jurisdicional da arbitragem.[38]

Do mesmo modo, é fácil constatar que a autoridade concedida ao árbitro para essa pacificação é uma expressão de poder estatal, já que, como regra, essa pacificação é alcançada pela imposição desse resultado às partes (daí se falar em expressão de poder) de forma final e vinculante e após a realização de atividades de cognição pelo terceiro investido dessa autoridade de "dizer quem tem razão". Ou seja, também na esfera arbitral, a decisão do terceiro encarregado de ditar a solução para a disputa é revestida da *substitutividade* própria da atividade jurisdicional.[39] Note-se que, embora desprovido do poder de império para a realização prática de suas medidas, o que representa uma diferenciação relevante em relação à atividade jurisdicional desempenhada pelo juiz estatal, o árbitro mantém preservada sua função adjudicatória e, portanto, a natureza jurisdicional de suas atividades.[40]

A compreensão da atividade realizada pelos árbitros como expressão do poder estatal próprio da atividade jurisdicional também se pauta pela premissa de que a jurisdição, enquanto autoridade abstrata (poder de julgar), é atribuída a determinados agentes por lei, que também estabelece as condições para o seu exercício. Assim como atribui essa autoridade a membros do Poder Judiciário, a lei autoriza que, atendidos determinados requisitos, essa autoridade possa ser exercida por particulares a partir de uma opção dos jurisdicionados.[41]

[38] Dinamarco, Cândido Rangel. *A arbitragem na teoria geral do processo*. São Paulo: Malheiros, 2013, p. 39.

[39] Cahali, *op. cit.*, 2020, p. 125. No mesmo sentido: Carmona, *op. cit.*, 2009, p. 133-134.

[40] Alvim, Arruda. Sobre a natureza jurisdicional da arbitragem. In: Cahali; Rodovalho; Freire, *op. cit.*, 2016, p. 143.

[41] "A jurisdição, em tese, enquanto autoridade abstrata de dizer o direito (*jurisdictio, jus dicere*), é conferida ao Estado (a ser manifestada pelos magistrados) e também excepcionalmente aos particulares (pelo modelo arbitral na forma estabelecida em nosso sistema jurídico); a Lei prevê (e assim cria o poder), estabelece regras, requisitos e condições para a jurisdição privada ser exercida, ou seja, a jurisdição, em tese, é atribuída pelo ordenamento. O que fazem as partes é eleger uma ou mais pessoas, direta ou indiretamente, como previsto na Lei de

Ainda nessa concepção tradicional, a natureza jurisdicional da arbitragem também estaria demonstrada mesmo assumindo-se que também seriam elementos essenciais da jurisdição, além da lide e da substitutividade, "a coisa julgada e a inércia".[42] Quanto à coisa julgada, a Lei Brasileira de Arbitragem é clara ao estabelecer a aptidão da decisão dos árbitros para produzir os mesmos efeitos de uma decisão proferida por um juiz estatal (artigo 31), inclusive quanto aos seus atributos de imutabilidade (artigo 18).[43] A inércia também é uma característica clara do processo arbitral,[44] cuja instauração se dá por iniciativa (provocação) de pelo menos uma das partes (artigos 3º, 9º e 19).

Uma segunda razão é a demonstração de que, ainda que não se entendesse pelo enquadramento da atividade dos árbitros nesse conceito *tradicional* de jurisdição, a visão *atualizada* desse conceito autorizaria a compreensão da arbitragem dentro da ideia de jurisdição. Como sintetiza Ada Pellegrini Grinover, "[j]urisdição, na atualidade, não é mais poder, mas apenas função, atividade e garantia. E, sobretudo, seu principal indicador é o de garantia do acesso à Justiça, estatal ou não, e seu objetivo, o de pacificar com justiça".[45] Atendendo a esse indicador, a tutela alcançada no processo arbitral (assim como o resultado da atividade desempenhada na justiça consensual) adquire o status de jurisdicional.[46]-[47]

Arbitragem, para essa atribuição – decidir a controvérsia, no pressuposto de que a jurisdição arbitral já terá sido previamente outorgada. É da Lei, também, que deriva o poder de julgar; as partes desafiam a jurisdição quando instauram o procedimento. Daí ser inegável a natureza jurisdicional da arbitragem" (Cahali, *op. cit.*, 2020, p. 125).

42 Grinover, Ada Pellegrini. *Ensaio sobre a processualidade*. Brasília: Gazeta Jurídica, 2018, p. 19.

43 Alvim, *op. cit.*, 2016, p. 142-143.

44 Alvim, *op. cit.*, 2016, p. 142-143.

45 Grinover, *op. cit.*, 2018, p. 20.

46 "No processo contencioso (judicial ou arbitral) tanto a sentença de procedência como a de improcedência oferecem a tutela jurisdicional, seja acolhendo a pretensão do ator, seja rejeitando-a. [...] [C]onforne nosso pensamento, a jurisdição compreende a justiça estatal, a justiça arbitral e a justiça consensual" (Grinover, *op. cit.*, 2018, p. 17-18). Ainda: "A percepção de uma tutela adequada a cada tipo de conflito modificou a maneira de ver a arbitragem, a mediação e a conciliação que, de meios sucedâneos, equivalentes ou meramente alternativos à jurisdição estatal, ascenderam à estatura e instrumentos mais adequados de solução de certos conflitos. E tanto assim é que a leitura atual do princípio constitucional de acesso à justiça ("a lei não excluirá da apreciação do Poder Judiciário lesão ou ameaça a direito" – Const., art 5º inc XXXV) é hoje compreensiva da justiça arbitral e da conciliativa, incluídas no amplo quadro

A terceira razão é a constatação de que a legislação brasileira reveste a arbitragem de outras características típicas da jurisdição estatal. É o caso da exigência de imparcialidade do julgador (Lei Brasileira de Arbitragem, artigos 13, § 6º, 14, § 1º e 21, § 2º), traço essencial do processo judicial estatal.

No mesmo sentido, além de equiparar os árbitros aos funcionários públicos para fins da legislação penal (artigo 17), a Lei Brasileira de Arbitragem confere expressamente ao árbitro o posto de "juiz de fato e de direito" na condução do processo arbitral e deixa clara a não sujeição de sua decisão a recurso ou a homologação pelo Poder Judiciário (artigo 18).[48] Essa aptidão da decisão dos árbitros para solução definitiva da demanda é ainda reforçada pelo caráter limitado e excepcional das hipóteses de anulação da sentença arbitral pelo Poder Judiciário (artigo 32).

Outro reflexo do reconhecimento dessa natureza jurisdicional da arbitragem é a regra contida no parágrafo único do artigo 8º da Lei Brasileira de Arbitragem, que, consagrando o princípio *Kompetenz-Kompetenz*, reveste

da política judiciária e consideradas como espécies de exercício jurisdicional. Entendemos, portanto, que tanto a arbitragem como a justiça consensual integram o conceito de jurisdição (que hoje, conforme visto, caracterizamos como atividade, função e garantia, voltada ao acesso à justiça e à pacificação dos conflitos [...])" (Grinover, *op. cit.*, 2018, p. 62).

[47] A visão proposta por Ada Pellegrini Grinover na obra cima mencionada não é pacífica na doutrina. Ao comentá-la, José Carlos Baptista Puoli pondera, mas ainda incluindo a arbitragem no conceito atualizado de jurisdição: "tenho que deve ser reservado o uso do termo 'jurisdição' aos casos em que se estiver a trabalhar com métodos que propiciem tomada de decisão, estatal ou arbitral, de forma que o conceito continue também a contemplar o exercício de poder entre as características que lhe são ínsitas, de maneira que apenas se poderá dizer jurisdicional o método de solução de controvérsias que, ao menos potencialmente, tenha aptidão para viabilizar a tomada de uma decisão de mérito, que aplique o direito material e, assim, ofereça pacificação para a situação lamentada" (Puoli, José Carlos Baptista. Jurisdição e a 'decisão' como fator distintivo em relação aos métodos consensuais de solução de controvérsia. In: Tucci, José Rogério Cruz *et al.* (Orgs.). *Estudos em homenagem a Cândido Rangel Dinamarco.* São Paulo: Malheiros, 2022, p. 631).

[48] "A discussão sobre esse status tipicamente procura traçar analogias entre o papel do árbitro e o papel de um juiz estatal. Quanto mais o status de ambos tende a ser similar, mais os direitos e obrigações do juiz estatal tendem a ser vistos como inerentes ou implícitos aos árbitros internacionais" (tradução nossa). No original: "*A discussion of status typically seeks to draw analogies between the role of an arbitrator and that of a domestic judge. The more the status is seen to be similar, the more the rights and obligations of judicial officers might be seen to inherently or impliedly flow to international arbitrators. The more one aligns with the jurisdictional end of the arbitral spectrum, the more one might have sympathy with these views*" (Waincymer, *op. cit.*, 2012, p. 50).

o árbitro do poder de decidir sobre sua própria competência para dirimir a disputa a ele submetida.[49]

Ainda no âmbito da legislação nacional, essa natureza jurisdicional é confirmada pela regra do artigo 3º do CPC, cujo *caput*, repetindo a regra constitucional – Constituição Federal (CF), artigo 5º, inciso XXXV –, mas sem menção ao Poder Judiciário, confirma que "[n]ão se excluirá da apreciação jurisdicional ameaça ou lesão a direito" e cujo § 1º prevê que "[é] permitida a arbitragem, na forma da lei".[50]

Esse atual "status jurisdicional" da arbitragem é resultado da evolução relativamente recente do instituto no Brasil. Até a edição da Lei Brasileira de Arbitragem, a legislação brasileira, seguindo o histórico de resistência ao uso desse método de solução de disputas no Brasil, exigia a homologação da sentença arbitral pelo Poder Judiciário – Código de Processo Civil de 1973 (CPC/73), artigo 1045.[51]-[52] Além disso, a legislação até então vigente criava outro claro obstáculo ao desenvolvimento da arbitragem Brasil: a exigência de compromisso arbitral (CPC/73, artigos 267, inciso VII, 301, inciso IX, e 1037 e ss.) para afastamento da jurisdição estatal, desprezando--se a eficácia da cláusula compromissória.

Assim, a promulgação da Lei Brasileira de Arbitragem em 23 de setembro de 1996,[53] ainda que não tenha automaticamente eliminado essa arraigada reticência quanto à utilização da arbitragem no Brasil, representou um passo importante para o desenvolvimento do instituto no país, permitindo seu alinhamento à tendência internacional.

[49] Cahali, *op. cit.*, 2020, p. 135.

[50] "Em linha com o que diz o texto constitucional, nessa interpretação mais adequada e moderna, o Código de Processo Civil dispõe que deve haver apreciação jurisdicional para toda e qualquer lesão ou ameaça de direito, mas não necessariamente pelo Poder Judiciário. E vai além, regulando no próprio dispositivo as demais formas como essa garantia poderá ser observada. Primeiro, por outro meio heterocompositivo, que é a arbitragem." (Aprigliano, Ricardo de Carvalho. Jurisdição e Arbitragem no Novo Código de Processo Civil. In: Melo, Leonardo de Campos; Beneduzi, Renato Resende (Orgs.). *A Reforma de Arbitragem*. Rio de Janeiro: Forense, 2016, p. 252).

[51] Carmona, *op. cit.*, 2009, p. 4.

[52] "O legislador optou, assim, por adotar a tese da jurisdicionalidade da arbitragem, pondo termo à atividade homologatória do juiz estatal, fator de empreeamento da arbitragem" (Carmona, *op. cit.*, 2009, p. 26).

[53] Sobre o histórico de fatos que marcaram a vitória contra a resistência então existente no Brasil quanto à utilização da arbitragem, e, em espécial, para mais detalhes sobre o trâmite legislativo da Lei Brasileira de Arbitragem, cf. Carmona, *op. cit.*, 2009, p. 2-14.

Desde então, o reconhecimento da constitucionalidade da arbitragem à luz do princípio da inafastabilidade do controle jurisdicional, ocorrido em 2001,[54] e outras alterações legislativas impulsionaram ainda mais esse desenvolvimento da arbitragem no Brasil. Destacam-se, nesse sentido, (i) as alterações implementadas pela Lei n. 13.129/2015, que confirmaram a possibilidade de realização de arbitragem por entes da administração pública direta e indireta (Lei Brasileira de Arbitragem, artigo 1º, § 1º); e (ii) a promulgação do CPC em 2015 que consolidou um sistema de regras positivas pautado por cooperação e independência entre as jurisdições estaduais e arbitrais (artigos 42, 260, § 3º, 337, inciso X, e 485, inciso VII).

Esse desenvolvimento vem marcado por fenômenos diversos, como a criação e expansão de câmaras arbitrais e entidades associativas,[55] o robustecimento da produção acadêmica especializada,[56] a expansão do ensino da arbitragem nas universidades e a intensificação do debate sobre o tema em grupos de estudo, seminários, congressos etc. Em paralelo, tem sido de suma importância para essa consolidação da arbitragem no Brasil a relação predominantemente harmônica entre o Poder Judiciário e a arbitragem, ilustrada rotineiramente por decisões que respeitam e fazem valer a opção das partes pela via arbitral e que buscam interferência mínima e obediência aos ditames da lei quando as cortes estatais são instadas a avaliar a validade das sentenças arbitrais.[57]

O mais claro indicador da consolidação da arbitragem no Brasil é, sem dúvidas, o crescimento da utilização desse método de solução de conflitos. E esse aumento do número de arbitragens sediadas no Brasil ou envolvendo partes brasileiras é refletido nas estatísticas históricas de instituições arbitrais. Os dados da ICC[58]-[59] sobre os procedimentos arbitrais administrados

[54] STF, SE 5.206 (0002165-64.1995.0.01.0000), Rel. Min. Min. Sepúlveda Pertence, j. 12.12.2001.

[55] Destaca-se o Comitê Brasileiro de Arbitragem (CBAr), entidade sem fins lucrativos criada em 2001, e que desde então tem promovido diversas iniciativas para promoção da arbitragem no Brasil.

[56] Destacam-se a *Revista Brasileira de Arbitragem* e a *Revista de Arbitragem e Mediação.*

[57] BRASIL. STJ. REsp 1660963/SP, Relator Ministro Marco Aurélio Bellizze, Terceira Turma, julgado em 26.3.2019, DJE 29.3.2019; BRASIL. STJ. ARESP 1662996, Relatora Ministra Maria Isabel Gallotti, DJE 10.8.2020; BRASIL. STJ. AgInt no AREsp 1670074, Rel. Min. Luis Felipe Salomão, 10.12.2020.

[58] ICC. 2000 Statistical Report. *ICC International Court of Arbitration Bulletin*, Paris, v. 12, n. 1, 2001.

[59] ICC. *ICC Dispute Resolution 2020 Statistics*. Paris, 2020.

pela câmara, por exemplo, mostram que, na comparação entre 2000 e 2020 (considerando os procedimentos iniciados em cada um desses anos), houve um aumento de: (i) 7400% no número de partes brasileiras envolvidas;[60] (ii) 1000% no número de árbitros brasileiros nomeados;[61] e (iii) 2900% no número de arbitragens com sede no Brasil.[62] Nos procedimentos iniciados em 2020 perante a ICC, o Brasil foi o segundo país com mais representatividade na nacionalidade das partes, ficando atrás apenas dos Estados Unidos da América (EUA).

Na mesma linha, as estatísticas do Centro de Arbitragem e Mediação da Câmara de Comércio Brasil-Canadá (CAM-CCBC) confirmam o crescimento consistente da arbitragem no Brasil desde a promulgação da Lei Brasileira de Arbitragem. Em 2019, a instituição – uma das principais câmaras arbitrais do país – deu início a 97 processos, número mais de 19 vezes maior que número de processos iniciados em 2000 (5 arbitragens), por exemplo.[63] Ainda corroborando essa tendência, as estatísticas da Câmara de Arbitragem do Mercado (CAM-B3), outra relevante instituição no país, mostram que, em 2019, o número de arbitragens iniciadas sob administração da instituição (27 arbitragens) foi quase sete vezes maior que o número em 2010 (quatro arbitragens) – termo inicial da série divulgada.[64]

Além do ambiente legislativo e jurisprudencial favorável ao desenvolvimento da arbitragem no Brasil especialmente a partir do início do século XXI, características intrínsecas ao processo arbitral foram determinantes para a crescente expansão e consolidação do instituto.

Uma pesquisa recente coordenada pelo CBAr apontou que a utilização da arbitragem no Brasil é impulsionada pelo entendimento de que, como principais vantagens desse método de solução de disputas, estão: (i) o caráter técnico e a qualidade das decisões; (ii) o tempo necessário para se ter uma solução definitiva para o conflito, em comparação ao Judiciário; e (iii) a possibilidade de indicar ou participar da escolha do árbitro.[65] Também mereceram destaque nas respostas dos participantes, dentre outras: (iv) a

[60] Nos casos iniciados em 2000, havia 2. Nos casos iniciados em 2020, havia 150.

[61] Nos casos iniciados em 2000, havia 8. Nos casos iniciados em 2020, havia 88.

[62] Nos casos iniciados em 2000, havia 1. Nos casos iniciados em 2020, havia 30.

[63] CAM-CCBC. *Relatório Anual 2019*: Fatos e números. São Paulo, 2019, p. 12.

[64] CAM. *Estatísticas 2019*. São Paulo, 2019.

[65] Embora em posições diferentes, essas três características haviam sido apontadas como principais vantagens da arbitragem na pesquisa conduzida pelo CBAr em 2016.

confidencialidade; (v) a flexibilidade e a informalidade do procedimento; (vi) a possibilidade de escolher a lei aplicável e o local da arbitragem; e (vii) a independência e imparcialidade dos árbitros.[66]

O resultado não destoa de pesquisas semelhantes realizadas no âmbito internacional. Confirmando a visão geral identificada em pesquisa anterior (2015),[67] pesquisa realizada pela Queen Mary University of London e pelo escritório White & Case LLP em 2018 constatou que são vistas como principais características da arbitragem: (i) a exequibilidade das decisões; (ii) a possibilidade de se evitar sistemas específicos e cortes estatais; (iii) a flexibilidade; (iv) a seleção dos árbitros; (v) a confidencialidade; e (vi) a neutralidade.[68]

A doutrina também tradicionalmente atribui a essas características específicas da arbitragem seu grande desenvolvimento no curso do século XX, especialmente a partir de sua segunda metade.[69]

Nesse contexto de intensificação das relações comerciais no âmbito internacional e de natural interesse das partes na possibilidade de buscar a execução das sentenças arbitrais em diferentes países – vista ainda hoje como uma das principais vantagens da arbitragem, como dito –, a Convenção de Nova York sobre o Reconhecimento de Sentenças Arbitrais Estrangeiras (*Convention on the Recognition and Enforcement of Foreing Arbitral Awards*) foi uma grande propulsora da arbitragem.[70] Sua adoção por diversos países aumentou a segurança jurídica no ambiente de comércio internacional, estimulando a celebração de convenções arbitrais.[71] Atual-

[66] CBAR-IPSOS. *Arbitragem no Brasil (2021)*. São Paulo, 2021.

[67] QUEEN MARY UNIVERSITY OF LONDON; WHITE & CASE LLP. *2015 International Arbitration Survey*: Improvements and Innovations in International Arbitration. Londres, 2015.

[68] QUEEN MARY UNIVERSITY OF LONDON; WHITE & CASE LLP. *2018 International Arbitration Survey*: The Evolution of International Arbitration. Londres, 2018.

[69] Nesse sentido: Blackaby *et al.*, *op. cit.*, 2015, p. 29-30; Fouchard, Philippe. Où va l'arbitrage international? *McGill Law Journal*, Montréal, v. 34, p. 435-456, 1989, p. 439-441; e Hanotiau, Bernard. International Arbitration in a Global Economy: The Challenges of the Future. *Journal of International Arbitration*, Nova York, v. 28, n. 2, p. 89-103, 2011, p. 90.

[70] Fouchard, *op. cit.*, 1989, p. 442; Gaillard, Emmanuel; Savage, John (Orgs.). *Fouchard Gaillard Goldman on International Commercial Arbitration*. Nova York: Kluwer Law International, 1999, p. 1.

[71] "A expansão da arbitragem no ambito internacional foi estimulada pela adoção, em 1958, da Convenção das Nações Unidas sobre o Reconhecimento e a Execução de Sentenças Arbitrais Estrangeiras – a Convenção de Nova Iorque (UN, 1958 – *Convention on the Recognition and Enforcement of Foreing Arbitral Awards*). Essa convenção garantiu a eficácia das cláusulas

mente, a Convenção de Nova York encontra-se em vigor em 168 países.[72] A ratificação da adesão do Brasil ao instrumento se deu em 2002 através do Decreto Legislativo n. 4.311 de 23 de julho de 2002.

Outro relevante propulsor da arbitragem foi a elaboração, pela Comissão das Nações Unidas para o Comércio Internacional (UNCITRAL), da Lei Modelo sobre Arbitragem Comercial ("Lei Modelo da UNCITRAL"), em 1985,[73] cujo conteúdo valoriza a autonomia das partes na condução do processo, dá ênfase à justiça do procedimento e limita a intervenção das cortes estatais sobre as decisões dos árbitros.[74]-[75] O documento serviu de base para a modernização de legislações nacionais em diversos países, em alguns casos até então desprovidos de regulação para a matéria.[76] Dada sua enorme relevância ainda nos dias atuais, esses dois instrumentos (a Convenção de Nova York e a Lei Modelo da UNCITRAL) serão referidos em outras passagens deste trabalho nos tópicos seguintes.

2.2. Fontes normativas no processo arbitral

2.2.1. Valoração probatória do comportamento da parte como tema de direito processual

A investigação das fontes normativas com potencial de influenciar os poderes dos árbitros na atribuição de valor probatório ao comportamento da parte exige que, de partida, o tema seja situado entre as questões *substanciais* e *processuais* avaliadas pelos árbitros.

A necessidade dessa definição é bem representada pela constatação de que, em determinado processo arbitral, a incidência da Lei Brasileira de Arbitragem não implica automaticamente a aplicação das regras *substan-*

compromissórias (artigo II) e possibilitou a harmonização das normas para execução das sentenças arbitrais estrangeiras (artigo V). A adoção da Convenção de Nova York por diversos outros países aumentou a segurança jurídica no meio comercial internacional, favorecendo a estipulação de cláusulas compromissórias que, com apoio da convenção, teriam força mandatória e cujas decisões poderiam ser executadas em diversos países com bases nos mesmos critérios" (MANGE, *op. cit.*, 2014, p. 30).

[72] ONU. UNCITRAL. *Status*: Convention on the Recognition and Enforcement of Foreign Arbitral Awards. Nova York, 1958.

[73] Em 2006, algumas disposições do texto elaborado em 1985 foram alteradas.

[74] HANOTIAU, *op. cit.*, 2011, p. 92-93.

[75] No mesmo sentido: MANGE, *op. cit.*, 2014, p. 31.

[76] Segundo a UNCITRAL, 85 países já adotaram legislação inspirada na Lei Modelo. Cf. ONU. UNCITRAL. *Status*: UNCITRAL Model Law on International Commercial Arbitration (1985), with amendments as adopted in 2006. Vienna, 2006.

ciais de direito brasileiro para a solução do mérito da disputa. Seguindo a tendência mundial em relação ao tema,[77] a Lei Brasileira de Arbitragem autoriza as partes a escolherem livremente as regras de direito aplicáveis à arbitragem (ou a solução da disputa por equidade),[78] desde que essa escolha não viole os bons costumes e a ordem pública (artigo 2º).

Além disso, especialmente nas arbitragens internacionais, não tendo as partes escolhido de antemão as regras de direito aplicáveis para a solução do mérito da disputa, os árbitros não estarão subordinados às regras de conflito de leis do país sede da arbitragem para definição da lei aplicável.[79-80]

Essa definição é relevante inclusive porque o enquadramento dessas prerrogativas dentro da regulação fornecida por normas de uma ou de outra natureza influi na compreensão da maior ou menor extensão da liberdade dos árbitros no seu uso. Enquanto os árbitros dispõem de considerável liberdade residual na definição das regras procedimentais aplicáveis à arbitragem, a discricionariedade de que dispõem para definir as regras de direito material aplicáveis na solução da disputa é consideravelmente menor.[81]

Assim, essa classificação impacta também a análise do uso dessas prerrogativas no âmbito de eventual demanda anulatória de sentença arbi-

[77] "Hoje é geralmente aceito que a lei que rege o procedimento arbitral não será necessariamente a mesma que rege o mérito da controvérsia (§ 1), ou mesmo a da sede da arbitragem (§ 2)" (tradução nossa). No original: "*It is nowadays generally accepted that the law governing the arbitral procedure will not necessarily be the same as that governing the merits of the dispute (§ 1), or indeed that of the seat of the arbitration (§ 2)*" (Gaillard; Savage, *op. cit.*, 1999, p. 634); "A *lex arbitri*, que rege os próprios procedimentos arbitrais e que quase sempre será a lei nacional do local da arbitragem, também pode reger as questões substantivas em questão. Mas isso não é necessariamente assim. A lei que rege as questões substantivas (e que atende por vários nomes, incluindo 'lei aplicável', 'lei que rege' ou, às vezes, 'lei própria') pode ser um sistema de direito completamente diferente" (tradução nossa). No original: "*The* lex arbitri, *which governs the arbitral proceedings themselves and which will almost always be the national law of the place of arbitration, may also govern the substantive matters in issue. But this is not necessarily so. The law that governs the substantive matters in issue (and which goes by a variety of names, including the 'applicable law', the 'governing law', or sometimes the 'proper law') may be a different system of law altogether*" (Blackaby *et al.*, *op. cit.*, 2015, p. 4).

[78] Essa opção não se aplica à arbitragem envolvendo a administração pública (Lei Brasileira de Arbitragem, artigo 2º, §3º).

[79] Hanotiau, *op. cit.*, 2011, p. 97.

[80] Luttrell, Sam. An Introduction to Conflict of Laws in International Commercial Arbitration. *International Trade and Business Law Review*, Tucson, n. 14, p. 404-413, 2011, p. 410.

[81] Waincymer, *op. cit.*, 2012, p. 749-750.

tral. Isso porque, de um modo geral, a aplicação do direito pelo árbitro na solução do mérito da disputa tende a ser uma matéria menos suscetível a questionamentos nesse âmbito, quando comparada à aplicação de regras procedimentais.[82]

Trata-se da premissa de que as ações anulatórias de sentenças arbitrais não servem para a revisão da aplicação do direito pelos árbitros, mas apenas para a constatação de eventuais *errores in procedendo*.[83]

Em relação aos poderes dos árbitros na atribuição de valor probatório ao comportamento das partes pela extração de inferências negativas, esse esforço de classificação é especialmente relevante porque a compreensão das questões relacionadas à prova como de natureza processual ou material é tema há muito tempo debatido e tratado de forma diversa por diferentes ordenamentos jurídicos.[84]

[82] MAVROMATI, Chrysoula. The Laws Applicable to the Taking and Evaluation of Evidence in International Arbitration. In: FERRARI, Franco; KRÖLL, Stefan (Orgs.). *Conflict of Laws in International Commercial Arbitration*. Nova York: NYU, 2019, p. 196-197.

[83] "A premissa de que não se pode fugir é a de que os eventuais *errores in judicando* levados a efeitos pelo juízo arbitral não são passíveis de impugnação mediante ação anulatória, senão os *errores in procedendo*, não havendo invadir-se o mérito do quanto examinado pelo Tribunal arbitral, que não pode ser objeto de revisão pelo Poder Judiciário" (BRASIL. STJ. Petição 14472, Rel. Min. Paulo de Tarso Sanseverino, j. 13.8.2021); "Por fim, a alegação articulada pelos recorrentes de que a sentença arbitral seria nula porque violaria o princípio da função social do contrato envolve a análise detida do próprio mérito da sentença arbitral e, assim, tal matéria não é passível de articulação em sede de impugnação. A respeito do tema, confira-se o que afirma a doutrina: 'Há possibilidade de controle judicial da sentença arbitrai, mas apenas em relação à sua validade (arts. 32 e 33, caput, Lei n. 9.307/1996). Não se trata de revogar ou modificar a sentença arbitrai quanto ao seu mérito, por entendê-la injusta ou por errônea apreciação da prova pelos árbitros, senão de pedir sua anulação por vícios formais. Trata-se de uma espécie de 'ação rescisória' de sentença arbitrai, que deve ser ajuizada no prazo de noventa dias após o recebimento da intimação da sentença arbitrai ou de seu aditamento. Note que esta ação de impugnação da sentença arbitral apenas se funda em *error in procedendo*, não permitindo a rediscussão do quanto foi decidido'. (DIDIER JR., Fredie. Curso de Direito Processual Civil: introdução ao direito processual civil, parte geral e processo de conhecimento. Salvador: Juspodium, 18ª ed., 2016, p. 173)" (BRASIL. STJ. Recurso Especial n. 1865591, Rel. Min. Nancy Andrighi, j. 10.6.2020).

[84] "Sobre esta questão, as opiniões estão divididas no direito comparado. Sem querer caricaturar o ponto, podemos dizer que os países de *Common Law* tendem a colocar a prova na categoria 'processual', enquanto os países de *civil law* atribuem mais importância ao direito substantivo nessa área. No entanto, mesmo dentro de um único ordenamento jurídico, as soluções nem sempre se destacam por sua simplicidade" (tradução nossa). No origin al: "*Sur cette question, les avis sont partagés en droit comparé. Sans vouloir caricaturer le propos, on peut dire*

No entanto, algumas razões justificam a adoção da premissa de que as prerrogativas dos árbitros relevantes para a análise do tema em estudo são definidas por regras de natureza predominantemente *processual*.

É certo que elementos do direito probatório possuem natureza *bifronte* e integram o conteúdo do *direito processual substancial*. É o caso das fontes de prova e do ônus da prova, "cuja regência vem do direito material, mas cujo tratamento e utilidade se verificam no processo".[85]

No entanto, mesmo o Código Civil invadindo impropriamente a regulação do direito probatório, permanecem "exclusivamente processuais outras categorias e conceitos integrantes do direito probatório, como o objeto da prova, os meios de prova e os critérios para valorá-la".[86] Daí porque se afirmar que, em si mesma e na sua função perante a ordem jurídica, a prova "é, pois, um instituto de direito processual e não de direito material, ainda quando a disciplina de certos elementos exteriores pertença em parte a este ou seja influenciada por normas jurídico-substanciais".[87]

Essa perspectiva se encaixa bem à análise do tema deste trabalho. Afinal, não há dúvidas de que, para fins deste estudo, a valoração do comportamento da parte se dá no âmbito processual, e, mais especificamente, no contexto da produção e valoração das provas para prolação de uma decisão que representa a entrega de tutela jurisdicional.

Mesmo o tema envolvendo elementos como ônus da prova e fontes de prova, esses elementos são analisados já inseridos no contexto do processo, à luz do comportamento processual da parte que recusa injustificadamente a trazer uma fonte de prova a exame e prejudica a parte que carrega o ônus da prova sobre determinados fatos. Ainda nas lições de Cândido Rangel Dinamarco, "[q]uando se trata de convencer e não de constituir validamente o ato (*prova ad substantiam*), estamos no campo preparatório

que les pays de Common Law ont tendance à ranger la preuve dans la catégorie 'procédure', alors que les pays de droit civil laissent une place plus importante au droit de fond en la matière. Cependant, même au sein d'un seul système juridique, les solutions ne brillent pas toujours par leur simplicité" (SERAGLINI, Christophe. Les conflits de lois en matière de preuve dans l'arbitrage international. *Revue de l'Arbitrage*, Paris, n. 1, p. 133-148, 2020, p. 136).

[85] DINAMARCO, Cândido Rangel. *Instituições de direito processual civil.* 7ª ed. São Paulo: Malheiros, 2017, v. III, p. 50. No mesmo sentido: DINAMARCO, Cândido Rangel. *Instituições de direito processual civil.* 9ª ed. São Paulo: Malheiros, 2017, v. I, p. 107.

[86] DINAMARCO, *op. cit.*, 2017, p. 50.

[87] DINAMARCO, *op. cit.*, 2017, p. 49.

de julgamentos e por isso é de processo que se cuida".[88] Também sob essa perspectiva, portanto, o tema tem natureza *processual*.

Isso não significa, naturalmente, que o direito substancial aplicável ao caso não deva ser considerado pelos árbitros. Especificamente no caso das inferências negativas, ainda que o tema seja regulado mais diretamente por regras procedimentais referentes à produção e à valoração da prova, os árbitros deverão levar em consideração questões de direito material que possam eventualmente afetar o ônus da parte de produzir prova acerca daqueles fatos, o valor probante de determinadas fontes de prova *etc.*[89]-[90]

Do mesmo modo, os árbitros deverão ter em conta direitos substantivos das partes que possam afetar sua obrigação de produzir determinada prova no âmbito do processo. No caso de uma obrigação contratual expressa de compartilhamento de documentos, por exemplo, as justificativas da parte que recusa a produção dessa prova no âmbito da arbitragem se tornam mais limitadas, o que pode influenciar a avaliação sobre a abusividade do comportamento reticente da parte e, portanto, a decisão dos árbitros de extrair ou não uma inferência adversa.[91]

2.2.2. Influência da lei da sede na definição das regras processuais da arbitragem

Diante da premissa de que a valoração probatória do comportamento da parte se insere nas questões de direito processual relacionadas à arbitragem (*supra*, n. 2.2.1), faz-se necessária a delimitação da influência da lei da sede na regulação desse tema, já que, por muito tempo, ela foi a fonte normativa predominante na regulação do procedimento arbitral.

Antes de se detalhar como essa influência evoluiu até hoje, cumpre demarcar o conceito de sede da arbitragem (também referida como "local da arbitragem", "*locus arbitri*", "local de proferimento da sentença", "*situs*", dentre outros que podem ser tomados como sinônimos). Em suma, a sede é o "domicílio legal" escolhido para a arbitragem pelas partes ou em seu

[88] Dinamarco, *op. cit.*, 2017, p. 49.

[89] Pauker, Saar A. Substance and procedure in international Arbitration. *Arbitration International*,Oxford, v. 36, n. 1, p. 3-66,2020, p. 66.

[90] Nelson; Henin; Nairn, *op. cit.*, 2018, p. 173.

[91] Waincymer, *op. cit.*, 2012, p. 857.

nome, local este cujas leis geralmente governam diversos aspectos internos e externos da arbitragem.[92]

Trata-se muito mais de uma construção jurídica que de um local geográfico[93] (de realização de audiências ou prolação de decisões, por exemplo), já que a escolha de determinado local como sede da arbitragem não impede, na generalidade dos casos, a prática de atos da arbitragem em outros locais.[94] Cada vez mais, especialmente com o avanço das tecnologias de comunicação, a sede da arbitragem tem sido concebida como uma *ficção jurídica* que não tem relação necessária com a localização física do procedimento arbitral.[95]

A prática é que a sede seja escolhida pelas partes e que, na ausência dessa definição por elas, essa escolha seja realizada pelos árbitros ou pela instituição arbitral,[96] como confirmam as disposições da Lei Modelo da UNCITRAL (artigo 20(1))[97] e do regulamento de várias câmaras arbitrais.[98] A prerrogativa das partes de escolherem a sede da arbitragem e a natureza territorial da legislação arbitral são considerados princípios gerais da arbitragem, estando inclusive refletidos na Convenção de Nova York (artigos V(1)(d), V(1)(e) e II(1)). Consequentemente, ainda que não haja nas legislações nacionais regra expressa nesse sentido, será possível

[92] Born, Gary. *International Commercial Arbitration*. 2ª ed. Nova York: Kluwer Law International, 2014, p. 1536 e 1539-1540.

[93] Born, *op. cit.*, 2014, p. 1538. No mesmo sentido: Magalhães, José Carlos de. *Arbitragem*: sociedade civil x Estado. São Paulo: Almedina, p. 321.

[94] Mann, Francis. A. Lex Facit Arbitrum. *Arbitration International*, Oxford, v. 2, n. 3, p. 241-261, 1986, p. 248 ; BORN, *op. cit.*, 2014, p. 1596 e 2052; Waincymer, *op. cit.*, 2012, p. 172-173.

[95] Kaufmann-Kohler, Gabrielle. Identifying and Applying the Law Governing the Arbitration –rocedure – The Role of the Law of the Place of Arbitration. In: Berg, Albert Jan. (Org.). *Improving the Efficiency of Arbitration Agreements and Awards*: 40 Years of Application of the New York Convention. Nova York: Kluwer Law International, 1999, p. 353; Kaufmann-Kohler, Gabrielle. Globalization of Arbitral Procedure. *Vanderbilt Journal of Transnational Law*, Nashville, v. 36, n. 4, p. 1313-1334, 2003, p. 1318; Blackaby *et al.*, *op. cit.*, 2015, p. 175; Poudret, Jean-François; Besson, Sébastien. *Comparative Law of International Arbitration*. Londres: Thomson-Sweet & Maxwell, 2007, p. 99.

[96] Born, *op. cit.*, 2021, p. 135-136.

[97] Article 20. Place of arbitration "(1) The parties are free to agree on the place of arbitration. Failing such agreement, the place of arbitration shall be determined by the arbitral tribunal having regard to the circumstances of the case, including the convenience of the parties".

[98] A título ilustrativo: Regulamento UNCITRAL, artigo 18.1; Regulamento ICC, artigo 18(1); Regulamento LCIA, artigos 16.1 e 16.2; e Regulamento CAM-CCBC, artigos 9.1 e 9.2.

inferi-la sempre que, do teor da lei, não se puder extrair regra expressa em sentido contrário.[99]

Especialmente na arbitragem internacional, a escolha da sede assume um papel estratégico na medida em que confere às partes a chance de, prezando pela neutralidade, escolher um local sem nenhuma relação imediata com qualquer uma delas,[100] ou, priorizando a conveniência na eventual execução forçada da decisão (ao evitar mecanismos de reconhecimento e homologação), escolher como sede da arbitragem um país em que uma das partes concentre seus ativos.

Essa possibilidade de escolha está presente na Lei Brasileira de Arbitragem, que não faz menção expressa ao conceito de sede, mas, em seu artigo 11, inciso I, faz referência ao "local, ou locais, onde se desenvolverá a arbitragem" como um item que pode ser definido pelas partes no compromisso arbitral. Como esclarece Carlos Alberto Carmona, o local a que se refere essa regra se refere à sede da arbitragem.[101]

A doutrina também confirma que, à luz da lei brasileira, deve-se considerar proferido o laudo na sede da arbitragem, ainda que tenha sido assinado pelos árbitros em local ou locais diferentes",[102] e que esse é o critério relevante para a definição da nacionalidade da sentença arbitral.[103] Em seu artigo 39, par. único, que trata da homologação para o reconhecimento das sentenças arbitrais estrangeiras, a Lei Brasileira de Arbitragem define que é considerada estrangeira toda sentença "que tenha sido proferida fora do território nacional".

A evolução histórica da importância da lei da sede na definição das regras procedimentais da arbitragem é bem refletida nos principais instrumentos internacionais concebidos ao longo do século XX para promoção da arbitragem.

No Protocolo de Genebra Relativo a Cláusula de Arbitragem, de 1923 (ratificado pelo Brasil através do Decreto n. 21.187/1932), a relevância da sede da arbitragem para a regulação do processo fica clara em seu artigo 2º, em que se lê: "[o] processo da arbitragem, incluindo-se a constituição do tribunal arbitral, será regulado pela vontade das partes e pela lei do país

[99] Born, *op. cit.*, 2014, p. 1576.

[100] Blackaby *et al.*, *op. cit.*, 2015, p. 7.

[101] Carmona, *op. cit.*, 2009, p. 209.

[102] Braguetta, *op. cit.*, 2010, v. I, p. 16.

[103] Carmona, *op. cit.*, 2009, p. 439.

em cujo território a arbitragem se efetuar". Na mesma linha, a Convenção de Genebra sobre Execução de Sentenças Estrangeiras, de 1927 (não ratificada pelo Brasil), confirma essa vinculação do processo arbitral à lei da sede. Seu artigo 1º, alínea "c", estabelece que um dos requisitos para o reconhecimento da sentença arbitral estrangeira seria a conformidade da decisão "com a lei que regre o procedimento arbitral".[104]

Um marco importante dessa evolução foi a aprovação da Convenção de Nova York, em 1958. Em um cenário em que já se discutia a (in)conveniência de uma vinculação estreita entre a lei da sede e o procedimento arbitral,[105] o instrumento diminuiu a influência da lei da sede na definição das questões processuais da arbitragem, reservando a ela um papel subsidiário em relação à regulação ditada pela vontade das partes.[106] Em seu artigo V(1)(d), que lista uma das hipóteses de não reconhecimento da sentença arbitral estrangeira, a mudança de paradigma fica clara: "a composição da autoridade arbitral ou o procedimento arbitral não se deu em conformidade com o acordado pelas partes, ou, na ausência de tal acordo, não se deu em conformidade com a lei do país em que a arbitragem ocorreu" (Decreto n. 4.311/2002).[107]

A Convenção Europeia sobre Arbitragem Comercial Internacional de 1961 (também referida como Convenção de Genebra de 1961) avançou nessa mesma linha ao consagrar a liberdade das partes – e, subsidiariamente, dos árbitros – na definição das regras procedimentais da arbitragem, sem referência à observância obrigatória da lei da sede.[108] Essa constatação é extraída especialmente: (i) do artigo IV(1)(b) da Convenção, que autoriza

[104] Tradução nossa. No original: "*That the award has been made by the Arbitral Tribunal provided for in the submission to arbitration or constituted in the manner agreed upon by the parties and in conformity with the law governing the arbitration procedure*".

[105] Sobre os debates que antecederam a aprovação da Convenção, cf. MANGE, *op. cit.*, 2014, p. 61-64; e BRAGUETTA, *op. cit.*, 2010, v. I, p. 33-50.

[106] GAILLARD, Emmanuel. *Aspects philosophiques du droit de l'arbitrage international.* Leiden; Boston: Martinus NIJHoff, 2008, p. 138; MANGE, *op. cit.*, 2014, p. 66.

[107] "O artigo V(1)(d) dá prioridade ao acordo das partes no que se refere ao procedimento arbitral, prevendo a aplicação da lei da sede apenas de forma residual, quando as partes não tiverem chegado a um acordo referente às questões procedimentais" (tradução nossa). No original: "*Article V(1)(d) gives priority to the parties' agreement regarding arbitral procedures, providing for application of the law of the arbitral seat only as a default mechanism, when the parties have not made any agreement regarding procedural matters*" (BORN, *op. cit.*, 2021, p. 111).

[108] BORN, *op. cit.*, 2021, p. 121. GAILLARD, *op. cit.*, 2008, p. 138; MANGE, *op. cit.*, 2014, p. 68.

as partes a "estabelecer o procedimento a ser seguido pelos árbitros"[109]; (ii) do artigo IV(4)(d) da Convenção, que prevê que o presidente da câmara de comércio competente ou comitê especial deverão fixar o procedimento a ser seguido pelos árbitros "caso eles mesmos não tenham estabelecido essas regras na ausência de acordo das partes a respeito";[110] e (iii) do artigo IX da Convenção, que não admite a anulação da sentença arbitral com fundamento na não observância da lei da sede da arbitragem.

Seguindo a tendência desses instrumentos internacionais, a Lei Modelo da UNCITRAL, de 1985, deixou clara a primazia da vontade das partes na definição das regras procedimentais da arbitragem e a autoridade subsidiária dos árbitros para definição do procedimento, sem observância obrigatória da lei da sede da arbitragem para preenchimento dessas lacunas.

Embora tenha encampado o princípio da territorialidade para a definição de sua aplicabilidade às arbitragens com sede nos países que a adotam (artigo I(2)[111]), a Lei Modelo da UNCITRAL consagra a liberdade das partes na definição das regras procedimentais, com poderes subsidiários dos árbitros para tanto (artigo 19[112]).[113]

Refletindo essa evolução, a Lei Brasileira de Arbitragem estabelece que o processo seguirá o "procedimento estabelecido pelas partes na convenção de arbitragem, que poderá reportar-se às regras de um órgão arbitral institucional ou entidade especializada, facultando-se, ainda, às partes delegar ao próprio árbitro, ou ao tribunal arbitral, regular o procedimento" (artigo 21, *caput*). Estabelece, ainda, que "não havendo estipulação acerca do procedimento, caberá ao árbitro ou ao tribunal arbitral discipliná-lo" (artigo 21, § 1º).

[109] Tradução nossa.

[110] Tradução nossa.

[111] "The provisions of this Law, except articles 8, 9, 17 H, 17 I, 17 J, 35 and 36, apply only if the place of arbitration is in the territory of this State".

[112] "(1) Subject to the provisions of this Law, the parties are free to agree on the procedure to be followed by the arbitral tribunal in conducting the proceedings. (2) Failing such agreement, the arbitral tribunal may, subject to the provisions of this Law, conduct the arbitration in such manner as it considers appropriate. The power conferred upon the arbitral tribunal includes the power to determine the admissibility, relevance, materiality and weight of any evidence".

[113] HOLTZMANN, Howard M.; NEUHAUS, Joseph. *A Guide to the UNCITRAL Model Law on International Commercial Arbitration*: Legislative History and Commentary. Nova York: Kluwer Law International, 1989, p. 132; UNCITRAL. *UNCITRAL 2012 Digest of Case Law on the Model Law on International Commercial Arbitration*. Viena, 2012, p. 100.

Essa limitação gradual do papel da sede da arbitragem na definição do procedimento fomentou a emergência de teorias que buscavam redimensionar a relevância desse instituto no âmbito das arbitragens internacionais, discutindo particularmente o posicionamento da arbitragem em relação aos sistemas jurídicos nacionais.

As visões a esse respeito podem ser resumidas em três principais teorias ou, para utilizar a expressão de Emmanuel Gaillard, "representações".[114]

A primeira delas, comumente referida como *seat theory* ou teoria territorialista, assume uma relação estreita entre o processo arbitral e o sistema jurídico do local da arbitragem, concebendo a arbitragem como expressão da jurisdição estatal daquele país. As bases objetivas dessa teoria foram defendidas por Francis Mann em conhecido artigo publicado originalmente em 1967,[115] em que o autor procurou contrapor ideias defendidas pouco antes por Philippe Fouchard e Berthold Goldman.

Em suma, essa teoria sustenta que a arbitragem só pode existir enquanto vinculada a um sistema jurídico nacional e que a *lex fori* que rege o processo é a lei da sede da arbitragem.[116] Assim, ainda que as partes tenham autonomia para definição dessas regras procedimentais, é porque a lei de arbitragem do país-sede assim autoriza.[117] Nas palavras de Francis Mann, "*in procedural matters the control of the lex arbitri is compulsory (though it may itself allow a certain freedom of choice to the parties)*".[118] Daí a doutrina afirmar que a escolha da sede é uma "escolha indireta de lei".[119]

Mais recentemente, os defensores dessa teoria também passaram a destacar que as tentativas de se evitar esse vínculo com a lei da sede eram muitas vezes motivadas pela inconveniência de aplicação à arbitragem de regras rígidas da sede, incluindo regras locais sobre conflito de leis e normas processuais aplicáveis aos processos que tramitavam perante o Poder Judiciário dessas jurisdições. Esse receio teria perdido razão de ser em razão da evolução do tema no sentido de afastar a tendência de aplicação

[114] Gaillard, *op. cit.*, 2008, p. 32.
[115] Mann, *op. cit.*, 1986, p. 241-261.
[116] Mann, *op. cit.*, 1986, p. 245-246.
[117] Mann, *op. cit.*, 1986, p. 247.
[118] Mann, *op. cit.*, 1986, p. 250.
[119] Poudret; Besson, *op. cit.*, 2007, p. 114-115. No mesmo sentido: Kaufmann-Kohler, *op. cit.*, 2003, p. 1319.

dessas regras à arbitragem,[120] com o fortalecimento da autonomia da vontade e a consolidação da sede como uma concepção legal, sem conexão necessária com a disputa.[121]

A teoria também se baseia na ideia de que, ainda que o controle judicial sobre a atividade dos árbitros deva ser mínimo, ele deve existir e ser exercido preferencialmente pelas cortes do Estado onde a sentença é proferida. A lógica é a de que, a partir do momento em que determinado Estado autoriza que uma sentença proferida em seu território seja considerada vinculante – o que lhe confere exequibilidade naquele país e potencialmente em outros –, incumbe a esse Estado dispor de mecanismo para o controle de eventuais deficiências procedimentais que maculem aquela decisão.[122]

O principal campo de confronto dessa com as demais teorias sobre a relação da arbitragem com os sistemas nacionais é o debate sobre a eficácia, em outros Estados, da anulação da sentença arbitral na sede da arbitragem. A esse respeito, a teoria territorialista também se ancora na defesa de um sistema consistente e coordenado de atribuição de eficácia às sentenças arbitrais no plano internacional, enfatizando que uma sentença "desprendida" de um sistema legal nacional, ainda que tivesse força decorrente da origem contratual da arbitragem, permaneceria em um "vácuo legal" até ser reconhecida por algum sistema jurídico nacional para fins de execução forçada.[123]

Além disso, o reconhecimento da vinculação entre a arbitragem e a lei da sede promoveria economia processual e preveniria o risco de decisões conflitantes sobre o mesmo tema. Do contrário, a parte que já obteve o reconhecimento da invalidade da sentença na sede poderia ter que litigar múltiplas vezes sobre o mesmo tema perante toda jurisdição perante a qual a execução do julgado pudesse ser buscada.[124]-[125]

[120] POUDRET; BESSON, *op. cit.*, 2007, p. 99; GOODE, Roy. Role of the Lex Loci Arbitri in International Commercial Arbitration. *Arbitration International*, Oxford, v. 17, n. 1, p. 19-40, 2001, p. 20.

[121] POUDRET; BESSON, *op. cit.*, 2007, p. 99.

[122] PARK, William W. The Lex Loci Arbitri and International Commercial Arbitration. *The International and Comparative Law Quarterly*, Cambridge, v. 32, n. 1, p. 21-52, 1983, p. 30.

[123] GOODE, *op. cit.*, 2001, p. 30.

[124] PARK, *op. cit.*, 1983, p. 30.

[125] PARK, *op. cit.*, 1983, p. 30.

A essa visão, se opõe a ideia de que a arbitragem internacional está baseada em uma *pluralidade* de ordens jurídicas, segundo a qual o sistema jurídico da sede da arbitragem é apenas mais um dentre vários outros com potencial de influenciar o processo arbitral, e não a fonte exclusiva do poder dos árbitros.

Essa representação descentralizada da regulação da arbitragem, comumente chamada de *delocalization theory* ou *pluralistic thesis*, se opõe à primeira teoria particularmente porque apreende o tema mais pelo "ponto de chegada" do que pelo "ponto de partida", defendendo que os ordenamentos jurídicos dos Estados perante os quais a execução da sentença pode ser buscada têm mais vocação para regular a validade da sentença arbitral que o ordenamento do país-sede.[126]

Assim, uma sentença arbitral poderia ser aceita por um determinado ordenamento jurídico ainda que o seu sistema jurídico "de origem" a tenha rejeitado.[127] Ou seja: mesmo sem privar a jurisdição da sede da arbitragem de realizar um controle sobre a sentença arbitral proferida em seu território, estaria reservada a outros Estados a prerrogativa de se pronunciar livremente sobre determinada sentença arbitral.[128] O "fórum" de um tribunal arbitral seria, assim, todos os sistemas legais capazes de, sob certas condições, reconhecer a sentença arbitral proferida por aqueles árbitros.[129]

À luz dessa teoria, os árbitros deveriam observar regras da sede da arbitragem não porque esta seria uma espécie de *lex fori*, mas porque: (i) a autonomia das partes e, subsidiariamente, dos árbitros, na definição do procedimento estaria limitada apenas pelas regras de natureza cogente aplicáveis pelas jurisdições potencialmente competentes para revisão (leia-se: anulação) da sentença arbitral; e (ii) de um modo geral, as cortes da sede da arbitragem são competentes para tanto.[130] No mais, os árbitros também deveriam – ainda que não obrigados a tanto – observar princípios gerais que, se violados, justificariam a recusa de reconhecimento da sentença nas principais jurisdições.

[126] GAILLARD, *op. cit.*, 2008, p. 47.

[127] PAULSSON, Jan. Arbitration in three dimensions. *LSE Legal Studies Working Paper*, Londres, n. 2/2010, 2010, p. 8.

[128] GAILLARD, *op. cit.*, 2008, p. 52-53.

[129] GAILLARD; SAVAGE, *op. cit.*, 1999, p. 637-638.

[130] GAILLARD; SAVAGE, *op. cit.*, 1999, p. 644.

O reconhecimento da sentença por uma jurisdição estatal validaria retrospectivamente o processo,[131] em um controle exercido *ex post facto* nos países perante os quais a execução de referido julgado fosse buscada.[132]

Para Philippe Fouchard, seria necessário "reduzir o papel da lei e do juiz da sede da arbitragem".[133] Segundo o autor, seria problemático tomar a lei da sede como imperativa, especialmente quando ela não se limita a exigir o respeito a princípios fundamentais de um processo justo, mas vai além exprimindo particularidades e impondo regras arcaicas inadequadas à arbitragem internacional.[134] Ainda para Fouchard, mesmo seguindo essa tendência de deslocalização, seria ilusório suprimir todo e qualquer ponto de contato entre a arbitragem internacional e o ordenamento jurídico do país onde ela se desenvolve, e isso especialmente por razões práticas, como a necessidade de um foro de apoio.[135]

A maior discussão acerca da aplicação dessa teoria reside, como adiantado, na admissão de que uma sentença arbitral anulada no país-sede possa ser homologada perante outra jurisdição.[136] A aplicação desse entendimento a casos concretos é objeto de intenso debate, marcado por críticas pelo fato de essa teoria: (i) permitir a coexistência de decisões conflitantes; (ii) estimular o *forum-shopping* na obtenção do *exequatur* perante diferentes jurisdições; e (iii) ignorar a escolha da sede feita pelas partes – muitas vezes de forma consciente e contando com um controle primário da sentença no país-sede.[137]

A terceira representação, conhecida como "autônoma", sustenta que o fundamento jurídico da arbitragem não estaria em nenhuma ordem jurí-

[131] GAILLARD, *op. cit.*, 2008, p. 47.

[132] PAULSSON, Jan. Arbitration Unbound: Award Detached from the Law of Its Country of Origin. *The International and Comparative Law Quarterly*, Cambridge, v. 30, n. 2, p. 358-387, 1981, p. 358 e 368.

[133] FOUCHARD, Philippe. Suggestions pour accroître l'efficacité internationale des sentences arbitrales. *Revue de l'Arbitrage*, Paris, n. 4, p. 653-672, 1998, p. 653.

[134] FOUCHARD, *op. cit.*, 1998, p. 668.

[135] FOUCHARD, Philippe La portée internationale de l'annulation de la sentence arbitrale dans son pays d'origine. *Revue de l'Arbitrage*, n. 3, p. 329-352, 1997, p. 350.

[136] Sobre o tema, na doutrina brasileira, cf. BRAGUETTA, *op. cit.*, 2010, v. I; PETTER, *op. cit.*, 2018; SILVEIRA, Gustavo Scheffer. Os efeitos da sentença arbitral anulada em seu país de origem em direito francês. *Revista Brasileira de Arbitragem*, São Paulo, v. VII, n. 26, p. 35-72, 2010; LEVY, Daniel. O Brasil e o reconhecimento de sentenças arbitrais anuladas: uma análise a partir da SEC 5782, STJ. *Revista de Arbitragem e Mediação*, vol. 49, abr-jun. 2016, p. 43-66.

[137] BRAGUETTA, *op. cit.*, 2010, v. I, p. 230; e PETTER, *op. cit.*, 2018, p. 42.

dica estatal, seja a da sede ou a do país perante a qual a execução da decisão é buscada, mas em uma outra ordem jurídica, que poderia ser chamada de "ordem jurídica arbitral".[138]

Segundo essa concepção, a ideia de que apenas um juízo, o da sede, possa governar a juridicidade da arbitragem seria incompatível com a realidade imposta pelo mundo globalizado, marcado por um fluxo intenso de operações comerciais internacionais e pela multiplicação de potenciais locais para execução das sentenças arbitrais.[139] Diferentemente da segunda representação, pautada pela visão multilocalizadora, essa visão autônoma toma em consideração primordialmente a visão transnacional da arbitragem, com suas tendências resultantes da atividade normativa da comunidade de Estados, em uma passagem do *plural* para o *coletivo*.[140]

Segundo Julian Lew, a consequência dessa autonomia da arbitragem internacional é remover o processo arbitral do controle das leis e cortes nacionais, o que se justificaria por ele pertencer a um domínio diferente, "não-nacional". Por isso, a atividade dos árbitros não estaria sujeita aos procedimentos da lei nacional da sede e as cortes estatais só poderiam interferir na arbitragem em circunstâncias excepcionais. No que se refere à regulamentação procedimental da arbitragem, haveria apenas duas limitações: (i) devem ser observadas as regras cogentes da lei da sede – o que não seria um problema porque a maior parte das legislações nacionais são permissivas no que se refere à condução da arbitragem; e (ii) as partes devem ser tratadas de maneira justa, e cada parte deve ter a chance de apresentar seu caso e se defender adequadamente.[141]

Na mesma linha, Emmanuel Gaillard afirmava que, sob essa ótica, a prerrogativa dos árbitros na definição das regras da arbitragem encontra limite nos princípios fundamentais da igualdade de tratamento e do contraditório, sem os quais não seria possível conceber um processo justo. O respeito a esses princípios faria parte incontestável da ordem jurídica arbitral que fundamenta essa visão.[142]

[138] GAILLARD, *op. cit.*, 2008, p. 60.

[139] GAILLARD, *op. cit.*, 2008, p. 61.

[140] GAILLARD, *op. cit.*, 2008, p. 63.

[141] LEW, Julian D.M. Achieving the Dream: Autonomous Arbitration. *Arbitration International*, Oxford, v. 22, n. 2, p. 179-204, 2006.

[142] GAILLARD, *op. cit.*, 2008, p. 146-147.

A despeito da recepção das ideias sobre deslocalização e autonomia da arbitragem em países como a França, a Bélgica e a Suíça, ela acabou rejeitada na maior parte dos ordenamentos.[143]

De fato, embora um dos objetivos da adoção dessas teorias seja evitar que o processo arbitral seja afetado por regras "hostis" de determinados ordenamentos, essa preocupação poderia ser endereçada de forma suficientemente eficaz com a escolha de uma sede cujas leis sejam consideradas *arbitration-friendly*, o que seria possível a partir da ideia de que a sede da arbitragem é uma construção jurídica.[144]

No Brasil, a corrente que defende a deslocalização e a autonomia da arbitragem também não ganhou muitos adeptos. No que se refere à aplicação dessas teorias à admissão de homologação de sentenças anuladas na sede, o Superior Tribunal de Justiça inclusive reforçou recentemente o entendimento de que, à luz da lei brasileira, essa anulação na sede seria um impeditivo à homologação da decisão no Brasil.[145]-[146]

De fato, não obstante a relevância das questões cujo debate foi instigado pelo confronto entre essas representações, é generalizada a constatação de que, mesmo adquirindo cada vez mais autonomia em relação às ordens jurídicas nacionais, a arbitragem permanece ligada à sede por alguns fatores de conexão relevantes. Um fator importante a justificar a persistência dessa conexão territorial é de ordem prática: trata-se de um critério de mais fácil administração e que promove mais certeza.[147]

Nesse sentido, a aplicação da lei de arbitragem segue esse critério territorial, ou seja: as leis de arbitragem de um país "A" se aplicam, como regra, aos processos arbitrais que têm o país "A" como sede.[148]

143 Born, *op. cit.*, 2014, p. 1589; Silveira, *op. cit.*, 2010, p. 47; Braguetta, *op. cit.*, 2010, v. I, p. 175.

144 Kaufmann-Kohler, *op. cit.*, 1999, p. 354; Kaufmann-Kohler, *op. cit.*, 2003, p. 1319-1320.

145 BRASIL. STJ, Corte Especial, SEC 5.782/EX, Rel. Min. Jorge Mussi, j. 2.12.2015.

146 Para uma análise detalhada dessa decisão, cf. Petter, Eduardo Leardini. *A execução de sentença arbitral estrangeira anulada na sede*: uma análise da SEC nº 5.782 à luz da experiência internacional. São Paulo: CBAr, 2019.

147 Kaufmann-Kohler, *op. cit.*, 1999, p. 353; Kaufmann-Kohler, *op. cit.*, 2003, p. 1315.

148 Born, *op. cit.*, 201 4, p. 1530; Blackaby *et al.*, *op. cit.*, 2015, p. 171-172; Poudret; Besson, *op. cit.*, 2007, p. 115; Kaufmann-Kohler, *op. cit.*, 1999, p. 338; Waincymer, *op. cit.*, 2012, p. 67; Ly, Filip de. Conflicts of Law in International Arbitration – an Overview. In: Ferrari; Kröll, *op. cit.*, 2019, p. 6.

Isso significa não só que os aspectos processuais da arbitragem estarão sujeitos à lei da sede, mas também que essa será a lei que regerá outros aspectos da arbitragem, como, por exemplo, as condições de validade da convenção de arbitragem.[149] Essa lei nacional que serve como base para a atividade dos árbitros é comumente chamada de *lex arbitri*.

Outro aspecto importante é a definição da nacionalidade da sentença arbitral, possibilitando a invocação da Convenção de Nova York e de outros instrumentos sobre o mesmo tema eventualmente aplicáveis.[150] A sede da arbitragem também determina fortemente a relação da arbitragem com as cortes estatais,[151] que funcionarão como foro de apoio para a arbitragem e como responsáveis pelo processamento de eventual demanda anulatória da sentença arbitral.[152]

A *lex arbitri* – de escopo mais amplo – não se confunde com as "regras processuais" da arbitragem, que podem ser definidas como o conjunto de regras que, em conformidade com a liberdade assegurada pela *lex arbitri*, as partes e os árbitros definem como aplicáveis para reger aquele caso específico.[153] E esse poder normativo das partes (detalhado *infra*, n. 3) se faz necessário inclusive porque a regulação procedimental dada pela *lex arbitri*, e mesmo pelos regulamentos de arbitragens de instituições privadas, tende a ser pouco detalhada.

Embora esta não seja uma opção frequente ou recomendável, é possível inclusive que, no exercício dessa liberdade e com fundamento na autonomia da vontade, as partes optem por escolher as disposições da lei nacional de arbitragem de outro país.[154] Mesmo nessa hipótese, porém, as regras cogentes da *lex arbitri* da sede serão aplicáveis.[155]

Em geral, as leis nacionais preveem um rol mínimo de regras de processo que buscam assegurar a observância de garantias relacionadas ao

[149] BORN, *op. cit.*, 2021, p. 232-233; MANGE, *op. cit.*, 2014, p. 41.

[150] BRAGUETTA, *op. cit.*, 2010, v. I, p. 231.

[151] BORN, *op. cit.*, 2014, p. 1595; AHMED, Masood. The Influence of the Delocalisation and Seat Theories upon Judicial Attitudes Towards International Commercial Arbitration. *Arbitration: The International Journal of Arbitration, Mediation and Dispute Management*, Nova York, v. 77, n. 4 p. 406-422, 2011, p. 417.

[152] BORN, *op. cit.*, 2021, p. 232-233.

[153] BORN, *op. cit.*, 2021, p. 1534 e 1603.

[154] WAINCYMER, *op. cit.*, 2012, p. 67, 189-190.

[155] POUDRET; BESSON, *op. cit.*, 2007, p. 94; BORN, *op. cit.*, 2014, p. 1609-1611; HOLTZMANN; NEUHAUS, *op. cit.*, 1989, p. 129.

devido processo legal e à integridade do processo em geral. E ao menos parte dessas regras procedimentais ditadas pela lei da sede da arbitragem tendem a ser interpretadas como cogentes, ou seja, não passíveis de derrogação pelas partes e/ou de alteração pelos árbitros no âmbito de sua discricionariedade.[156]

Ao mesmo tempo em que funcionam como um limite à autonomia da vontade das partes na regulação do procedimento,[157] essas regras cogentes impostas pela *lex arbitri* influenciam o controle da sentença arbitral pelas cortes estatais da sede da arbitragem – já que esse controle estará limitado, como regra, à verificação de que essas regras cogentes foram observadas.[158] Consequentemente, a imposição desses requisitos mínimos também influencia diretamente a exequibilidade da sentença.[159]

De fato, mesmo quem defende uma influência menor das cortes e da lei da sede da arbitragem reconhece que as disposições cogentes das leis das jurisdições onde a sentença arbitral será analisada pelos tribunais estatais não podem ser completamente ignoradas pelos árbitros.[160]

Em atenção a esse aspecto, o Regulamento Interno da ICC prevê que "no exame prévio dc minutas de sentenças arbitrais, nos termos do artigo 34 do Regulamento, a Corte deverá, na medida do possível, levar em consideração as disposições imperativas da legislação vigente no local da arbitragem".

O conteúdo e o nível de detalhamento dessas regras cogentes podem variar de país para país. De um modo geral, contudo, essas regras buscam estabelecer requisitos mínimos de legalidade do processo arbitral, especialmente com relação ao tratamento isonômico das partes e o respeito ao direito de cada um de ser ouvido.[161] Na Lei Modelo da UNCITRAL, por exemplo, há regra expressa com esse conteúdo,[162] que é considerada de natureza cogente.[163]

156 Waincymer, *op. cit.*, 2012, p. 183; e Blackaby *et al.*, *op. cit.*, 2015, p. 176.

157 Born, *op. cit.*, 2014, p. 1587; Mange, *op. cit.*, 2014, p. 127.

158 Poudret; Besson, *op. cit.*, 2007, p. 115.

159 Poudret; Besson, *op. cit.*, 2007, p. 114-115.

160 Gaillard; Savage, *op. cit.*, 1999, p. 644-645, p. 674-675.

161 Waincymer, *op. cit.*, 2012, p. 68 e 184; Born, *op. cit.*, 2014, p. 1532.

162 Artiogo 18: "*The parties shall be treated with equality and each party shall be given a full opportunity of presenting his case*". Tradução nossa: "as partes devem ser tratadas de forma equânime e a cada parte deve ser dada a oportunidade de apresentar seu caso".

163 Waincymer, *op. cit.*, 2012, p. 52; UNCITRAL, *op. cit.*, 2012, p. 97.

Na Lei Brasileira de Arbitragem, o respeito obrigatório aos "princípios do contraditório, da igualdade das partes, da imparcialidade do árbitro e de seu livre convencimento" é dado como um limite à autonomia das partes no estabelecimento de um procedimento específico para o processo (artigo 21, *caput* e § 2º). Como Carlos Alberto Carmona resume, trata-se de uma "redução mínima da garantia do devido processo legal" feita pelo legislador.[164] Coerentemente, a lei prevê como causa de nulidade da sentença arbitral o desrespeito a esses princípios (artigo 32, inciso VIII).[165]-[166]

Para este estudo, o impacto das garantias processuais das partes impostas por essas regras cogentes é especialmente relevante porque essas regras influenciam a atividade probatória de um modo geral, especificamente porque sua observância será uma condição para a legitimidade de uma decisão que atribua valor probatório a um comportamento da parte pela extração de inferências negativas,[167] como será visto adiante (*infra*, n. 4.7.8).

[164] Carmona, *op. cit.*, 2009, p. 293.

[165] "É nula a sentença arbitral se: VIII – forem desrespeitados os princípios de que trata o art. 21, § 2º, desta Lei".

[166] "A aplicação do devido processo legal na arbitragem decorre, em primeiro lugar, de expressa previsão legal: o parágrafo segundo do artigo 21 da lei 9.307/96 prescreve que 'serão, sempre, respeitados no procedimento arbitral os princípios do contraditório, da igualdade das partes, da imparcialidade do árbitro e de seu livre convencimento. Esses princípios – com exceção da imparcialidade, como será visto, formam, assim, o núcleo do devido processo legal na Arbitragem. como já adiantado, a violação desses princípios acarreta a nulidade da sentença arbitral, nos termos do artigo 32, inciso VIII, da mesma lei" (Alves, Rafael Francisco. O devido processo legal na arbitragem. In: Jobim, Eduardo; Machado, Rafael Bicca (Orgs.) *Arbitragem no Brasil*: aspectos jurídicos relevantes. São Paulo: Quartier Latin, 2008, p. 382-383); "Os princípios de devido processo, igualdade das partes e do contraditório são elementos que formam o substrato da prova, ou seja, o ambiente em que se deve desenrolar a fase instrutória de qualquer procedimento arbitral. Sem eles, mascara-se ou pode se dar azo a que seja mascarada a verdade material, impedindo a justiça da decisão. Esta é a razão pela qual a Lei de Arbitragem confere à violação desses princípios o condão de dar causa na à anulação da sentença arbitral" (Pinto, José Emilio Nunes. Anulação de sentença arbitral *infra petita, extra petita* ou *ultra petita*. In: Finkelstein, Cláudio; Vita, Jonathan B.; Casado Filho, Napoleão (Orgs.). *Arbitragem Internacional*: UNIDROIT, CISG e Direito Brasileiro. São Paulo: Quartier Latin, 2010, p. 82-83).

[167] "É de se imaginar que a lei nacional possa ditar diferentes padrões de devido processo legal, ou seja, quais etapas processuais são exigidas para fins de justiça antes de uma inferência adversa ser extraída, por exemplo, a partir da não produção de um documento pela parte" (tradução nossa). No original: "*Conceivably, however, national law might dictate different standards of due process, namely, what procedural steps are required, as a matter of fairnesna prior to an adverse inference being drawn, e.g., from a party's non-production of evidence*" (Nelson; Henin; Nairn, *op. cit.*, 2018, p. 171).

Por fim, vale o registro de que essa evolução do papel da sede na regulamentação procedimental da arbitragem significou inclusive a superação da ideia – não incomum, originalmente[168] – de que ao escolher um país como sede da arbitragem, as partes estariam também optando pelas regras procedimentais aplicáveis aos processos que tramitavam perante as cortes estatais daquele país.[169]

Assim, salvo opção expressa das partes nesse sentido, não se aplicam automaticamente à arbitragem – mesmo em caráter subsidiário – as regras de processo civil aplicáveis aos processos conduzidos perante as cortes estatais.

No Brasil, essa conclusão é reforçada pela leitura do artigo 21 da Lei Brasileira de Arbitragem, que confere ampla autonomia às partes para definição das regras procedimentais e estabelece que, na ausência dessa estipulação prévia, caberão aos árbitros estabelecer tais regras – sem nenhuma referência ao CPC (artigo 21, § 1º).[170]

A conclusão é reforçada, ainda, pelo fato de que a Lei Brasileira de Arbitragem revogou os artigos do CPC que regiam a arbitragem,[171] especialmente o artigo 1091 (do CPC/73), que estabelecia regras detalhadas (incluindo prazos para apresentação de manifestações pelas partes) aplicáveis à arbitragem na hipótese de as partes não definirem o procedimento ou conferirem ao juízo arbitral a autorização para o definir.[172]

Isso significa que, a não ser que as partes assim desejem, eventuais lacunas nas regras procedimentais das arbitragens com sede no Brasil, sujeitas à regulação da Lei Brasileira de Arbitragem, não serão prontamente supridas com a regulação do processo arbitral pelas regras do CPC. E a prática mostra que é rara a opção das partes pela aplicação das regras processuais

[168] O *Code de Procédure Civile* francês de 1806 estabelecia em seu artigo 1009, no título "*des arbitrages*", que "*les parties et les arbitres suivront, dans la procedure, les délais et les formes établis pour les tribunaux, si ems parties n'en sont autrement convenues*". Tradução nossa: "As partes e os árbitros seguirão, no procedimento, os prazos e formas estabelecidas pelos tribunais, caso as partes não tenham acordado o contrário".

[169] Born, *op. cit.*, 2014, p. 1592-1593, 1622-1623, 2059-60; Seraglini, *op. cit.*, 2020, p. 139-140; Mavromati, *op. cit.*, 2019, p. 194; Mange, *op. cit.*, 2014, p. 132.

[170] Carmona, *op. cit.*, 2009, p. 292-293; Montoro, Marcos André Franco. *Flexibilidade do procedimento arbitral*. Tese (Doutorado em Direito) – Faculdade de Direito, Universidade de São Paulo, São Paulo, 2010, p. 115-117; Mange, *op. cit.*, 2014, p. 32 e 89.

[171] Carmona, *op. cit.*, 2009, p. 293

[172] Mange, *op. cit.*, 2014, p. 81.

aplicáveis aos processos judiciais,[173] ao qual os regulamentos de arbitragem das câmaras arbitrais em geral também não fazem referência.[174]

Nesse contexto, a defesa residual e minoritária da aplicação subsidiária das regras do CPC à arbitragem funda-se normalmente: (i) na premissa de que, como parte de uma ciência mais ampla (a teoria geral do processo),[175] a arbitragem estaria de algum modo sujeita ao modelo de regulação geral (ou ao "trato científico") dessa teoria geral;[176] e (ii) na insegurança que seria alegadamente gerada pela não-submissão da arbitragem às regras do CPC para preenchimento das lacunas deixadas pela autonomia das partes e pela Lei Brasileira de Arbitragem.[177]

A compreensão de que a arbitragem está inserida na teoria geral do processo é absolutamente correta. No entanto, esse reconhecimento do processo arbitral como expressão de um sistema mais amplo não é premissa válida para justificar que as lacunas de regulação do processo arbitral – que propositalmente são muitas – sejam supridas pela transposição, para a arbitragem, das regras concebidas para o processo estatal.

Diferentemente, o que decorre dessa relevante relação entre processo arbitral e teoria geral do processo é um harmonioso compartilhamento de princípios, conceitos, institutos fundamentais e técnicas gerais,[178] o que é suficiente para agregar valor ao processo arbitral sem subverter suas peculiaridades ou distorcer seus objetivos. Ou seja, o objetivo de uma "integração sistemática"[179] da arbitragem à teoria geral do processo é alcançado

[173] "Além disso, as regras estatais ordinárias de processo civil não se impõem na arbitragem, a menos que tenham sido escolhidas pelas partes, o que raramente acontece" (tradução nossa). No original: *"Par ailleurs, les règles étatiques ordinaires de procédure civile ne s'imposent pas avec la force de l'évidence dans l'arbitrage, sauf à avoir été choisies par les parties, ce qui est rarement le cas"* (Seraglini, *op. cit.*, 2020, p. 138).

[174] Vale mencionar, no Brasil, a disposição do regulamento de arbitragem da Câmara FGV, que, na contramão dessa tendência, embora não imponha essa aplicação automática, dispõe que "[c]aberá ao tribunal arbitral decidir as questões a respeito das quais seja omisso o presente Regulamento, podendo valer-se, subsidiariamente, das normas do Código de Processo Civil, atendidos os objetivos de celeridade e de informalidade" (artigo 49).

[175] Dinamarco, *op. cit.*, 2013, p. 21-23.

[176] Dinamarco, *op. cit.*, 2013, p. 13-15.

[177] Dinamarco, *op. cit.*, 2013, p. 16 e 46-47.

[178] Nesse sentido: Barrocas, Manuel Pereira. A razão por que não são aplicáveis à arbitragem nem os princípios nem o regime legal do processo civil. *Separata da Revista da Ordem dos Advogados*, Lisboa, n. III/IV, 2015, p. 626-627.

[179] Dinamarco, *op. cit.*, 2013, p. 72.

muito mais por uma relação de diálogo e influência mútua que pela transposição de regras específicas de um para outro.

Assim, no preenchimento das lacunas de regulamentação do procedimento, é esperado que os árbitros apliquem *princípios gerais de direito processual* não previstos expressamente na Lei Brasileira de Arbitragem, especialmente aqueles que refletem as garantias constitucionais e/ou que estejam inseridos na teoria geral do processo e sejam aplicáveis a todo e qualquer processo (judicial, administrativo).[180]

Nesse sentido, como esclarece André de Albuquerque Cavalcanti Abbud tomando o exemplo do princípio de que não há nulidade sem prejuízo (*pas de nullité sans grief*), a aplicação de determinado princípio à arbitragem não decorre de uma transposição das regras do CPC (no caso, os artigos 277 e 282, § 1º, que positivam esse princípio), e sim do fato de que esse ditame de justiça, anterior a essa positivação, representa um princípio geral de direito aplicável tanto ao processo judicial como ao processo arbitral.[181]

Como regra, portanto, mesmo quando os árbitros se inspiram em institutos, regras ou práticas próprias do processo judicial para supressão das lacunas procedimentais do processo arbitral, o fazem no exercício natural de *troca* e *influência mútua* entre sistemas,[182] e não por assumir que as regras do CPC seriam aplicáveis subsidiariamente às arbitragens com sede no Brasil – pois a rigor não são. Ainda assim, esse exercício é pautado pela cautela,[183] já que a busca por essa inspiração ou referência nas regras aplicáveis ao processo estatal não deve resultar na excessiva burocratização do processo arbitral ou representar a importação de regras colidentes com aquelas próprias da arbitragem.

[180] Carmona, *op. cit.*, 2009, p. 293; Carmona, Carlos Aberto. Flexibilização do procedimento arbitral. In: CENTRO DE ARBITRAGEM COMERCIAL. *III Congresso do Centro de Arbitragem da Câmara de Comércio e Indústria Portuguesa*: Intervenções. Coimbra: Almedina, 2010, p. 171; Lemes, Selma Maria Ferreira. *Os princípios jurídicos da Lei de Arbitragem*. In: Martins, Pedro A. Batista; Lemes, Selma Maria Ferreira; Carmona, Carlos Alberto (Orgs.). *Aspectos fundamentas da Lei de Arbitragem*. Rio de Janeiro: Forense, 1999, p. 88; e Parente, Eduardo de Albuquerque. *Processo arbitral e sistema*. São Paulo: Atlas, 2012, p. 72-73.

[181] Abbud, André de Albuquerque Cavalcanti. Resenhas de Livros: A Arbitragem na Teoria Geral do Processo. Autor: Cândido Rangel Dinamarco. *Revista Brasileira de Arbitragem*, São Paulo, v. XI, n. 41, p. 231-235, 2014, p. 232-233.

[182] Parente, *op. cit.*, 2012, p. 68 e 71.

[183] Barrocas, *op. cit.*, 2015, p. 626-627.

Além de não decorrer da pertinência da arbitragem à teoria geral do processo, como demonstrado, a supressão de lacunas procedimentais do processo arbitral com regras transportadas do CPC também não se justificaria pela ideia de que, caso assim não fosse, as lacunas de regulamentação próprias do processo arbitral seriam fonte de insegurança.

De um lado, porque seria equivocado encarar a ausência de regras procedimentais detalhadas na Lei Brasileira de Arbitragem como um problema a ser resolvido. Como lembra André de Albuquerque Cavalcanti Abbud, esse "'laconismo normativo'" não é um problema da Lei da Arbitragem, mas sim um de seus valores e objetivos conscientes, justamente para que, em cada caso concreto, os poderes e as faculdades das partes e dos árbitros sejam exercidos de modo livre, criativo e adaptado da melhor forma possível à correta apuração dos fatos e resolução do mérito".[184]

E, como visto, ainda que as soluções procedimentais encontradas pelos árbitros para preenchimento dessas lacunas muitas vezes não decorram da aplicação de normas expressas positivadas em legislações nacionais, são extraídas de fontes bem estabelecidas na prática arbitral, a *soft law* (*infra*, n. 2.2.4).

No mais, embora à primeira vista essa regulação procedimental "minimalista" possa despertar alguma insegurança, Carlos Alberto Carmona lembra que "a tão decantada flexibilidade do procedimento arbitral não significa permitir-se aos árbitros um julgamento frouxo, desconectado das regras de direito material que as partes querem ver aplicadas, livre de compromissos com o ordenamento jurídico escolhido na convenção de arbitragem".[185]

De fato, a liberdade conferida aos árbitros em decorrência dessa circunstância é eficientemente temperada pela própria autonomia da vontade exercida pelas partes e pela exigência de observância de garantias processuais inderrogáveis, cuja inobservância pode comprometer a higidez da sentença arbitral (Lei Brasileira de Arbitragem, artigos 21, § 2º, e 32, inciso VIII).

Na verdade, a flexibilidade é um dos grandes atrativos da arbitragem em comparação às cortes estatais, sobretudo para a solução de disputas internacionais,[186] em que é frequente a necessidade de adaptação do pro-

[184] Abbud, *op. cit.*, 2014, p. 234.
[185] Carmona, *op. cit.*, 2010, p. 179.
[186] Carmona, *op. cit.*, 2010, p. 180.

cedimento às expectativas de atores com prática de origem em diferentes sistemas.[187]

De outro lado, essa transposição de regras do CPC também não se justificaria porque também não seria correto assumir que elas seriam as mais adequadas para suprir essas lacunas. Essa conclusão decorre do reconhecimento de que as regras concebidas para regulação do processo estatal contêm características que poderiam se chocar contra pressupostos e objetivos específicos do processo arbitral.

Vocacionadas à aplicação irrestrita a inúmeras situações, as regras do processo estatal são naturalmente marcadas por maior formalismo e rigidez, ao passo que a arbitragem é, de modo geral, pautada por maior flexibilidade procedimental e por menor formalismo, com espaço mais amplo para adaptação procedimental às necessidades do caso concreto.[188-189]

Daí porque o preenchimento "automático" das lacunas procedimentais da arbitragem com regras do processo estatal contrariaria a essência da arbitragem[190] e frustraria as expectativas de seus usuários, que muitas vezes buscam essa forma de solução de disputas para escapar do maior formalismo do processo estatal.[191]

Quanto ao tema da produção de provas na arbitragem, a delimitação do papel das regras aplicáveis aos processos estatais é particularmente relevante porque a instrução probatória é um dos campos em que a flexibilidade procedimental tem maior relevância,[192] essência que poderia acabar desnaturada com a transposição das regras do CPC sobre o tema.

Assim, por exemplo, não parece recomendável a aplicação das regras do CPC sobre incapacidade, impedimento e suspeição de testemunhas (CPC, artigo 447) à produção de prova testemunhal na arbitragem – mesmo *cum grano salis*.[193] Isso porque, no âmbito de uma arbitragem internacional, esse

[187] Montoro, *op. cit.*, 2010, p. 119 e 353.

[188] Cahali, *op. cit.*, 2020, p. 123; e Montoro, *op. cit.*, 2010, p. 117.

[189] Barrocas, *op. cit.*, 2015, p. 627.

[190] Magalhães, *op. cit.*, 2020, p. 344; e Apriglianon, *op. cit.*, 2016, p. 256.

[191] Carmona, *op. cit.*, 2010, p. 166; Mange, *op. cit.*, 2014, p. 188; Verçosa, Haroldo Malheiros Duclerc. Doze anos da lei de arbitragem: alguns aspectos ainda relevantes. In: Verçosa, Haroldo Malheiros Duclerc (Org.). *Aspectos da arbitragem institucional*: 12 anos da Lei 9.307/1996. São Paulo: Malheiros, 2008, p. 26.

[192] Montoro, *op. cit.*, 2010, p. 119.

[193] A aplicação é defendida por Cândido Rangel Dinamarco nos seguintes termos: "Diante da escassez de normas sobre a prova na Lei de Arbitragem e particularmente em seu art. 22,

é um dos aspectos da instrução probatória em que as diferenças culturais podem ser mais relevantes.

Ainda que o tribunal busque adaptar essas regras à realidade do caso concreto, a mera expectativa de aplicação das regras do processo estatal pode ser fonte de discussões relevantes. No mais, eventuais lacunas podem ser solucionadas sem maiores dificuldades pelos árbitros, sobretudo recorrendo às diretrizes dadas pela *soft law* (*infra*, n. 2.2.4).[194]

2.2.3. Autonomia da vontade e poder normativo dos árbitros

Como visto no item anterior (*supra*, n. 2.2.2), a diminuição gradativa da aplicação das leis da sede para definição das regras processuais aplicáveis à arbitragem se deu em prol da consolidação da autonomia da vontade das partes no estabelecimento dessas regras, especialmente a partir da segunda metade do século XX.[195] O resultado dessa evolução é que a liberdade das partes na configuração do procedimento da forma como entendem mais apropriado é hoje um dos princípios da arbitragem mais aceitos mundialmente.[196]

A autonomia da vontade das partes na disciplina procedimental da arbitragem convive com o poder normativo dos árbitros, visto normalmente como de natureza supletiva em relação à prerrogativa das partes nessa disciplina.

A Lei Brasileira de Arbitragem segue o mesmo racional ao prestigiar a autonomia da vontade das partes na definição das regras processuais aplicáveis à arbitragem e ao prever esse poder normativo dos árbitros para

devem ter-se por importadas ao processo arbitral, ainda que *cum grano salis*, certas disposições, exigências e ressalvas presentes na disciplina do processo civil comum, as quais, como normas gerais de processo, são de aplicação subsidiária ao processo arbitral regido pela lei brasileira. Essa é também uma consequência natural da inserção do microssistema da arbitragem no sistema do processo comum (supra, n. 2). Assim, p.ex., em princípio tem aplicação aqui o que o Código dispõe sobre testemunhas incapazes, suspeitas e impedidas (art. 405), sem se excluir que, em nome da aderência da arbitragem às realidades da vida, possam os árbitros ouvir tais pessoas e atribuir cautelosamente aos seus depoimentos o poder de convicção que em cada caso possam ter, sempre segundo seu livre convencimento" (DINAMARCO, *op. cit.*, 2013, p. 160).

[194] As IBA Rules on the Taking of Evidence in International Arbitration, por exemplo, estabelecem que "Any person may present evidence as a witness, including a Party or a Party's officer, employee or other representative" (artigo 4.2).

[195] MANGE, *op. cit.*, 2014, p. 30-31 e 73.

[196] KAUFMANN-KOHLER, *op. cit.*, 2003, p. 1322; HANOTIAU, *op. cit.*, 2011, p. 93.

estabelecer esse regramento sempre que as regras estabelecidas pelas partes – diretamente na convenção de arbitragem ou pela eleição do regulamento de uma instituição arbitral – não forem exaustivas nessa regulação (artigos 2º, § 1º e 21, *caput* e § 1º).[197]

Assim como a prerrogativa das partes, esse poder normativo dos árbitros é exercido dentro de certos limites definidos pelas regras cogentes da sede da arbitragem, que normalmente traduzem princípios gerais amplamente reconhecidos e atrelados à noção de devido processo legal, como visto (*supra*, n. 2.2.2).

Mesmo nos casos em que as partes elegem as regras de uma instituição arbitral para essa disciplina procedimental, complementando a regulação da *lex arbitri*,[198] costuma haver amplo espaço para o exercício desse poder normativo pelos árbitros.

Afinal, mesmo essas regras sendo geralmente mais detalhadas que a *lex arbitri*, elas normalmente não disciplinam todo o rito procedimental a ser observado. E é proposital, já que um dos aspectos essenciais da arbitragem é justamente a flexibilidade procedimental, isto é, a possibilidade de se conceber um procedimento menos formal e mais adaptado às necessidades do caso concreto.[199] Nessa linha, o Regulamento de Arbitragem da ICC (2021), por exemplo, prevê que o procedimento "será regido pelo Regulamento, e, no que for omisso, pelas regras que as partes – ou, na falta destas, o tribunal arbitral – determinarem, referindo-se ou não a uma lei nacional processual aplicável à arbitragem" (artigo 19).

2.2.4. Influência da *soft law*

Estabelecidos esses dois parâmetros essenciais para definição das regras procedimentais da arbitragem – as leis cogentes da sede e a autonomia da

[197] "Seja qual for a escolha das partes quanto ao procedimento, é certo que haverá sempre espaço para o árbitro adaptar ao caso efetivo as regras escolhidas, até porque não se imagina um procedimento pré-concebido que seja tão completo que possa prever todas as situações e vicissitudes de uma arbitragem in concreto. Não há como negar, portanto, a existência de um verdadeiro poder normativo do árbitro: esse poder será pleno quando ficar por conta do julgador o estabelecimento das regras da arbitragem, ou então será supletivo quando as partes tiverem escolhido um regramento pré-existente (mas que nunca será completo e exaustivo" (Carmona, *op. cit.*, 2009, p. 292).

[198] Luttrell, *op. cit.*, 2011, p. 409.

[199] Blackaby *et al.*, *op. cit.*, 2015, p. 23.

vontade das partes (*supra*, n. 2.2.2 e n. 2.2.3) –, é preciso ainda analisar de outro elemento muito relevante na composição desse quadro regulatório do processo arbitral: a *soft law*.

No que interessa para o presente estudo, a *soft law* pode ser definida como o conjunto de "atos não obrigatórios como diretrizes, protocolos, guias, regras, standards, práticas, códigos de conduta e recomendações, elaborados por órgãos não estatais como associações profissionais, câmaras de comércio e organismos supranacionais, destinados a regular questões atinentes ao processo arbitral internacional, desde que e na medida em que as partes e os árbitros assim queiram".[200]

A ideia de *soft law* – em oposição à *hard law* (como as leis nacionais e os tratados internacionais) – está relacionada à noção de que esses atos não são concebidos para vincularem os potenciais destinatários,[201] e, portanto, não podem como regra serem exigidos mediante uso da força pública. Essas normas podem emanar de fontes diversas, como organizações internacionais, instituições privadas, associações profissionais, câmaras de comércio etc.[202]

A inclusão do tema na análise realizada neste capítulo é relevante por duas principais razões. Primeiro porque, como visto, a regulação mínima do procedimento arbitral deixa um espaço amplo para a atividade normativa das partes e dos árbitros, incumbidos de preencher essa lacuna de regulação com as regras adequadas às especificidades do caso concreto, sempre respeitando as garantias fundamentais das partes. Nessa atividade, como também visto, as partes e os árbitros não estão obrigados a – e não têm maiores incentivos para – buscar a solução para o preenchimento das lacunas normativas do processo arbitral na incidência automática da legislação aplicável aos processos judiciais (*supra*, n. 2.2.2). É cada vez mais

[200] ABBUD, André de Albuquerque Cavalcanti. *Soft Law e Produção de Provas na Arbitragem Internacional*. São Paulo: Atlas, 2014, p. 16.

[201] ABBUD, *op. cit.*, 2014, p. 16-17.

[202] "Em síntese, normas não estatais devem ser compreendidas como normas emanadas por entes não estatais e que não são consideradas vinculantes. Para fins do estudo sobre o processo arbitral, são normas não estatais os instrumentos elaborados por organizações internacionais, instituições arbitrais e entidades destinadas ao estudo e ao desenvolvimento da arbitragem. Podem ter a forma de leis-modelo, diretrizes, regulamentos, resoluções, regras, checklists, notas, códigos de conduta, entre outros, com a finalidade de organizar o procedimento arbitral, ou certos aspectos desse procedimento, e não possuem caráter mandatório ou vinculante" (MANGE, *op. cit.*, 2014, p. 192).

comum que essas lacunas sejam preenchidas a partir de protocolos, diretrizes e regras não estatais.[203]

Segundo, porque esses instrumentos não estatais são especialmente relevantes para o tema da produção de prova na arbitragem e, em particular, para a o tema da extração de inferências adversas. Como já adiantado, o instituto conta com menção expressa em documentos como as Regras da IBA sobre Produção de Provas e as Regras de Praga – pertencentes à categoria *soft law*, como detalhado mais adiante neste item.

O surgimento e o desenvolvimento da *soft law* remetem à expansão da arbitragem impulsionada pelo crescimento do comércio internacional e pela globalização, com a consequente redução do papel do Estado na regulação das relações jurídicas e, em especial, da diminuição do controle exercido por leis e cortes nacionais sobre o processo arbitral em um cenário em que, em paralelo, as regras e práticas arbitrais experimentam maior convergência.[204]

Nesse contexto, a *soft law* se desenvolveu impulsionada pela comunidade arbitral, composta por agentes como instituições e organizações arbitrais, profissionais da área e do ambiente acadêmico, comunidade esta que tem natureza epistêmica.[205] Esse processo de desenvolvimento se deu, ainda, pelo que a doutrina comumente chama de "fertilização ou polinização cruzada",[206] em que, pela convivência prática em casos concretos ou na troca de ideias e experiências (em congressos, aulas, publicações acadêmicas etc.),[207] foi se formando a compreensão generalizada sobre as melhores práticas quanto a vários temas atinentes ao processo arbitral,[208] inclusive entre agentes com origem em sistemas jurídicos diversos, tendo em vista ser a arbitragem um ambiente propício à convivência de culturas jurídicas diferentes.[209]

203 MANGE, *op. cit.*, 2014, p. 198-199.

204 HANOTIAU, *op. cit.*, 2011, p. 90-92; KAUFMANN-KOHLER, Gabrielle. Soft Law in International Arbitration: Codification and Normativity. *Journal of International Dispute Settlement*, Oxford, v. 1, n. 2, p. 283-299, 2010, p. 285.

205 KAUFMANN-KOHLER, *op. cit.*, 2010, p. 295; e MOURRE, Alexis. About Procedural Soft Law, the IBA Guidelines on Party Representation and the Future of Arbitration. In: SHAUGHNESSY; Patricia Louise; TUNG, Sherlin (Orgs.). *The Powers and Duties of an Arbitrator*: Liber Amicorum Pierre A. Karrer. Nova York: Kluwer Law International 2017, p. 241.

206 PARK, William W. Arbitrators and Accuracy. *Journal of International Dispute Settlement*, Oxford, v. 1, n. 1, p. 25-53, 2010, p. 36.; HANOTIAU, *op. cit.*, 2011, p. 98-99.

207 HANOTIAU, *op. cit.*, 2011, p. 96.

208 KAUFMANN-KOHLER, *op. cit.*, 2010, p. 295.

209 MANGE, *op. cit.*, 2014, p. 33 e 175; e KAUFMANN-KOHLER, *op. cit.*, 2003, p. 1323.

Essa harmonização se refletiu, portanto, não só em um movimento convergente das legislações nacionais e das regras institucionais das câmaras arbitrais, mas também no desenvolvimento de uma cultura arbitral que tende a transcender a distinção tradicional entre *civil law* e *common law*,[210] e que se traduz em práticas harmônicas e em um certo padrão de comportamento.[211]

Todo esse processo envolve não só a consolidação das práticas existentes e tidas como mais adequadas, o que alimenta ainda mais essa convergência de práticas. O desenvolvimento da *soft law* envolve também um trabalho de inovação, com a criação de novas regras para endereçar problemas para os quais não se via a existência de uma prática consolidada.[212]

Porque decorre de um movimento de autorregulação, impulsionado pela troca de experiências entre os agentes da própria comunidade arbitral no ambiente transacional e com pouca interferência estatal, esse sistema que dá origem à *soft law* é chamado de "autopoiético".[213]

São muitos os instrumentos recentes que podem ser citados como exemplos de *soft law*: as Notas da UNCITRAL sobre a Organização de Procedimentos Arbitrais, as Regras da IBA sobre Produção de Provas, as Diretrizes da IBA sobre Conflitos de Interesse na Arbitragem Internacional, as Técnicas para Controle de Tempo e Custos na Arbitragem divulgadas pela ICC, o Protocolo sobre Produção de Documentos e Apresentação de Testemunhas em Arbitragem Comercial divulgado pelo CPR e as Diretrizes da ICCA sobre Práticas Padrão na Arbitragem Internacional.

Os próprios regulamentos de arbitragem das câmaras arbitrais podem ser invocados como exemplos na medida em que, mesmo quando não assumem natureza vinculante para as partes em decorrência de sua eleição na cláusula compromissória, são frequentemente tomados como referência para as partes e para os árbitros por refletirem escolhas frequentes na prática internacional ou a visão de instituições renomadas quanto às melhores práticas para determinado tema.

São várias as maneiras de aplicação da *soft law* na arbitragem, as quais se desdobram em diferentes graus de vinculação dos atores processuais a esse instrumento.

[210] HANOTIAU, *op. cit.*, 2011, p. 98-99.

[211] MANGE, *op. cit.*, 2014, p. 190.

[212] MOURRE, *op. cit.*, 2017, p. 241; KAUFMANN-KOHLER, *op. cit.*, 2010, p. 295 e 298; e MANGE, *op. cit.*, 2014, p. 197.

[213] MANGE, *op. cit.*, 2014, p. 187 e 192.

Uma primeira "porta de entrada" para essas regras no processo arbitral é a concordância das partes com sua aplicação logo na própria convenção ou ainda no início do processo, quando da celebração do termo de arbitragem. Nessa hipótese, determinado instrumento de *soft law* – por exemplo: as Regras da IBA sobre Produção de Provas, as Regras de Praga, e o Protocolo sobre Produção de Documentos e Apresentação de Testemunhas do CPR – toma forma de regra obrigatória, norma jurídica aplicável àquele processo, vinculando as partes e os árbitros.[214] Essa é a forma menos comum de incidência da *soft law* na arbitragem.

Essas regras também podem influenciar a regulação do processo arbitral sem vincular as partes e os árbitros. Isso pode se dar mesmo sem acordo das partes quanto à aplicação dessas regras no caso concreto. Nessa hipótese, essas regras são invocadas como referência já em sua aplicação ou usadas apenas implicitamente, como guia pelas partes, advogados ou árbitros. Uma prática muito comum de utilização da *soft law* desse modo é a tomada das Diretrizes da IBA sobre Conflitos de Interesses como referência para revelação ou não de determinado fato pelo árbitro – o que pode se dar com ou sem menção a essas diretrizes em alguma manifestação ou decisão.[215]

Também sem vincular os árbitros e as partes, a *soft law* pode atuar como diretriz ou guia de conduta (*guideline*) no processo arbitral. Isso se dá quando, de forma antecipada, é definido pelas partes e/ou pelos árbitros que esses instrumentos poderão ser usados para balizar atos processuais futuros, orientando e instruindo a conduta dos atores processuais, mas sem exercer sobre eles a força de uma norma obrigatória. Esse é o uso mais comum dado às Regras da IBA sobre Produção de Provas.[216]

Nessas duas últimas "portas de entrada" da *soft law* no processo arbitral, ela atua meramente como referência para orientar, inspirar, guiar, instruir ou justificar a prática de atos da arbitragem, de forma expressa ou implícita. Nos dois casos, como não há acordo expresso das partes quanto à sua vinculação a esses instrumentos, tampouco determinação expressa dos árbitros no sentido de que a prática dos atos processuais deve obedecer às regras contidas nesses instrumentos, nem as partes, nem os árbitros, ficam obrigados a segui-las.[217]

[214] Abbud, *op. cit.*, 2014, p. 20.

[215] Abbud, *op. cit.*, 2014, p. 19; Kaufmann-Kohler, *op. cit.*, 2010, p. 296.

[216] Abbud, *op. cit.*, 2014, p. 20.

[217] Abbud, *op. cit.*, 2014, p. 23.

Essas diferentes modalidades de incorporação da *soft law* ao processo arbitral mostram que, mesmo quando não assumem natureza vinculante, esses instrumentos podem exercer forte influência no processo arbitral.[218] Essa influência se dá movida pela percepção de que, ainda que não sejam de observância obrigatória, as regras ou diretrizes contidas nesses instrumentos refletem as melhores práticas (*best practice*) ou práticas convergentes na arbitragem.[219]

Assim, compreendida como um compêndio das práticas mais aceitas internacionalmente, a *soft law* é relevante juridicamente mesmo sem força vinculante sobre as partes, já que catalisa as opiniões e os usos sobre questões específicas relacionadas à condução do processo arbitral (produção de provas, conflito de interesses etc.).[220]

Esse valor persuasivo da *soft law* – decorrente de seu mérito intrínseco[221] – e sua capacidade de influenciar a conduta dos agentes processuais mesmo desprovida de força obrigatória, fazem com que se fale que ela possui uma "*soft normativity*"[222] ou são uma "fonte de baixa intensidade".[223] Quanto a esses efeitos de persuasão e influência, é possível compará-la, portanto, à doutrina e à jurisprudência, fontes auxiliares que, mesmo sem obrigar, são referência para a atuação dos agentes do processo.[224]

Esse desenvolvimento intenso da *soft law* nos últimos anos não tem sido imune a críticas. Essas se concentram em preocupações (i) com uma suposta processualização da arbitragem, contrária à essência do instituto;[225] e (ii) com a legitimidade do processo de criação dessas regras, caso não haja representação adequada de todos os agentes que compõem a comunidade epistêmica responsável por sua criação.[226]

[218] KAUFMANN-KOHLER, *op. cit.*, 2010, p. 298.

[219] WAINCYMER, *op. cit.*, 2012, p. 756-757; MOURRE, *op. cit.*, 2017, p. 244; e ABBUD, *op. cit.*, 2014, p. 23.

[220] ABBUD, *op. cit.*, 2014, p. 23.

[221] ABBUD, *op. cit.*, 2014, p. 24.

[222] KAUFMANN-KOHLER, *op. cit.*, 2010, p. 297; e BERGER, Klaus Peter. Common Law vs. Civil Law in International Arbitration: The Beginning or the End? *Journal of International Arbitration*, Nova York, v. 36, n. 3, p. 295-314, 2019, p. 304-305.

[223] ABBUD, *op. cit.*, 2014, p. 25.

[224] ABBUD, *op. cit.*, 2014, p. 25.

[225] LALIVE, Pierre. De la fureur réglementaire. *ASA Bulletin*, Nova York, v. 12, n. 2, p. 213-219, 1994, p. 216; e CARMONA, Carlos Alberto. Breves considerações críticas acerca das diretrizes da International Bar Association sobre a representação de parte na arbitragem internacional. *Revista UNIFESO – Humanas e Sociais*, Alto Teresópolis, v. 1, n. 1, p. 69-99, 2014, p. 70.

[226] KAUFMANN-KOHLER, *op. cit.*, 2010, p. 298.

Assim, a despeito dessas críticas, percebe-se o uso crescente dos instrumentos de *soft law*, como confirmam a análise de decisões judiciais e arbitrais e os levantamentos feitos com o propósito específico de avaliar o uso desses instrumentos na comunidade internacional.[227] Esse fenômeno é impulsionado pela percepção largamente difundida de que o saldo do papel desempenhado pela *soft law* na arbitragem é mais positivo que negativo,[228] e de que é possível incorporar essas regras sem enrijecer desnecessariamente o processo arbitral, prejudicar a capacidade de adaptação do rito processual às particularidades de cada caso concreto ou comprometer a validade e a eficácia da sentença dos árbitros.[229]

O uso desses instrumentos tem as vantagens de, por exemplo: (i) trazer considerável ganho de previsibilidade às partes, já que favorece a adoção de soluções essencialmente iguais a problemas de mesma natureza; (ii) promover mais eficiência processual, poupando os árbitros do trabalho de "reinventar a roda" a cada vez que sejam instados a elaborar a solução para um problema que tenda a se repetir nos processos arbitrais; (iii) reduzir a distância entre atores pertencentes a culturas diversas e a assimetria de informações entre esses agentes; e (iv) reduzir a interferência externa sobre a arbitragem, seja evitando que práticas domésticas sejam invocadas para suprir lacunas da *hard law*, seja valorizando um sistema de autorregulação, preferível quando comparado a um sistema de regras impostas por leis locais.[230]

Assim, a *soft law* ocupa um lugar cada vez mais proeminente na regulação do procedimento arbitral. A análise mais detalhada feita adiante sobre o papel desses instrumentos especificamente no tratamento das questões relativas à produção de provas e à extração de inferências negativas (*infra*, n. 4.5) confirmará a relevância do tema.

[227] Abbud, *op. cit.*, 2014, p. 6-8.

[228] QUEEN MARY UNIVERSITY OF LONDON; WHITE & CASE LLP, *op. cit.*, 2015.

[229] Park, William W. The Procedural Soft Law Of International Arbitration: Non-Governmental Instruments. In: Mistelis, Loukas, Lew, Julian D. M. (Orgs.). *Pervasive problems in international arbitration.* Nova York: Kluwer Law International, 2006, p. 149-150; Abbud, *op. cit.*, 2014, p. 174.

[230] Abbud, *op. cit.*, 2014, p. 174; Mourre, *op. cit.*, 2017, p. 241, 245-246; Park, *op. cit.*, 2006, p. 147; e Berger, *op. cit.*, 2019, p. 304-305.

3
PRODUÇÃO DE PROVAS NA ARBITRAGEM

3.1. A atividade probatória e a busca da verdade no processo arbitral

Investidos de autoridade jurisdicional, os árbitros assumem – tal como o juiz togado – a relevante tarefa de "entregar justiça". A execução dessa tarefa está intrinsecamente ligada à atividade probatória, já que "a verdade sobre o fato precisa aparecer para que um direito possa realizar-se ou tornar-se efetivo",[231] e é pela prova que "procura-se averiguar a verdade dos fatos alegados pelos litigantes".[232-233]

Por isso, a própria noção de prova é definida como "um conjunto de atividades de verificação e demonstração realizadas com o objetivo de apurar a verdade quanto às questões de fato relevantes ao julgamento"[234] e se diz que, "no processo, verdadeiro significa provado, ou seja, confirmado pela prova".[235]

Assim, mesmo reconhecida a premissa de que o conhecimento proporcionado pela instrução probatória é limitado, de modo que o processo não

[231] SANTOS, Moacyr Amaral. *Prova Judiciária no cível e comercial.* 3ª ed. São Paulo: Max Limonad, 1961, v. I, p. 16.

[232] SANTOS, *op. cit.*, 1961, p. 16.

[233] "Só por meio das provas tem o juiz acesso ao conhecimento dos fatos, e facilmente se concluirá que, ao menos em princípio, a probabilidade de atingir-se uma decisão justa cresce na razão direta do rendimento dos mecanismos probatórios. (MOREIRA, José Carlos Barbosa. Alguns problemas atuais da prova civil. *Revista de Processo,* São Paulo, v. 14, n. 53, p. 122-133, 1989 (*online* e não paginado)).

[234] DINAMARCO; LOPES, *op. cit.*, 2016, p. 181.

[235] Tradução nossa. "Se nel processo, come si è detto, "vero" significa "provato", ossia "confermato dalle prove"" (TARUFFO, Michele. La verità nel Processo. *Revista de Processo,* São Paulo, v. 235, p. 51-67, 2014 (*online* e não paginado)).

permitirá o alcance da verdade *absoluta*,[236]-[237] é a busca da verdade, através da atividade probatória,[238] que permitirá ao julgador, no processo arbitral ou judicial, fazer uma escolha que busque superar a incerteza existente sobre a veracidade ou a falsidade dos enunciados[239] sobre os fatos.

Daí se afirmar, em resumo, que "a tarefa básica do julgador é determinar, com base na prova produzida, a veracidade ou falsidade de cada enunciado de fato".[240] Não obstante sua relevância, a atividade probatória não é fim último do processo, desempenhando um papel *instrumental* em relação ao ato de julgar.[241]

Na lição clássica de Hernando Devis Echandía, a finalidade do processo não se confunde com a finalidade da prova. O processo persegue a realização do direito mediante a correta aplicação da norma jurídica ao caso concreto, o que é um fim de interesse público. A prova, por sua vez, busca produzir na mente do julgador a certeza ou o convencimento, seja ele formal ou livre, sobre os fatos que devem servir de pressuposto para a norma jurídica aplicável.[242]

Inclusive por isso, o julgador tem o papel de equilibrar as atividades de busca da verdade, por via da produção de provas, e outros objetivos importantes que guiam a atividade jurisdicional, como a racionalidade na utilização do tempo e dos recursos.[243] Alguns aspectos sobre a busca desse equilíbrio ficarão demonstrados nos próximos itens do livro.

[236] Hanotiau, *op. cit.*, 2019, p. 4.

[237] Taruffo, Michele. *A prova*. São Paulo: Marcial Pons, 2014, p. 29.

[238] "A função da prova é justamente oferecer ao julgador conhecimento fundado empírica e racionalmente acerca dos 'fatos do caso', e não compilar histórias relatadas por algumas pessoas acerca desses fatos" (Taruffo, *op. cit.*, p. 28).

[239] "Uma importante observação merece ser feita aqui sobre os 'fatos' e sobre a maneira como esses se determinam. Em verdade, os fatos não se incorporam nos procedimentos judiciais na sua realidade empírica ou material: em geral esses já ocorreram e, assim, pertencem ao passado. [...] Quando se fala na verdade de um fato, na realidade fala-se da verdade de um enunciado acerca desse fato. Por conseguinte, o que se prova ou se demonstra no processo judicial é a veracidade ou falsidade dos enunciados acerca dos fatos em litígio" (Taruffo, *op. cit.*, 2014, p. 19).

[240] Taruffo, *op. cit.*, 2014, p. 29.

[241] Moreira, *op. cit.*, 1989, (*online* e não paginado).

[242] Echandía, Hernando Devis. *Teoria General de la Prueba Judicial*. Buenos Aires: Zavalia, 1988, t. I, p. 252.

[243] Park, *op. cit.*, 2010, p. 32-32.

3.2. A regulação da atividade probatória na arbitragem

A valorização da autonomia da vontade e do poder normativo dos árbitros na definição procedimental do processo arbitral (*supra*, n. 2.2.3) marcam especialmente os atos processuais relacionados à instrução probatória.[244]

Isso é resultado da pouca regulação do tema das provas tipicamente verificada nas *lex arbitri* e nos regulamentos de arbitragem das instituições privadas.[245] De modo geral, esses instrumentos preveem a outorga de ampla discricionariedade aos árbitros para a condução da atividade probatória, desde que: (i) observadas as garantias processuais relacionadas ao devido processo legal[246] – normalmente refletidas em regras cogentes da lei da sede –; e (ii) levadas em consideração eventuais (na prática, raras)[247] disposições sobre a matéria estabelecidas pelas partes na convenção arbitral.[248]

A Lei Modelo da UNCITRAL ilustra essa propensão à regulação minimalista do tema ao: (i) estabelecer em termos amplos, no seu artigo 19(2), que o poder outorgado aos árbitros para conduzir a arbitragem da forma como entendem apropriada inclui o poder de determinar a admissibilidade, a relevância, a materialidade e o peso de qualquer prova; e (ii) no mais, conter poucas regras regulando especificamente a atividade probatória e, mesmo ao fazê-lo, manter claras a influência da vontade das partes e a discricionariedade dos árbitros na definição procedimental.[249]

A Lei Brasileira de Arbitragem também reflete claramente essa tendência ao estabelecer pouquíssimas regras sobre a atividade probatória. Especificamente sobre o tema, o diploma contém apenas um artigo (artigo 22), cuja redação ampla confirma o propósito de regulação mínima dessa atividade.

[244] CARMONA, *op. cit.*, 2009, p. 314.

[245] WAINCYMER, *op. cit.*, 2012, p. 750-751; SICARD-MIRABAL, Josefa; DERAINS, Yves. *Introduction to Investor-State Arbitration*. Nova York: Kluwer Law International, 2018, p. 194-195; e APRIGLIANO, Ricardo de Carvalho. O controle judicial sobre a limitação à produção probatória determinada pelos árbitros. Violação ao devido processo legal ou revisão indevida do mérito? *Revista Brasileira de Arbitragem*, São Paulo, v. 7, n. 45, p. 58-81, 2015, p. 64.

[246] KOLO, Abba. Witness Intimidation, Tampering and Other Related Abuses of Process in Investment Arbitration: Possible Remedies Available to the Arbitral Tribunal. *Arbitration International*, Oxford, v. 26, n. 1, p. 43-86, 2010, p. 74.

[247] WAINCYMER, *op. cit.*, 2012, p. 754.

[248] ALI, Arif Hyder *et al. The International Arbitration Rulebook*: A Guide to Arbitral Regimes. Nova York: Kluwer Law International, 2019, p. 369.

[249] Veja-se, nesse sentido, o artigo 22(2), sobre a possibilidade de tradução de provas produzidas em idioma diverso do adotado, e o artigo 24, sobre a possibilidade de designação de audiência de instrução.

Nos regulamentos das câmaras arbitrais, a regra também é o pouco detalhamento do tema. No Regulamento de Arbitragem da ICC (2021), por exemplo, há dois artigos tratando especificamente da "instrução da causa" (artigo 25) e da "audiência" (artigo 26), e a redação de ambos confirma a discricionariedade do árbitro na condução dessa atividade. No Regulamento de Arbitragem do CAM-CCBC (2012), o tratamento do tema segue a mesma tendência (artigos 7.4, 7.5 e 7.6).[250]

Ao estabelecer as regras específicas sobre a produção de provas em cada caso concreto, os árbitros também evitam recorrer a fórmulas muito rígidas, formais ou detalhadas.[251]

Por tudo isso, a produção de provas na arbitragem é marcada pela *flexibilidade*. Essa flexibilidade exime os árbitros do dever de determinar de antemão as provas a serem produzidas e de seguir uma ordem pré-determinada para sua produção.[252] A produção da prova testemunhal antes da prova pericial, por exemplo, pode ser útil para delimitar o escopo da investigação técnica, reduzindo tempo e custo.[253] O essencial é que o procedimento adotado não gere prejuízo ao contraditório, nem viole qualquer garantia processual das partes.

Além disso, essa flexibilidade permite que o árbitro determine, à luz das necessidades do caso, detalhes sobre a produção da prova (tempo e ordem de inquirição das testemunhas etc.) e até autorize o uso de mecanismos probatórios desconhecidos pelo legislador brasileiro (como a *discovery*).[254]

[250] Outros regulamentos de câmaras brasileiras fazem a mesma opção. Cf., por exemplo, os seguintes: Regulamento de Arbitragem da CAMARB (2019), artigos 8.6, 8.7, 8.9. 8.10; Regulamento de Arbitragem da FIESP (2013), artigos 10.2, 10.4, 10.5 e 12; Regulamento da CAM-B3, artigos 4.6 e 4.7.

[251] Brower, Charles N. Evidence Before International Tribunals: The Need for Some Standard Rules. *International Lawyer*, Chicago, v. 28, p. 47-58, 1994, p. 48.

[252] Carmona, *op. cit.*, 2009, p. 314-315; Martins, Pedro A. Batista. Panorâmica sobre as provas na arbitragem. In: Jobim; Machado, *op. cit.*, 2008, p. 332. Ainda no mesmo sentido: "[N]ada impede que o árbitro inicialmente determine a realização de somente uma prova, e, posteriormente, amplie a instrução probatória. Essa é mais uma possibilidade de adaptação do procedimento, que é um dos aspectos da flexibilidade do procedimento arbitral" (Montoro, *op. cit.*, 2010, p. 298).

[253] Pinto, José Emilio Nunes. Anotações Práticas sobre a Produção de Prova na Arbitragem. *Revista Brasileira de Arbitragem*, São Paulo, v. 7, n. 25, p. 7-28, 2010, p. 12.

[254] Trata-se do mecanismo probatório "através do qual (grosso modo) estão os contendentes obrigados a permitir a verificação pelo adversário de todos ou de alguns dos documentos relativos a um dado negócio jurídico. [...] A *discovery* é antes de mais nada uma técnica

Na arbitragem internacional, essa flexibilidade na utilização de diferentes técnicas pode ser especialmente útil quando partes e/ou árbitros têm experiências em sistemas jurídicos distintos,[255] sobretudo tendo em vista a natureza monista da Lei Brasileira de Arbitragem (*supra*, n. 1.2).

No preenchimento das lacunas de regulação com as regras para produção de provas adequadas às especificidades do caso concreto, as partes e os árbitros podem recorrer a instrumentos normativos diversos, com cargas vinculantes diversas. Nesse cenário de pouca regulação pela *lex arbitri* e pelos regulamentos de instituições arbitrais, e dada a premissa de que as regras para a produção de provas estabelecidas na lei para o processo estatal não se aplicam automaticamente à arbitragem e podem carregar um formalismo que não atende às especificidades do processo arbitral (*supra*, n. 2.2.2), os instrumentos de *soft law* ganham relevância.

São nesses instrumentos que árbitros e partes tendem a buscar regras e diretrizes para a atividade probatória. Esses instrumentos "oferecem um 'cardápio' de alternativas, um *checklist* de questões e possíveis soluções na matéria. A conveniência, o modo e a extensão da aplicação da *soft law* em cada caso devem ser decididos pelos árbitros e pelas partes, diante das necessidades instrutórias daquela particular disputa".[256]

Dentre esses instrumentos, é inegável o protagonismo das Regras da IBA sobre Produção de Provas, amplamente reconhecidas como um retrato do padrão internacional de produção de provas na arbitragem e, independentemente da sua eventual utilização explícita nos casos concretos, uma grande fonte de inspiração para os árbitros.[257]

A concepção desse instrumento remete a um objetivo de redução da incerteza na produção de provas no âmbito da arbitragem internacional, incerteza essa atribuída, de um lado, a essa regulação mínima do tema e da consequente grande autonomia das partes e discricionariedade dos árbitros; e, de outro lado, às diferenças nas tradições de diferentes jurisdições

de produção de provas que compele uma das partes – a pedido do adversário – a revelar informações relacionadas ao litígio" (Carmona, *op. cit.*, 2009, p. 314).

[255] Montoro, *op. cit.*, 2010, p. 299.

[256] Abbud, *op. cit.*, 2014, p. 124.

[257] Blackaby *et al.*, *op. cit.*, 2015, p. 381; O'Malley, Nathan D. *Rules of evidence in international arbitration*: an annotated guide. 2ª ed. Londres: Informa, 2019, p. 28; Deluiggi, Marco. O Conflito de culturas na produção de provas em arbitragens internacionais. In: Finkelstein; Vita; Casado Filho, *op. cit.*, 2010, p. 145.

quanto a essas questões procedimentais, especialmente entre os sistemas de *common law* e *civil law*.[258]

Assim, elaboradas por um grupo de trabalho composto por profissionais com experiência em diferentes sistemas, essas regras buscaram consolidar práticas gerais já amplamente utilizadas na produção de provas na arbitragem internacional e estabelecer um ponto de equilíbrio entre práticas de *common law* e *civil law*,[259] empenho que restou claro especialmente nas regras sobre produção de prova documental.[260]

A aplicação das Regras da IBA sobre Produção de Provas nos casos concretos segue os mesmos mecanismos já mencionados acima em relação à generalidade dos instrumentos de *soft law* (*supra*, n. 2.2.3). Ou seja: podem ser adotadas expressamente pelas partes na convenção arbitral ou no início do processo, assumindo força vinculante, ou serem utilizadas como diretrizes no curso do processo, sem natureza obrigatória,[261] tenha ou não essa utilização não vinculante sido previamente estabelecida.[262]

A prática mostra que as Regras da IBA sobre Produção de Provas raramente são usadas como instrumentos vinculantes, o que pode ser explicado: (i) por um receio dos árbitros em expor a validade da sentença a possíveis questionamentos sob o argumento de que algum ato procedimental não seguiu aquilo que é ditado pelo instrumento;[263] e (ii) pelo

[258] Kaufmann-Kohler, *op. cit.*, 2010, p. 285; e Abbud, André de Albuquerque Cavalcanti; Alves, Rafael; Ruiz, Victor M. Taking Evidence in Latin America: Some Observations on Local Practices and Use of the IBA Rules. *ICC International Court of Arbitration Bulletin*, Paris, v. 23, n. 2, p. 13-20, 2012, p. 14.

[259] Kaufmann-Kohler, *op. cit.*, 2010, p. 290; Kaufmann-Kohler, *op. cit.*, 2003, p. 1323-1324; Raeschke-Kessler, Hilmar. The Production of Documents in International Arbitration: a Commentary on Article 3 of the New IBA Rules of Evidence. *Arbitration International*, Oxford, v. 18, n. 4, p. 411-430, 2002, p. 416; e Deluiggi, *op. cit.*, 2010, p. 145.

[260] Abbud; Alves; Ruiz, *op. cit.*, 2012, p. 15; e Sicard-Mirabal; Derains, *op. cit.*, 2018, p. 195.

[261] Mange, *op. cit.*, 2014, p. 206.

[262] Para a hipótese dessa utilização como guia, diretriz ou referência nos casos em que não haja acordo ou ciência prévia das partes a respeito, torna-se ainda mais importante a observância do contraditório. Ainda que a palavra final sobre essa utilização caiba aos árbitros – dada sua liberdade na utilização de mecanismos de interpretação e integração ao caso concreto – as partes devem ter a chance de se manifestar sobre eventual aplicação das orientações (cf. Carmona, *op. cit.*, 2014, p. 73-74).

[263] Hooijdonk, Marieke van; Herinckx, Yves. The impact of IBA guidelines and rules on the search for the truth in arbitration. In: Demeyere, Luc (Org.). *Do Arbitral Awards Reveal the Truth?* Nova York: Wolters Kluwer, 2019, p. 95.

desejo dos árbitros de se manterem livres para customizarem o procedimento conforme entendem adequado.[264] Assim, diferentemente da adoção desse instrumento como um "menu fixo", seu uso mais frequente se dá na forma "*à la carte*", pela qual os árbitros escolhem os artigos que pretendem aplicar.[265]

Uma análise – publicada em 2012 – voltada a identificar as tendências de aplicação desse instrumento na América Latina, a partir da análise de 35 casos administrados pela ICC, alcançou resultados interessantes. O primeiro é a confirmação de que as Regras da IBA sobre Produção de Provas têm sido largamente aplicadas em arbitragens internacionais envolvendo partes latino-americanas, independentemente da nacionalidade das partes e dos árbitros, da sede da arbitragem, do idioma e da lei aplicável ao mérito.[266] O segundo é que – como ilustram 21 dos 35 casos analisados – os árbitros não têm hesitado em aplicar ou fazer referência às Regras da IBA sobre Produção de Provas em decisões no curso do processo mesmo sem a concordância expressa das partes.[267]

A análise ainda apontou que o cenário mais comum é a referência ao documento no curso do processo, a fim de organizar a produção da prova. Nos dois casos em que a referência às Regras da IBA sobre Produção de Provas foi feita pela primeira vez apenas na sentença, essa referência se deu para fundamentar a extração de inferências adversas. Em um caso, a partir do não comparecimento de uma testemunha. Em outro caso, ante a recusa da parte em exibir documentos.[268]

O terceiro resultado interessante daquela análise é que, na maior parte dos casos analisados, a referência a esse instrumento se deu com o propósito de aplicar diretamente suas disposições, ao passo que, em um pequeno número de casos, a referência se deu apenas para invocá-lo como um guia ou referência para o tribunal arbitral.[269]

A despeito do objetivo das Regras da IBA sobre Produção de Provas de estabelecerem um ponto de encontro entre as tradições de produção de

[264] O'Malley, Nathan D. The Procedural Rules Governing the Production of Documentary Evidence in International Arbitration – As Applied in Practice. *The Law & Practice of International Courts and Tribunals*, Leiden, v. 8, 2009, p. 33.

[265] O'Malley, *op. cit.*, 2009, p. 31.

[266] Abbud; Alves; Ruiz, *op. cit.*, 2012, p. 19.

[267] Abbud; Alves; Ruiz, *op. cit.*, 2012, p. 19.

[268] Abbud; Alves; Ruiz, *op. cit.*, 2012, p. 19.

[269] Abbud; Alves; Ruiz, *op. cit.*, 2012, p. 19.

provas nos sistemas de *civil law* e *common law*, continuou havendo alguma demanda por regras sobre tema mais alinhadas ao sistema de *civil law*.

Foi nesse contexto que, com o objetivo de conceber um corpo de regras consentâneo com a ideia de que "aumentar a eficiência do procedimento arbitral será encorajar os tribunais arbitrais a adotar um papel mais ativo na gestão do caso (tal como é feito tradicionalmente em muitos países da *civil law*)", um grupo de trabalho com representantes de 30 países, majoritariamente composto por profissionais de tradição de *civil law*, elaborou as Regras de Praga, divulgadas em 14 de dezembro de 2018.

As "portas de entrada" das Regras de Praga são essencialmente as mesmas que as das Regras da IBA sobre Produção de Provas e outros instrumentos de *soft law*. O próprio preâmbulo do documento esclarece: "[a]s Partes e os Tribunais Arbitrais podem decidir aplicar as Regras como um documento vinculativo ou como diretrizes, no todo ou apenas em parte do processo. Eles também podem excluir a aplicação de qualquer parte das Regras ou decidir aplicar apenas parte delas"

Embora o escopo dessas regras seja mais amplo que o das Regras da IBA sobre Produção de Provas – já que as Regras de Praga não se limitam aos temas da prova –, ao menos quanto os temas relacionados à prova ela busca fazer um contraponto àquele outro instrumento.[270] Nesses temas, enquanto as Regras de Pragam visam a transpor para a arbitragem internacional a referência da cultura civilista, as Regras da IBA sobre Produção de Provas buscam criar um sistema dedicado e específico para a arbitragem internacional.[271]

Destacam-se, nesse sentido, disposições que incentivam que o árbitro assuma um papel mais ativo na fase instrutória,[272] como a regra do artigo 3.1, segundo a qual: "[o] Tribunal de Arbitragem tem o poder e é incentivado a desempenhar um papel ativo na prova dos fatos em litígio que julgar relevantes para a resolução do mesmo". Quanto à prova documental, o documento também estabelece um desincentivo expresso (mas não uma proibição) aos pedidos de exibição de documentos, como fica claro na regra do artigo 4.2: "[c]omo regra, o Tribunal Arbitral deve evitar a requisição de prova documental, incluindo qualquer forma de averiguação eletrônica de provas".

[270] HENRY, Marc; ROMERO, Eduardo Silva. La preuve dans l'arbitrage: Prague Rules vol. IBA Rules. *Revue de l'Arbitrage*, Paris, n. 1, p. 71-87, 2020, p. 72.

[271] HENRY; ROMERO, *op. cit.*, 2020, p. 74.

[272] BERGER, *op. cit.*, 2019, p. 306-307.

Outra distinção relevante em relação às Regras da IBA sobre Produção de Provas é a existência de previsão expressa nas Regras de Praga incentivando que, antes da decisão final, os árbitros indiquem às partes sua "apreciação preliminar sobre" "o peso e a relevância da prova submetida pelas partes", prática que não poderia ser considerada sinal de falta de imparcialidade ou independência do tribunal arbitral (artigo 2.4(e)).[273]

A avaliação do grau de adesão a esse instrumento ainda depende de maior investigação, dado o pouco tempo transcorrido desde sua divulgação.

Fazendo essa mesma ressalva, Gary Born pondera que essa restrição à exibição de documentos pode se mostrar insuficiente para atender às necessidades e expectativas as partes em arbitragens internacionais complexas, mesmo para partes experimentadas na prática de *civil law*.[274]

De todo modo, sua menção neste trabalho já se justifica pelo fato de o documento conter disposição expressa sobre a extração de inferências adversas pelo árbitro (artigo 10).[275]

3.3. Poderes instrutórios dos árbitros

Assim como o juiz togado, o árbitro é investido de poderes instrutórios, os quais lhe permitem instruir a causa e prepará-la para a decisão através da produção das provas que entender úteis, necessárias e pertinentes para a formação de seu convencimento.[276] Também como no caso do juiz togado, os poderes instrutórios do árbitro são limitados pela necessária fundamentação das decisões judiciais e pelo respeito ao contraditório.[277]

A regulação do tema nas legislações internacionais confirma essa premissa. No *Arbitration Act 1996* (Inglaterra, País de Gales e Irlanda do Norte), o artigo 34 estabelece que incumbe ao tribunal arbitral decidir questões processuais e relativas à prova, sujeito ao direito das partes de definirem em conjunto questões relacionadas ao tema. O mesmo dispositivo exemplifica questões abrangidas por esse poder instrutório do tribunal arbitral

[273] HOOIJDONK; HERINCKX, *op. cit.*, 2019, p. 97.

[274] BORN, *op. cit.*, 2021, p. 2525.

[275] "Se uma das Partes não respeitar uma ordem ou as instruções do Tribunal Arbitral sem uma razão válida, o Tribunal Arbitral, se o julgar apropriado, poderá estabelecer uma inferência adversa em relação à respe[c]tiva questão ou pretensão dessa Parte".

[276] CARMONA, *op. cit.*, 2009, p. 313.

[277] Sobre essa limitação sob a ótica do juiz togado: BEDAQUE, José Roberto dos Santos. *Poderes instrutórios do juiz*. 7ª ed. São Paulo: Revista dos Tribunais, 2013, p. 164-165.

e indica que cabe ao tribunal arbitral definir se ele mesmo deverá tomar a iniciativa de apuração dos fatos (artigo 34(g)). Nos Estados Unidos, o *Federal Arbitration Act* prevê em seu § 7 que os árbitros podem convocar qualquer pessoa para ser ouvida perante o tribunal arbitral ou apresentar prova documental considerada materialmente relevante para a instrução probatória do caso. Na França, o artigo 1467 do *Code de Procédure Civile* (na seção que regula o processo arbitral) estabelece que o tribunal arbitral realiza os atos de instrução necessários, incluindo a oitiva de qualquer pessoa e a determinação de que uma das partes produza qualquer prova sob seu controle, sob pena de multa processual.

Na Lei Modelo da UNCITRAL, esses poderes são refletidos especialmente nos artigos 26 e 27, de acordo com os quais o árbitro pode nomear perito, ordenar à parte que dê ao perito acesso a informações relevantes para a realização de seu trabalho, e solicitar a cooperação das cortes estatais para a produção de provas.

Na Lei Brasileira de Arbitragem, a existência desses poderes pode ser extraída especialmente do artigo 22,[278] segundo o qual "[p]oderá o árbitro ou o tribunal arbitral tomar o depoimento das partes, ouvir testemunhas e determinar a realização de perícias ou outras provas que julgar necessárias, mediante requerimento das partes ou de ofício".

No exercício dos seus poderes instrutórios, o árbitro pode requisitar documentos públicos e solicitar informações a órgãos estatais, confirmando o paralelo com os poderes do juiz togado.[279] Pode, ainda, admitir provas atípicas (depoimentos escritos das testemunhas, *discovery* etc.).[280] Além disso, os árbitros podem determinar *de ofício* a produção de provas, como a oitiva de testemunhas e a exibição de documentos.[281]-[282]

Dada a limitação dos poderes de império dos árbitros, cumpre o registro de que, sendo necessário, os árbitros poderão solicitar, via carta arbitral, a cooperação do Poder Judiciário para a efetivação das medidas práticas

278 Dinamarco, *op. cit.*, 2017, p. 163.

279 Carmona, *op. cit.*, 2009, p. 313.

280 Aprigliano, *op. cit.*, 2015, p. 71.

281 Carmona, *op. cit.*, 2009, p. 313; Montoro, *op. cit.*, 2010, p. 292.

282 Marcos André Franco Montoro destaca que a medida nem sempre pode ser eficaz, devendo o árbitro sempre buscar um equilíbrio entre os poderes instrutórios e a autonomia da vontade das partes. Afinal, de nada adiantaria os árbitros determinarem contra a vontade das partes a realização de uma prova pericial custosa e demorada, já que, nesse caso, as partes poderiam se recusar a custeá-la (Montoro, *op. cit.*, 2010, p. 289).

necessárias à produção de provas na arbitragem, nos termos do artigo 22-C da Lei Brasileira de Arbitragem e do artigo 260, § 3º, do CPC.[283] Algumas considerações sobre as limitações dessa cooperação são detalhadas adiante (*infra*, n. 3.5.3 e n. 4.2).

Outro desdobramento desses poderes instrutórios é a autoridade dos árbitros para inadmitir provas cuja produção foi requerida pelas partes, mas que os árbitros considerem impertinente para o julgamento da demanda. Assumindo que esse indeferimento se dê em decisão motivada, não deve ser por si só ser visto como violador do devido processo legal ou do direito de defesa das partes.[284] Nesse sentido, destaca-se decisão do Superior Tribunal de Justiça confirmando que o indeferimento pelos árbitros de prova pericial contábil requerida pela parte não viola o direito de defesa da parte.[285] A conclusão se sustenta nos princípios da teoria geral do processo relativos ao convencimento do julgador, especialmente na ideia de que é o árbitro o destinatário da prova, cabendo a ele a palavra final em caso de impasse com os sujeitos parciais do processo.[286]

A questão suscita debate interessante sobre o equilíbrio entre a autonomia da vontade das partes e a autoridade do árbitro. Para Bernard Hanotiau, o controle que as partes têm, até certo ponto, da prova produzida perante o tribunal arbitral, não é de modo algum impedimento para que o árbitro busque a verdade, até porque o que o advogado busca é o sucesso, e não a verdade.[287]

[283] MURIEL, Marcelo A. Produção de provas na arbitragem. In: CARMONA, Carlos Alberto; LEMES, Selma Ferreira; MARTINS, Pedro Batista (Orgs.). *20 Anos da Lei de Arbitragem*: Homenagem a Petrônio R. Muniz. São Paulo: GEN-Atlas, 2017, p. 314.

[284] MARTINS, *op. cit.*, 2008, p. 338; PINTO, *op. cit.*, 2010, p. 13; APRIGLIANO, *op. cit.*, 2015, p. 70; PUCCI, Adriana Noemi; GURGEL, Ana Carolina do Amaral. A Prova na arbitragem. In: DOURADO, Ruy Janoni *etl al.* (Orgs.). *Atualidades da arbitragem comercial*: estudos dos membros da Comissão de Arbitragem e do Comitê de Coordenação da Câmara de Mediação, Conciliação e Arbitragem da OAB/SP. São Paulo: Quartier Latin, 2021. p. 22.

[285] "A controvérsia a ser dirimida nos presentes autos cinge-se a definir se o indeferimento pelo juízo arbitral de produção de perícia contábil enseja violação do princípio do contraditório e, portanto, a nulidade a sentença arbitral. [...] Isso porque o indeferimento da prova requerida não violou seu direito de defesa, pois fundou-se na aplicação do princípio do livre convencimento motivado consagrado no caput do art. 22 e no § 2º do art. 21 da Lei n. 9.307/96" (BRASIL. STJ. REsp 1500667/RJ, Rel. Ministro João Otávio de Noronha, Terceira Turma, julgado em 09/08/2016, DJE 19/08/2016).

[286] PARENTE, *op. cit.*, 2012, p. 231-233.

[287] HANOTIAU, *op. cit.*, 2019, p. 5.

3.4. Ônus da prova e *standard* de prova

A produção probatória na arbitragem é diretamente influenciada pelas noções de ônus da probatória e standard da prova, analisados neste item.

3.4.1. Ônus da prova

O ônus da prova desempenha na arbitragem a mesma função tradicionalmente conhecida para o processo judicial. Por isso, o mesmo conceito básico serve de referência para a análise do tema sob a ótica aqui proposta. Pode-se assumir que "ônus da prova é o encargo, atribuído pela lei a cada uma das partes, de demonstrar a ocorrência dos fatos de seu próprio interesse para as decisões a serem proferidas no processo".[288]

Um traço importante dessa definição – relevante para este trabalho – é o de que carregar o ônus da prova não significa ter que apresentar ou solicitar a prova de um fato que fundamente sua pretensão. Ter o ônus da prova em relação a um fato significa ter interesse na demonstração desse fato no processo, ainda que por provas produzidas pela parte contrária e determinadas de ofício pelo julgador.[289] Ou seja: o que as normas sobre o ônus da prova fazem é distribuir as consequências desfavoráveis da falta de prova.[290]

Sob um viés subjetivo, o ônus da prova serve de "mola propulsora da efetiva participação dos litigantes",[291] que podem escolher suas condutas processuais antevendo quais fatos é seu encargo provar.[292] Sob um viés objetivo, serve de regra de julgamento que permite ao juiz decidir mesmo quando há insuficiência da prova.[293]-[294] Como no processo judicial, a utilização do ônus da prova como regra de julgamento representa um desfecho a ser evitado – inclusive pelo exercício dos poderes instrutórios do árbitro (*supra*, n. 3.3).

[288] Dinamarco, *op. cit.*, 2017, p. 77.

[289] Echandía, *op. cit.*, 1988, t. I, p. 427.

[290] Taruffo, *op. cit.*, 2014, p. 144

[291] Dinamarco, *op. cit.*, 2017, p. 79.

[292] Puoli, José Carlos Baptista. O Ônus da Prova e sua Distribuição Dinâmica no Novo Código de Processo Civil. In: Grinover, Ada Pellegrini *et al.* (Orgs.). *O novo código de processo civil*: Questões controvertidas. São Paulo: Atlas, 2015, p. 235.

[293] Cambi, Eduardo. *Curso de Direito Probatório*. Curitiba: Juruá, 2014, p. 162-163.

[294] *"Carga de prueba es una noción procesal que contiene la regla de juicio, por medio da la cual se le indica al juez cómo dele fallar cuando no encuentre en el proceso pruebas que le den certeza sobre los hechos que deben fundamentar su decisión, e indirectamente establece a cuál de las partes le interesa la prueba de tales hechos, para evitarse las consecuencias desfavorables"* (Echandía, *op. cit.*, 1988, t. I, p. 426).

Para o objeto deste trabalho, a análise do tema é especialmente relevante porque, como já se adiantou, a atribuição de valor probatório ao comportamento da parte mediante a extração de inferências adversas busca justamente superar uma circunstância concreta em que uma parte se vê impedida, pela postura de seu oponente, de se desincumbir de seu ônus probatório.[295]

Bem antes do momento em que se discute a aplicação dessa técnica, portanto, o conceito de ônus da prova já guia o comportamento das *partes*, na solicitação das provas; e do próprio *árbitro*, no juízo de admissibilidade das provas requeridas[296] e na definição sobre a necessidade de exercício de seus poderes instrutórios.

A regulação do tema varia de jurisdição para jurisdição, inclusive quanto à sua classificação como uma questão de direito material ou processual.[297] Teoricamente, essa questão pode ter relevância: tomando-se o tema como regulado pela lei processual, resta maior discricionariedade para o árbitro na ausência de definição feita pelas partes.[298]

No entanto, na prática, a discussão sobre essa classificação fica concentrada no campo teórico, com poucos efeitos práticos. Isso porque acaba

[295] "Como observado no início, as variações mais controversas na abordagem [do tema] provavelmente surgirão porque o ônus da prova está interrelacionado com os direitos de produção de documentos e as inferências que podem ser extraídas de uma falha na produção. O tribunal precisa decidir como se comportar se for difícil para a parte com o ônus da prova apresentar provas, ou se todas as provas-chave estiverem nas mãos do réu" (tradução nossa). No original: "*As noted at the outset, the more contentious variations in approach are likely to arise because burden of proof is interrelated with document production entitlements, and the inferences that might properly be drawn from a failure to produce. A tribunal still needs to decide how to behave if it is hard for the party with the burden of proof to bring evidence, or if all key evidence is in the hands of the respondent*" (WAINCYMER, *op. cit.*, 2012, p. 765).

[296] HANOTIAU, Bernard. Document Production in International Arbitration: a Tentative Definition of Best Practices. *Document Production in International Arbitration*, Paris, suplemento especial, p. 113-119, 2006, p. 116.

[297] Gary Born defende que as regras para definição do ônus da prova na arbitragem decorram de um balanço entre as regras substantivas aplicadas à controvérsia e regras procedimentais aplicáveis à controvérsia. Nesse caso, a melhor conduta seria a de aplicação de regras customizadas à luz das especificidades do caso para definição da distribuição do ônus da prova. Cf. BORN, *op. cit.*, 2014, p. 2315.

[298] GRITSCH, Andrea; RIEGLER, Stefan; ZOLLNER, Alexander. The Taking of Evidence. In: KLÄSENER, Amy C. (Org.). *The Guide to M&A Arbitration*. Londres: Global Arbitration Review, 2018 (*online* e não paginado).

prevalecendo a regra de que cada parte tem o encargo de submeter as provas necessárias para demonstrar a veracidade de suas alegações de fato.[299]

Assim, há certo consenso quanto à prevalência, no processo arbitral, da regra geral[300] segundo a qual o ônus de produzir as provas sobre determinado fato recai sobre a parte que o alega (não necessariamente o demandante) (*actori incumbit probatio* ou *onus probandi ei qui asserit*).[301]

Os poucos instrumentos normativos que contemplam alguma regulação do tema no âmbito da arbitragem confirmam essa constatação. O artigo 27(1) das regras de arbitragem da UNCITRAL, por exemplo, preveem que cada parte tem o ônus de provar os fatos nos quais se baseia sua ação ou defesa.[302] No mesmo sentido são: (i) o artigo 41 das regras de arbitragem da *China International Economic and Trade Arbitration Commission* (CIETAC);[303] (ii) o artigo 22.1 das regras de arbitragem do *Hong Kong International Arbitration Centre* (HKIAC); [304] e a R-32(a) da *American Arbitration Association* (AAA).[305]

[299] Schlaepfer, Anne-Véronique. The Burden of Proof in International Arbitration In: BERG, *op. cit.*, 2015, p. 127-128.

[300] "O critério geral para essa distribuição é o de que cada parte suportará os efeitos negativos que derivam de não se provarem os fatos sobre os quais se fundam suas pretensões. Isso quer dizer que cada parte tem o ônus de provar esses fatos e demonstrar sua veracidade: suas pretensões são rejeitadas se falharem ao demonstrá-los ao tribunal" (Taruffo, *op. cit.*, 2014, p. 144).

[301] "A resposta geralmente aceita é a de que o ônus da prova de uma determinada alegação de fato recai sobre a parte que faz essa alegação" (tradução nossa). No original: "*The generally accepted answer is that the burden of proof of any particular factual allegation is upon that party which makes the allegation*" (Blackaby *et al.*, *op. cit.*, 2015, p. 377). No mesmo sentido: Sandifer, *op. cit.*, 1939, p. 92; Redfern, Allan *et al.* The Standards and Burden of Proof in International Arbitration. *Arbitration International*, Oxford, v. 10, n. 3, p. 317-364, 1994, p. 321; Waincymer, *op. cit.*, 2012, p. 762; Sicard-Mirabal; Derains, *op. cit.*, 2018, p. 192 e 197; ALI *et al.*, *op. cit.*, 2019, p. 369; e Mavromati, *op. cit.*, 2019, p. 202.

[302] "Cada parte terá o ônus de provar os fatos invocados para fundamentar sua alegação ou defesa" (tradução nossa). No original: "*Each party shall have the burden of proving the facts relied on to support its claim or defence*".

[303] "Cada parte arcará com o ônus de provar os fatos em que se baseia para fundamentar sua pretensão, defesa ou reconvenção e fundamentar suas opiniões, argumentos e contra-argumentos" (tradução nossa). No original: "*Each party shall bear the burden of proving the facts on which it relies to support its claim, defense or counterclaim and provide the basis for its opinions, arguments and counter-arguments*".

[304] "Cada parte terá o ônus de provar os fatos invocado para fundamentar a sua alegação ou defesa" (tradução nossa). No original: "*Each party shall have the burden of proving the facts relied on to support its claim or defence*".

Embora o regulamento de arbitragem da ICC não preveja regra expressa sobre o tema, seu Apêndice IV, que trata das *Técnicas para a Condução do Procedimento*, prevê que uma das técnicas a serem adotadas pelos árbitros é a de "solicitar às partes que produzam toda prova documental nas quais se apoiam junto com suas manifestações escritas".

Nos Princípios ALI/UNIDROIT sobre Processo Civil Transnacional, a mesma concepção aparece: "[n]ormalmente, cada parte tem o ônus de provar todos os fatos relevantes que fundamentam o seu próprio caso" (princípio 21.1).

3.4.2. *Standard* de prova

Outro elemento que integra os temas relacionados à prova é o *standard* probatório, ou seja, o nível de prova ou grau de convicção exigidos para que se possa considerar que a parte satisfez seu ônus da prova.[306] Esses *standards*, também chamados de modelos de controle do juízo ou modelos de constatação, criam um complexo de lógicas de caráter auxiliar que funcionam como um arsenal crítico comum para o debate acerca da convicção.[307] Trata-se de uma forma de viabilizar uma "pauta ou critério à luz do qual o juízo de fato pode ser formado e submetido ao contraditório".[308]

Os *standards* probatórios têm papel relevante na legitimação da decisão, já que: (i) permitem ao julgador se basear em critérios justos que refletem o grau de confiança que a sociedade espera que o julgador deva utilizar na avaliação do caso para cada tipo específico; (ii) permitem a fiscalização da decisão (ou seja: a verificação da correta aplicação desses módulos no caso concreto); e (iii) permitem que as partes guiem sua estratégia processual a partir de critérios mais claros.[309] Por tudo isso, diz-se que esses modelos desempenham a relevante função de "evitação do erro ou do arbítrio".[310]

305 "(a) O requerente deve apresentar provas para apoiar a sua alegação. O réu deverá então apresentar provas para apoiar sua defesa" (tradução nossa). No original: "*(a) The claimant shall present evidence to support its claim. The respondent shall then present evidence to support its defense*".

306 WAINCYMER, *op. cit.*, 2012, p. 766. No mesmo sentido: GREENBERG, Simon. Le standard de la preuve en arbitrage international. *Revue de l'Arbitrage*, Paris, n. 1, p. 113-132, 2020, p. 114; SICARD-MIRABAL; DERAINS, *op. cit.*, 2018, p. 199-200.

307 KNIJNIK, Danilo. Os Standards do Convencimento Judicial: paradigmas para o seu possível controle. *Revista Forense*, Rio de Janeiro, v. 97, n.353, p. 15-52, 2001.

308 KNIJNIK, Danilo. *A prova nos juízos cível, penal e tributário*. Rio de Janeiro: Forense, 2007, p. 37.

309 AMARAL, Guilherme Rizzo. Verdade, justiça e dignidade da legislação: breve ensaio sobre a efetividade do processo, inspirado no pensamento de John Rawls e de Jeremy Waldron.

Na medida em que esses *standards* servem de guia tanto para as partes quanto para o julgador na admissão das provas e na atividade de sua produção em geral, fica justificada sua análise neste capítulo ainda que se trate de tema mais precisamente relacionado à *valoração* da prova.

O tema tem contornos próprios na arbitragem, sobretudo quando o processo envolve agentes experimentados em jurisdições diferentes. Isso por duas principais razões: (i) os instrumentos de regulação da matéria probatória na arbitragem tradicionalmente não disciplinam o tema;[311] e (ii) o nível de prova tido como necessário para que o julgador se convença pode variar consideravelmente de uma jurisdição para outra.[312] Este é, portanto, mais um aspecto em que pode haver choque cultural entre os agentes do processo arbitral.[313]

O potencial de divergência e insegurança que pode surgir sobre o tema é ilustrado pela constatação de que não há consenso sequer sobre a natureza processual ou material dos *standards* de prova.[314] Assumindo-se que eles teriam natureza material, o regramento se daria pela lei aplicável ao mérito da disputa, com menos liberdade aos árbitros. Por outro lado, assumindo-se que eles teriam natureza processual, o tema é regulado pela *lex arbitri* e, não havendo um acordo específico das partes quanto ao tema, o árbitro tem mais liberdade para aplicar um ou outro critério em um cenário em que as fontes normativas incidentes sobre a arbitragem também não regulem expressamente o tema.[315]

O estabelecimento de um *standard* probatório normalmente tem por objetivo fixar as premissas para a definição do nível de prova exigido para uma determinada categoria de conflitos, isto é, envolvendo interesses jurídicos de certa natureza. Uma ideia central, para tanto, é o questionamento

In: Knijnik, Danilo (Org.), *Prova judiciária*: estudos sobre o novo direito probatório. Porto Alegre: Livraria do Advogado, 2007, p. 144; e Knijnik, *op. cit.*, 2007, p. 33.

310 Knijnik, *op. cit.*, 2007, p. 18.

311 Redfern *et al.*, *op. cit.*, 2014, p. 326; Waincymer, *op. cit.*, 2012, p. 767; Greenberg, *op. cit.*, 2020, p. 114.

312 Seraglini, *op. cit.*, Paris2020, p. 144.

313 Smith, Jennifer M.; Nadeau-Séguin, Sara. The Illusive Standard of Proof in International Commercial Arbitration. In: BERG, *op. cit.*, 2015, p. 135.

314 Smith; Nadeau-Séguin, *op. cit.*, 2015, p. 146.

315 Greenberg, *op. cit.*, 2020, p. 124-125; e Carreteiro, Mateus Aimoré. Burden and Standard of Proof In International Arbitration: Proposed Guidelines For Promoting Predictability. *Revista Brasileira de Arbitragem*, São Paulo, n. 49, p. 82-109, 2016, p. 98-99.

sobre o risco de erro envolvido na tomada de decisão pelo julgador e a gravidade das consequências desse potencial erro.[316]

Em última análise, trata-se da ponderação sobre o peso de eventual erro cometido pelo julgador na valoração das provas produzidas no processo. Nessa avaliação dos interesses em jogo e do potencial impacto de uma decisão equivocada, tradicionalmente se atrela uma maior exigência do módulo de prova às tutelas mais restritiva de direitos.

Assim, por exemplo, para o convencimento do julgador quanto ao cometimento de um crime, cuja punição poderia envolver uma pena restritiva de liberdade, tende-se a exigir um nível de prova mais elevado que aquele aplicável aos casos de conteúdo meramente patrimonial discutidos na esfera cível, nos quais geralmente se aceita a probabilidade prevalente de uma posição jurídica à luz das provas produzidas.

Entre os dois extremos, há situações específicas em que o *standard* de prova é "intermediário", caracterizado pela exigência de uma *prova clara e convincente*. Esse módulo de prova seria aplicável a casos que estejam fora da esfera criminal e que versem, por exemplo, sobre improbidade administrativa, relações de parentesco, alegações de fraude, dolo etc.[317] Mesmo quem entende que, nessas situações específicas, não haveria um *standard* diverso do balanço de probabilidades exigido para os casos meramente patrimoniais da esfera cível, reconhece que, nesse caso, o julgador deve exigir provas mais robustas[318] e ser mais cauteloso na verificação de que esse nível de prova foi produzido.[319]

Mas há casos em que, dada a dificuldade que uma parte pode ter na prova de um fato grave, como corrupção, a solução do árbitro é não alterar o *standard* de prova, mas inverter o ônus da prova para exigir que a parte contra quem a alegação é feita faça contraprova.[320]

A sistematização dos *standards* de prova conforme a matéria em discussão é claramente refletida nas jurisdições de *common law*, em que o tema

[316] Smith; Nadeau-Séguin, *op. cit.*, 2015, p. 136; Costa, Guilherme Recena. Livre convencimento e standards de prova. In: Zufelato, Camilo; Yarshell, Flávio Luiz (Orgs.). *40 anos da teoria geral do processo no Brasil*. São Paulo: Malheiros, 2013, p. 367.

[317] Redfern *et al.*, *op. cit.*, 2014, p. 335-336; Greenberg, *op. cit.*, 2020, p. 119; Costa, *op. cit.*, 2013, p. 368; e Smith; Nadeau-Séguin, *op. cit.*, 2015, p. 136.

[318] Citado ser essa a posição de Lord Hoffman, na Inglaterra, cf. Smith; Nadeau-Séguin, *op. cit.*, 2015, p. 138-139.

[319] Blackaby *et al.*, *op. cit.*, 2015, p. 379.

[320] Waincymer, *op. cit.*, 2012, p. 769.

tende a ser enfrentado com mais detalhamento. Em linhas gerais, esses sistemas estabelecem o *standard* de além de qualquer dúvida razoável (*beyond a reasonable doubt*) para os casos envolvendo condenações criminais, o *standard* de preponderância da prova (*preponderance of the evidence*) ou balanço de probabilidades (*balance of probability*) para os casos não criminais, com a ressalva feita acima sobre a aplicação de um critério de exigência de *prova clara e convincente* (*clear and convincing evidence*) em casos específicos.[321]

Nas jurisdições de *civil law*, por sua vez, prevalece a ideia de livre apreciação da prova, de acordo com a qual a convicção do julgador está baseada na sua percepção íntima (*intime conviction*).[322] Assim, em vez de se questionar se é mais provável ou não que tal fato X tenha ocorrido, o julgador que segue esse racional de valoração probatória se pergunta se a ocorrência do fato X é provável a ponto de criar para ele uma profunda e bem estabelecida convicção sobre sua veracidade.[323]

Embora a doutrina por vezes afirme que esse método equivaleria à aplicação do *standard* de além de qualquer dúvida razoável (*beyond a reasonable doubt*), na verdade ele não contempla a opção por um *standard* específico.[324] Ainda assim, é possível afirmar que uma das diferenças entre esse método e o estabelecido na tradição de *common law* seria a exigência, nas jurisdições de *civil law*, de uma convicção mais forte do julgador para a tomada da decisão.[325]

Esse método presente nas jurisdições de *civil law* tem sua razão de ser muito ligada ao rompimento com a noção de *prova legal*,[326] em que a valoração da prova segue regras estabelecidas pela lei em caráter geral e abstrato.

[321] Greenberg, *op. cit.*, 2020, p. 118; Smith; Nadeau-Séguin, *op. cit.*, 2015, p. 136; Sicard-Mirabal; e Derains, *op. cit.*, 2018, p. 199-200.

[322] Skontzos, Athanassios V. The Burden and Standard of Proof in Model International Procedural Law: Dealing with the Burden and Standard of Proof in International Disputes. *Uniform Law Review*, Oxford, v. 23, n. 3-4, p. 569-592, 2018, p. 582.

[323] Clermont, Kevin M. Standards of Proof Revisited. *Vermont Law Review*, Royalton, v. 33, n. 3, p. 469-487, 2009, p. 471; e Clermont, Kevin M. *Standards of Decision in Law*: Psychological and Logical Bases for the Standard of Proof, Here and Abroad. Durham: Carolina Academic, 2013, p. 223.

[324] Kazazi, Mojtaba. *Burden of Proof and Related issues*: A Study of Evidence Before International Tribunals. Nova York: Kluwer Law International, 1996, p. 324; e Carreteiro, *op. cit.*, 2016, p. 88-89.

[325] Smith; Nadeau-Séguin, *op. cit.*, 2015, p. 141; e Clermont, *op. cit.*, 2013, p. 224.

[326] Clermont, *op. cit.*, 2013, p. 224; e Carreteiro, *op. cit.*, 2016, p. 89.

Nesse modelo, o legislador se antecipa ao julgador estabelecendo juízos valorativos sobre a eficácia de fontes e meios probatórios que "tarifam" a prova e tolhem do julgador da liberdade de valoração no caso concreto.[327]

Mas esse sistema baseado no convencimento moral ou íntimo também é criticável. Trata-se de um sistema "de extrema insegurança e inimigo do Estado de direito, pelo qual o juiz teria o poder de decidir segundo seus próprios impulsos ou impressões pessoais, sem o dever de alinhar fundamentos ou dar satisfações a quem quer que fosse".[328]

Por isso, mesmo nas jurisdições de *civil law*, há sistemas para os quais não basta o julgador atingir a intima convicção, sendo exigido que ele exponha suas razões de decidir, isto é, profira uma decisão motivada.[329] Assim, a exigência de motivação seria o que traz objetividade à atividade do julgador.[330] No caso do sistema brasileiro, mais que isso: o livre convencimento pressupõe um *convencimento racional e motivado à luz dos autos.*[331]-[332] Nesse caso, a motivação da decisão tem um papel legitimador fundamental.

A diferença entre os sistemas é explicada com base em dois principais fatores. O primeiro é o tradicional uso dos juris nos sistemas de *common law*, tanto na esfera criminal quanto na esfera cível. Por envolver "leigos" decidindo sobre a ocorrência ou não de um fato controvertido, a prática exigiu que a eles fosse dado algum enquadramento objetivo quanto ao nível de convicção necessário para essa tomada de decisão. O segundo é o papel do julgador em cada um desses sistemas. Como na tradição inquisitorial das jurisdições de *civil law* o juiz tem um papel tradicionalmente mais ativo na investigação dos fatos, isso justificaria sua maior liberdade no estabelecimento do grau de prova necessária ao seu convencimento.[333]

Ocorre que a existência desses traços distintivos no modo como os sistemas de tradição de *common law* ou *civil law* essencialmente tratam o

[327] Dinamarco, *op. cit.*, 2017, p. 123.

[328] Dinamarco, *op. cit.*, 2017, p. 125.

[329] Clermont, *op. cit.*, 2013, p. 240-241.

[330] Skontzos, *op. cit.*, 2018, p. 582.

[331] Dinamarco, *op. cit.*, 2017, p. 126.

[332] Ressalvada a hipótese de julgamento em segredo e sem motivação no caso do júri (cf. Dinamarco, *op. cit.*, 2017, p. 125).

[333] Greenberg, *op. cit.*, 2020, p. 120-121; Clermont, *op. cit.*, 2013, p. 244; e Kazazi, *op. cit.*, 1996, p. 324.

tema não impede a constatação de pontos de convergência entre ambos. De fato, é difícil negar que, no limite, o julgador sempre passará por um teste sobre a prevalência da prova, teste este que ocorre justamente com a formação do convencimento íntimo do julgador.[334] Ou seja: em ambos os sistemas a questão central se resume ao convencimento do julgador.[335] Assim, não haveria diferença significativa entre as articulações dos dois sistemas, ao menos do ponto de vista do resultado prático, já que, seja qual for o método adotado, não existe um sistema que admita que a uma parte se sagre vitoriosa no processo mesmo se a posição de seu oponente for mais contundente. Em todos os casos, sempre haverá uma posição que prevalecerá em relação à outra. Se não for assim, a questão será resolvida sob a ótica do ônus da prova aplicado como regra de julgamento.[336]

Essa convergência aparece nos Princípios ALI/UNIDROIT sobre Processo Civil Transnacional sob a justificativa de que o *standard* de "razoavelmente convencido" seria aplicado na generalidade dos sistemas legais. Mesmo que nos Estados Unidos prevaleça o *standard* de "preponderância da prova", o resultado prático seria o mesmo.[337] Assim, o artigo 21.2 do documento propõe o seguinte princípio: "fatos são considerados provados quando a corte está razoavelmente convencida de sua verdade".[338]

Especificamente na arbitragem, o tema segue a regra geral de pouca regulação, como dito no início deste item. Na Lei Modelo da UNCITRAL, o artigo 19(2) estabelece sem mais detalhes que o poder geral conferido ao árbitro para conduzir a arbitragem inclui o poder de terminar o peso de cada prova. Na mesma linha, as Regras da IBA sobre Produção de Provas estabelecem em seu artigo 9(1) que "[o] Tribunal Arbitral determinará a admissibilidade, relevância, essencialidade e valor da prova".

A Lei Brasileira de Arbitragem segue a mesma fórmula, estabelecendo apenas que é um princípio fundamental da arbitragem o do livre convencimento do árbitro (artigo 21, § 2º).

A tendência prática é, portanto, de maior liberdade dos árbitros na atividade de valoração da prova e na definição do grau probatório necessário

[334] Redfern *et al.*, *op. cit.*, 2014, p. 349.

[335] Smith; Nadeau-Séguin, *op. cit.*, 2015, p. 144.

[336] Waincymer, *op. cit.*, 2012, p. 767.

[337] Comentário 21-B.

[338] Tradução nossa. No original: "*Facts are considered proven when the court is reasonably convinced of their truth*".

para seu convencimento,[339] inclusive quanto ao valor das provas indiretas.[340] Se se pode estabelecer algum paralelo entre essa realidade da prática internacional e os módulos de prova acima mencionados, o critério adotado pelos árbitros tende a ser próximo do *balanço de probabilidades*, buscando a versão que é *mais provável que não*,[341] com os ajustes necessários em situações de maior gravidade do fato ou restritividade da tutela.[342]

Como no processo judicial, uma limitação importante ao livre convencimento do árbitro é o dever de motivação das decisões. Como afirma Carlos Alberto Carmona, "livre convencimento não se confunde com arbítrio, de forma que deve o julgador fundamentar a sentença, explicando os motivos de seu convencimento, como forma de possibilitar às partes o controle da decisão".[343]

São as razões expostas pelo árbitro na sua decisão que permitirão às partes compreender o racional seguido por ele para alcançar suas conclusões sobre a suficiência ou insuficiência das provas produzidas por uma parte para fins de atingimento ou não do ônus que sobre ela recaia.

Vale destacar que, em um cenário em que os agentes envolvidos na arbitragem têm prática no mesmo sistema e estão, portanto, habituados a um mesmo *standard* probatório, essa motivação já é essencial para os fins acima mencionados e, consequentemente, para a legitimidade da decisão. Em um ambiente em que esses agentes não compartilham essa mesma origem ou bagagem prática (e assumindo a escassez de regulação do tema), o exercício desse dever de motivação é ainda mais importante.

Mais que isso. Em situações como essa, o árbitro deve manter um diálogo franco e aberto com as partes sobre as expectativas de todos relação ao *standard* probatório a ser aplicado no caso concreto. Isso assegurará maior previsibilidade às partes no estabelecimento de sua estratégia na apresentação do caso, particularmente na definição de quais provas serão requeridas.

339 SANDIFER, *op. cit.*, 1939, p. 11; ALI *et al.*, *op. cit.*, 2019, p. 405; SICARD-MIRABAL; DERAINS, *op. cit.*, 2018, p. 200; CARRETEIRO, *op. cit.*, 2016, p. 94; e LEMES, *op. cit.*, 1999, p. 99.

340 HOUTTE, Vera van. Adverse Inferences in International Arbitration. In: ICC (Org.). *Written Evidence and Discovery in International Arbitration*: New issues and Tendencies. Paris: ICC, 2009, p. 198.

341 BLACKABY *et al.*, *op. cit.*, 2015, p. 378.

342 SICARD-MIRABAL; DERAINS, *op. cit.*, 2018, p. 200-201; e CARRETEIRO, *op. cit.*, 2016, p. 95.

343 CARMONA, *op. cit.*, 2009, p. 298. No mesmo sentido: VERÇOSA, *op. cit.*, 2008, p. 27.

É preferível inclusive que o diálogo sobre o tema ocorra nos momentos iniciais do processo, viabilizando justamente que esse alinhamento seja levado em consideração pelas partes na sua atuação. Nada impede, contudo, que os árbitros tratem do tema após a instrução probatória, indicando (com todas as cautelas para manter sua imparcialidade e evitar qualquer prejulgamento do caso) se, por sua percepção preliminar, há clara insuficiência de prova, e, com isso, evitando que as partes sejam surpreendidas com a aplicação de um *standard* probatório com o qual elas simplesmente não contavam.[344]

3.5. Participação das partes na instrução probatória

Como visto nos itens acima, a produção probatória na arbitragem depende diretamente da participação das partes.[345] Essa premissa suscita importantes discussões sobre questões como boa-fé processual, dever de cooperação, abuso processual e princípio da não autoincriminação. Dada a relevância dessas questões para este estudo, este item objetiva analisar como esses temas se equilibram no processo arbitral.

3.5.1. Boa-fé, dever de cooperação e princípio da não autoincriminação

É frequente a menção à boa-fé que deve pautar a participação das partes na instrução probatória conduzida na arbitragem.

Para ilustrar, as Regras da IBA sobre Produção de Provas estabelecem em seu preâmbulo (item 3) que "a produção de provas será conduzida com base no princípio de que cada parte deve agir em boa-fé".

Em seu artigo 9(8), o mesmo instrumento estabelece que, "se o Tribunal Arbitral determinar que uma parte não agiu de boa-fé na produção de provas, o Tribunal Arbitral poderá, além de quaisquer outras medidas disponíveis conforme estas Regras, levar essa falha em consideração na sua atribuição dos custos da arbitragem, incluindo os custos decorrentes da produção de provas ou a ela relacionados".

Na doutrina, também são frequentes as menções à expectativa de um padrão de conduta na arbitragem que seria especialmente pautado pela

[344] Redfern *et al.*, *op. cit.*, 2014, p. 340 e 350.

[345] "Outro princípio geral aplicado em todos os sistemas probatórios modernos é o da 'participação das partes' na produção da prova. Esse princípio é geralmente concebido como um aspecto essencial da garantia do devido processo legal na jurisdição civil" (Taruffo, *op. cit.*, 2014, p. 120).

boa-fé. Essa ideia surge como decorrência da origem contratual da arbitragem, que geraria um maior comprometimento das partes com o acatamento das decisões proferidas no âmbito do processo arbitral, ainda que contrárias ao seu interesse.[346] No mesmo sentido, a ideia surge também com referência a "deveres mistos" das partes, que combinariam tanto elementos da esfera privada quanto de conteúdo processual.[347] Aparece, ainda, como sendo a boa-fé um elemento implícito da convenção arbitral.[348]

É correta a observação de que, na arbitragem – especialmente na arbitragem internacional – a participação das partes na atividade probatória nessas bases cooperativas tem especial relevância. Tendo as partes origens em diferentes jurisdições, assegurar a cada uma delas o direito à apresentação de seu caso pode pressupor – e assim se estimula – um dever de cooperação em relação às fontes de prova indisponíveis ao seu oponente.[349] Daí se falar que o dever de colaboração das partes na produção probatória é um conceito bem estabelecido no âmbito das disputas internacionais.[350]

Em que consiste, especificamente, esse dever de cooperação? Como excederia o escopo deste trabalho a análise do tema sob a perspectiva da avaliação do comportamento da parte que requer a produção da prova, a resposta a esse questionamento se concentrará na análise do comportamento da parte que detém o controle sobre a fonte de prova.

Começando a resposta pela definição do que *não* está inserido nesse dever de cooperação, vale esclarecer desde já que ele não compreende um dever da parte de voluntariamente – ou seja, sem uma decisão dos árbitros assim determinando – produzir provas contrárias ao seu interesse.[351]

Em suma, e à luz do que é relevante para este trabalho, a boa-fé e o dever de colaboração na produção da prova se refletem na exigência de que a parte instada a produzir a prova: (i) responderá de boa-fé a requerimentos de produção de provas, isto é, sem formular objeções manifestamente infundadas; e (ii) não descumprirá decisões que determinem a

[346] MAGALHÃES, *op. cit.*, 2020, p. 322.

[347] BASSO, Maristela. Mito e realidade do procedimento arbitral atual II. In: CAHALI; RODOVALHO; FREIRE, *op. cit.*, 2016, p. 418.

[348] WAINCYMER, *op. cit.*, 2012, p. 753.

[349] WAINCYMER, *op. cit.*, 2012, p. 832.

[350] MAROSSI, Ali Z. Shifting the Burden of Proof in the Practice of the Iran-United States Claims Tribunal. *Journal of International Arbitration*, Nova York, v. 28, n. 5, p. 427-443, 2011, p. 515.

[351] O'MALLEY, *op. cit.*, 2019, p. 30.

produção de prova. Nesse sentido, é impróprio que uma parte na arbitragem propositalmente retenha prova de modo a obter uma vantagem processual contra seu oponente.[352]

Assim, não existe um dever processual de a parte produzir uma prova que possa afetar seu próprio caso.[353] A parte normalmente tem o ônus de produzir as provas em que pretende se basear para sustentar sua posição processual, mas não o dever de voluntariar ao seu oponente provas que estejam sob seu controle e que lhe pareçam desfavoráveis à sua posição.[354]

Contudo, no caso de uma decisão determinando à parte que produza a prova, esse dever de boa-fé e cooperação exige que ela cumpra essa determinação, ainda que a produção da prova tenha o potencial de prejudicar sua posição processual. É dizer: mesmo que a parte não esteja obrigada a trazer espontaneamente aos autos provas que sejam desfavoráveis à sua tese, não pode se negar a produzir determinada prova que saiba desfavorável, mas cuja produção foi legitimamente ordenada pelo árbitro.

Note-se que se fala em *dever* porque se trata de um imperativo de conduta no *interesse alheio*,[355] neste caso representado pelos escopos do processo e os interesses da parte sobre quem recai o ônus da prova, mas que não tem condições de dele se desincumbir sem que venha aos autos a fonte de prova que se encontra sob controle de seu oponente.

O exemplo de um requerente intimado a produzir determinada prova relevante para o convencimento do árbitro quanto à veracidade de um enunciado sobre um fato impeditivo, modificativo ou extintivo do direito do requerido mostra que não se trata propriamente de um ônus. Nesse

[352] O'Malley, *op. cit.*, 2019, p. 30-31 e 51; e Solis, Menalco. Adverse Inferences in Defense of Good Faith. *Kluwer Arbitration Blog* Nova York, 23.4.2018 (*online* e não paginado).

[353] Kaufmann-Kohler, *op. cit.*, 2003, p. 1326.

[354] Waincymer, *op. cit.*, 2012, p. 832-833; Naón, Horacio A. Grigera. Document Production in International Commercial Arbitration: A Latin American Perspective. *Document Production in International Commercial*, Paris, suplemento especial, 2006 (*online* e não paginado).

[355] "Os deveres das partes são situações jurídicas desfavoráveis ao titular, porque lhe limitam a liberdade de atuar ou omitir-se segundo sua própria vontade; a conduta devida é do interesse do adversário, ou da Justiça (dever de lealdade *etc*). [...] Os ônus não são impostos para bem de outro sujeito, senão do próprio sujeito ao qual se dirigem. O descumprimento de um deles não causa malefício algum, ou diminuição patrimonial, nem frustra expectativas de outra pessoa. A parte tem plena liberdade de optar pela conduta ou pela omissão (daí, ser o cumprimento ou descumprimento do ônus uma faculdade), sabendo no entanto que, omitindo-se, agravará sua situação no processo (daí, tratar-se de um ônus)" (Dinamarco, Cândido Rangel. *Instituições de direito processual civil*. 6ª ed. São Paulo: Malheiros, 2009, v. II, p. 206-209).

caso, faltaria, como contrapartida para o cumprimento desse suposto ônus, a possibilidade de obtenção ou conservação de uma vantagem para o próprio sujeito sobre quem recai essa obrigação (e não para satisfação de interesses alheios), o que é um elemento central na ideia de ônus.[356]

Nesse sentido, em relevante artigo datado de 1930, em que analisa as consequências da recusa da parte em exibir um documento em juízo, Piero Calamandrei observa que, nessa hipótese, é difícil ver um efeito vantajoso da exibição do documento pela parte que a motivaria a evitar o efeito negativo da inação. Afinal, se a parte não exibe o documento, os fatos afirmados pelo seu oponente serão tidos como verdadeiros. Se, por outro lado, ela o exibe, ela não se beneficia desse comportamento. Muito ao contrário: os documentos servirão para provar a veracidade dos fatos afirmados pelo oponente. Logo, o "dilema" da parte nesse caso não é entre (a) realizar uma atividade vantajosa e (b) manter uma inação desvantajosa, mas sim entre (c) realizar uma atividade prejudicial a si própria e (d) manter uma inação igualmente prejudicial aos seus interesses. Assim, falta nessa situação o que constitui um elemento essencial caracterizador do *ônus processual*: a possibilidade de evitar um mal, fazendo, no próprio interesse, um certo esforço.[357]

No mesmo sentido, analisando a regra do artigo 400 do CPC, aplicável ao processo judicial brasileiro, segundo a qual o juiz pode admitir como verdadeiros os fatos que uma parte pretendia provar no caso de recursa injustificada à exibição de documento pela outra parte, a doutrina brasileira faz a distinção no sentido de que essa regra não contempla a consequência para a situação em que a parte não se desincumbe de um *ônus* processual, mas, mais precisamente, para a situação de descumprimento de um *dever*.[358]

356 "Consiste no encargo de assumir determinada conduta comissiva ou omissiva, conforme o caso, como condição para obter certa vantagem ou para não suportar certa desvantagem. Diferentemente do cumprimento das obrigações e dos deveres, que se realiza em benefício de outro sujeito, o cumprimento dos ônus traz um benefício àquele que os cumpre, sempre em seu próprio interesse" (Dinamarco; LOPES, *op. cit.*, 2016, p. 166).

357 Calamandrei, *op. cit.*, 1930, p. 298-299.

358 No mesmo sentido: Ataíde Junior. Jaldemiro Rodrigues de; Silva, Juliana Coelho Tavares da. Uma análise crítica do preceito cominatório, instituído no NCPC, para assegurar o cumprimento da ordem de exibição de documento. In: Didier Júnior, Fredie (Org.). *Direito probatório*. Salvador: Juspodivm, 2012, p. 650.

O ponto de equilíbrio dessa concepção da boa-fé e do dever de colaboração reside justamente em não os conceber como imperativos éticos que impõem à parte um sacrifício de seus direitos. Diferentemente, eles são concebidos sob um olhar pragmático voltado aos escopos do processo e ao direito à prova da outra parte eventualmente prejudicada por uma recusa da parte em produzir a prova contrária aos seus próprios interesses. Sob essa ótica, admite-se que, sob determinadas circunstâncias, recai sobre a parte o dever de produzir determinada prova mesmo que contrária aos seus interesses.

À luz dessa compreensão, esse dever também não tem sua aplicação impedida pelo princípio da não autoincriminação (*nemo tenetur se detegere*).[359] Sem prejuízo da sua incidência para não impor à parte que voluntarie ao seu oponente provas contrárias à sua posição, ele tradicionalmente convive nos sistemas processuais com o dever de cumprimento de decisões que imponham à parte, de ofício ou a requerimento de seu oponente, a produção de uma prova.

Ou seja, confirmando sua natureza de mandamento de otimização, esse princípio admite sopesamento com outros princípios que podem adquirir relevância maior em determinada situação e, assim, ser aplicado em menor grau.[360]

A aceitação da ideia de que, em determinadas situações, especialmente para privilegiar o esclarecimento dos fatos, uma parte está obrigada a produzir provas contrárias ao seu interesse, é frequentemente ilustrada com uma decisão proferida há quase um século no caso *William A. Parker (U.S.A.) vs. United Mexican States*, em que as partes buscavam resolver uma disputa envolvendo o pagamento de serviços de venda e manutenção em máquinas de escrever, alegadamente prestado por um cidadão dos Estados Unidos a órgãos do governo do México.

[359] "Há argumentos defensáveis da tradição jurídica de *civil law* no sentido de que uma parte nunca deveria ter que produzir provas contra seus próprios interesses e que cabe ao requerente ter provas suficientes para dar suporte à sua demanda antes de ajuizá-la. No entanto, esta não é a norma dominante na prática arbitral moderna" (tradução nossa). No original: "*There are tenable arguments from the civilian legal tradition to the effect that a party should never have to produce evidence against interest and that it is for a claimant to have sufficient evidence to support a case before bringing it. Nevertheless, this is not the dominant norm in modern arbitral practice*" (WAINCYMER, *op. cit.*, 2012, p. 776).

[360] ALEXY, Robert. *Teoria dos Direitos Fundamentais*. São Paulo: Malheiros, 2008, p. 90-94.

Em decisão interlocutória proferida em 31 de março de 1926, os árbitros que compunham a *General Claims Commission* para solução de disputas envolvendo os dois países registraram sua confiança em que as partes produziriam todas as provas que estivessem ao seu alcance, independentemente do efeito que elas pudessem ter no caso, e advertiram que, caso provas relevantes para o convencimento dos árbitros não fossem apresentadas sem justificativa, essa conduta seria levada em consideração pela Comissão na prolação de sua decisão.

Nos Princípios ALI/UNIDROIT sobre Processo Civil Transnacional – aplicáveis à arbitragem na medida em que não conflitem com especificidades desta –, o artigo 16.2 prevê que, "mediante solicitação oportuna de uma parte, o tribunal deve ordenar a divulgação de provas relevantes, não privilegiadas e razoavelmente identificadas na posse ou controle de outra parte ou, se necessário e em termos justos, de um terceiro. Não é considerado fundamento para uma objeção a tal divulgação o fato de a prova ser adversa para a parte ou pessoa que deve fazer a divulgação".[361]

No processo judicial, a compatibilização entre esse princípio e o dever de colaboração é inclusive prevista expressamente no CPC, que, em seu artigo 379, prevê que "[p]reservado o direito de não produzir prova contra si própria, incumbe à parte", "comparecer em juízo, respondendo ao que lhe for interrogado"; "colaborar com o juízo na realização de inspeção judicial que for considerada necessária"; e "praticar o ato que lhe for determinado").

No processo arbitral, é consenso que não se aplica como regra, mesmo na arbitragem internacional, procedimentos de *discovery* como os aplicáveis aos processos judiciais na tradição de *common law*.[362] Mas isso não significa um óbice a esse dever de cooperação. Na verdade, é amplamente admitido que o poder dos árbitros inclui a autoridade para solicitar a exibição de documentos da parte contrária, ainda que seguindo algumas limitações,[363]

361 Tradução nossa. No original: "*Upon timely request of a party, the court should order disclosure of relevant, nonprivileged, and reasonably identified evidence in the possession or control of another party or, if necessary and on just terms, of a non-party. It is not a basis of objection to such disclosure that the evidence may be adverse to the party or person making the disclosure*".

362 Born, *op. cit.*, 2021, p. 2521; Schwartz, Eric; Derains, Yves. *Guide to the ICC Rules of Arbitration*. 2ª ed. Nova York: Kluwer Law International, 2005, p. 282; Marossi, *op. cit.*, 2011, p. 516; e Abbud, *op. cit.*, 2014, p. 127.

363 Waincymer, *op. cit.*, 2012, p. 836-837; Born, *op. cit.*, 2021, p. 2508-2509; Kaufmann-Kohler, Gabrielle. Discovery in international arbitration: How much is too much? *Zeitschrift für Schiedsverfahren*, Bonn, v. 1, p. 13-21, 2004, p. 13; e O'Malley, *op. cit.*, 2009, p. 27-28.

ou seja, exigindo a especificidade, materialidade e relevância dessas provas e com vedação à *fishing expedition* (busca indeterminada de documentos) típica da prática de *discovery*.[364] Daí a popularização da organização dessa fase da instrução probatória com a utilização do chamado *Redfern schedule*,[365]-[366] e a larga aplicação das Regras da IBA sobre Produção de Provas, que regulam o tema da produção de documentos em seu artigo 3.

3.5.2. Abuso processual

Em complemento à análise acima, o exame do comportamento da parte que se recusa injustificadamente a produzir determinada prova também pode ser feito sob a ótica da natureza *abusiva* que pode assumir esse comportamento da parte.

Tal como no processo judicial – já que a atividade dos árbitros tem natureza jurisdicional (*supra*, n. 2.2.2) –, também no processo arbitral se aplica a ideia de que, a despeito da natureza contenciosa do processo e dos direitos de ação e defesa assegurados às partes, é coibido o comportamento processual que subverte a finalidade do processo. Na lição clássica de Alfredo Buzaid, é exigido das partes no exercício de seus direitos de ação e defesa "um comportamento honesto, leal e de boa-fé".[367]

Na mesma linha, Michele Taruffo lembra que não existe contradição inerente entre as garantias processuais e o abuso de direitos processuais, já que direitos garantidos podem ser utilizados pelas partes de formas incorretas e com propósitos inadequados e, assim, ser objeto de abuso. Assim, em resumo, a garantia termina quando começa o abuso.[368]

Nesse contexto, o abuso processual de uma parte não é combatido apenas porque impõe uma desvantagem à outra parte. Entende-se que as práticas dilatórias ou de resistência às ordens judiciais são negativamente

[364] Pinto, *op. cit.*, 2010, p. 14.

[365] Blackaby *et al.*, *op. cit.*, 2015, p. 67-68.

[366] Trata-se de uma planilha colaborativa para organização dos requerimentos de produção de documentos na arbitragem, normalmente dividida em colunas que permitem a individualização dos documentos, a inclusão das justificativas para sua exibição, eventuais objeções da contraparte e a decisão do tribunal arbitral.

[367] Buzaid, Alfredo. Processo e verdade no direito brasileiro. *Revista de Processo*, São Paulo, v.12, n. 47, p. 92-99, 1987, p. 95.

[368] Taruffo, Michele. Abuso de direitos processuais: comparativos de lealdade processual (relatório geral). *Revista de Processo*, São Paulo, v. 34, n. 177, p. 153-184, 2009, p. 164-165.

consideradas em si mesmas, como um empecilho ao funcionamento eficiente da Justiça.[369]

Assim, é um princípio comum a muitos ordenamentos jurídicos a proibição a condutas abusivas no processo, princípio este aplicável à arbitragem independentemente de sua sede ou da lei aplicável.[370]

A preocupação com a coibição desse tipo de comportamento aparece na arbitragem muitas vezes traduzida como combate às chamadas "táticas de guerrilha". Como observa Michael Hwang S.C., responsável pela difusão desse termo, as partes que adotam essas táticas não estão interessadas em jogar o jogo conforme as regras, geralmente porque têm um direito ruim. Logo, sua estratégia é explorar as regras processuais em seu interesse próprio, tentando adiar a produção de provas e, ao final, tornar o processo inefetivo.[371]

Esse tipo de comportamento pode encontrar terreno especialmente fértil na arbitragem na medida em que a conduta dos árbitros – preocupados em evitar que a sentença arbitral seja alvo de pedidos de anulação – acabe pautada por uma preocupação desmedida em não limitar os direitos de ação e defesa das partes.[372] Esse fenômeno, largamente conhecido como *due process paranoia*,[373] leva os árbitros a deixarem de agir com mais firmeza em determinadas situações que podem atrasar o processo e torná-lo mais custoso.

A doutrina lista como abusivos, e até exemplos dessas "táticas de guerrilha", determinados comportamentos das partes relacionados à sua participação na produção de provas.

[369] TARUFFO, *op. cit.*, 2009, p. 167.

[370] GAILLARD, Emmanuel. Abuse of Process in International Arbitration. *ICSID Review – Foreign Investment Law Journal*, Oxford, v. 32, n. 1, p. 17-37, 2017, p. 18.

[371] HWANG, Michael. Why is There Still Resistance to Arbitration in Asia? *Table Talk. Luchtime addresses The International Arbitration Club*, Nova York, p. 4-15, 2007, p. 4; e COELHO, Eleonora. As Táticas de Guerrilha e a Ética na Arbitragem Internacional. *Revista Brasileira da Advocacia (RBA)*, São Paulo, n. 5, p. 35-55, 2017, p. 36.

[372] "A ausência de regras procedimentais pré-estabelecidas muitas vezes cria no tribunal arbitral grande preocupação e excesso de zelo com o respeito o devido processo legal, de modo a garantir a eficácia e integridade do procedimento da sentença arbitra[l]. Entretanto, tal cuidado excessivo gera o risco e abuso por partes mal-intencionadas com o intuito de tumultuar o procedimento e adiar a prolação da sentença" (COELHO, *op. cit.*, 2017, p. 38).

[373] QUEEN MARY UNIVERSITY OF LONDON; WHITE & CASE LLP, *op. cit.*, 2015. A pesquisa de 2018 também apontou o fenômeno como uma causa para a ineficiência da arbitragem: QUEEN MARY UNIVERSITY OF LONDON; WHITE & CASE LLP, *op. cit.*, 2018.

Assim são considerados, por exemplo: (i) o descumprimento em geral das determinações do tribunal arbitral; (ii) a resistência na exibição de documentos sob múltiplas alegações que não refletem a realidade, como a suposta dificuldade logística na produção da prova, o volume de documentos, a falta de recursos humanos e financeiros para organizar sua exibição etc.;[374] (iii) a apresentação de documentos falsos na arbitragem ou a ocultação deliberada da existência de documentos essenciais para a solução da disputa sob a falsa justificativa, dada após sua exibição ser determinada pelo tribunal arbitral, de que esses documentos teriam sido destruídos;[375] e (iv) a tentativa de uma parte de impedir que seu oponente obtenha ou use uma prova importante, ocultando ou destruindo a fonte de prova ou deliberadamente obstruindo seu uso.[376]

Nesses casos, esse comportamento da parte leva a um *desvio de finalidade* – traço inerente ao abuso da conduta processual[377] –, tanto porque a parte busca desvirtuar elemento central para a realização dos escopos do processo, que é a instrução probatória, como porque o faz com base em finalidades impróprias (ocultação da verdade).

À luz desses parâmetros, a conduta da parte que deixa de cumprir uma decisão que impõe a produção de uma prova pode ser considerada uma violação aos parâmetros da boa-fé processual esperada das partes na arbitragem, uma afronta ao dever de cooperação que delas é exigido especialmente na fase da produção de provas, e até um ato de abuso processual. O próximo tópico percorre os caminhos à disposição do árbitro à luz de uma postura que assim possa ser classificada.

3.5.3. Alternativas à disposição do árbitro diante da recusa da parte à produção da prova

Diante da recusa da parte em cumprir uma decisão que lhe imponha a produção de uma prova contrária aos seus interesses, abrem-se para os árbitros alguns caminhos para fazer cessar o descumprimento dessa determinação, contornar essa resistência com o apoio do Poder Judiciário e/ou

374 HWANG, *op. cit.*, 2007, p. 5-6.

375 HANOTIAU, Bernard. Quand l'arbitrage s'en va-t-en guerre: les pertubations par l'Etat de la procédure arbitrale. *Revue de l'arbitrage*, Paris, n. 3, p. 805-826, 2003, p. 806.

376 TARUFFO, *op. cit.*, 2009, p. 170-171.

377 ABDO, Helena Najjar. *O Abuso do Processo*. São Paulo: Editora Revista dos Tribunais, 2007, p. 88-89.

penalizar o comportamento da parte que oferece essa resistência. A análise é relevante porque, como observa André de Albuquerque Cavalcanti Abbud, "os árbitros não têm poder de *imperium*, e, portanto, não podem obter *manu militari* a produção da prova que a parte se recusa a trazer".[378]

Vale desde já esclarecer que a extração de inferências adversas é um dos caminhos possíveis – e um dos mais relevantes[379] – a ser seguido pelos árbitros diante de uma situação de resistência injustificada à produção da prova. Ainda assim, fica a análise específica do tema reservada para o próximo capítulo (*infra*, n. 4), já especificamente com o propósito de sistematização que motiva este trabalho.

Estabelecida essa premissa, cumpre examinar quais seriam esses outros caminhos que, em adição à possibilidade de extração de inferências adversas, o árbitro pode trilhar diante do comportamento da parte que, tendo plenas condições de trazer uma fonte de prova para exame, deixa de fazê-lo sem justificativa legítima.

Um traço comum a qualquer dessas medidas é que essa resistência deve ser *injustificada*. A parte deve ter condições de oferecer a prova, mas resiste em fazê-lo sem razão legítima para tanto. Os critérios para classificação de um comportamento como esse como injustificado ou não serão analisados em mais detalhes no item 4.7.9 *infra* sob a ótica específica da extração de inferências adversas. As mesmas balizas se aplicam para a verificação aqui considerada.

Sob a ótica das sanções pecuniárias, os árbitros podem, a fim de vencer a resistência da parte na produção da prova, impor multa processual (*astreintes*) à parte que manifesta esse comportamento obstrutivo.[380] Não se trata de um poder usualmente previsto nas legislações nacionais aplicáveis à arbitragem, sendo a legislação francesa uma conhecida exceção.[381] A lei sueca inclusive proíbe expressamente a cominação de penalidades dessa natureza no contexto da instrução probatória na arbitragem.[382]

[378] ABBUD, *op. cit.*, 2014, p. 152.

[379] MCDOUGALL, Andrew de Lotbiniere; BOUCHARDIE, Nicolas. How International Arbitral Tribunals Establish the Facts of a Case through Documentary Evidence. *International Business Law Journal*, Mytholmroyd, n. 4, p. 509-522, 2008, p. 517.

[380] MCDOUGALL, *op. cit.*, 2008, p. 517.

[381] Artigo 1467 do *Code de Procédure Civile*.

[382] Artigo 25 ("*The arbitrators may not administer oaths or truth affirmations. Nor may they impose conditional fines or otherwise use compulsory measures in order to obtain requested evidence*").

Embora a lei brasileira não preveja expressamente a possibilidade de cominação dessa multa (e porque tampouco prevê qualquer proibição ao seu uso), pode-se concluir que ela decorre naturalmente da natureza jurisdicional da atividade desempenhada pelo árbitro[383] e dos consequentes poderes de direção e gerenciamento do processo atribuídos ao árbitro. Assim, ausente qualquer disposição limitadora na convenção arbitral, os árbitros estariam autorizados a aplicar penalidades dessa natureza a despeito do silêncio da Lei Brasileira de Arbitragem.[384]-[385]

Por outro lado, a Lei Brasileira de Arbitragem prevê expressamente a possibilidade de condenação das partes em multa por litigância de má-fé. A respeito, o artigo 27 dispõe: "*a sentença arbitral decidirá sobre a responsabilidade das partes acerca das custas e despesas com a arbitragem, bem como sobre verba decorrente de litigância de má-fé, se for o caso, respeitadas as disposições da convenção de arbitragem, se houver*".

Carlos Alberto Carmona observa que a aplicação dessa penalidade independe de pedido da parte ou autorização na convenção arbitral, e pode se dar tanto para penalizar o abuso do direito de demandar como o comportamento escuso durante o processo. O autor também ressalta que a verificação sobre a existência ou não de uma conduta maliciosa da parte deve ser feita à luz das circunstâncias concretas do caso, mas as regras do CPC podem servir de referência para essa análise.[386]

Nessa mesma linha, ementa de sentença arbitral divulgada no Ementário da CAM-B3 registrou o entendimento dos árbitros, no caso correspondente, de que não caberia a condenação em litigância de má-fé porque não teriam sido verificadas as hipóteses previstas nos artigos 79 e 80 do CPC, cujos conceitos foram utilizados como base para fundamentação da decisão a despeito de reconhecida a inaplicabilidade desse diploma à arbitragem.[387]-[388]

[383] DELUIGGI, *op. cit.*, 2010, p. 150.

[384] Sobre a irrelevância da falta do poder de império dos árbitros para o reconhecimento desse poder, cf.: GAILLARD; SAVAGE, *op. cit.*, 1999, p. 696-698.

[385] Para entendimento em sentido contrário, cf.: BORCHARDT, Bernardo. OHLROGGE, Leonardo. Aspectos práticos sobre pedidos de exibição de documentos em arbitragens internacionais à luz das regras da IBA. *Revista Brasileira de Arbitragem*, São Paulo, vol. 18, n. 70, abr-jun./2021, p. 46-78, 2021, p. 74.

[386] CARMONA, *op. cit.*, 2009, p. 375.

[387] CÂMARA DE ARBITRAGEM DO MERCADO. *Ementário*. 4ª ed. São Paulo, 2021.

[388] No sentido de que as mesmas condutas que dão causa à litigância de má-fé nas ações que tramitam no Poder Judiciário se aplicam ao processo arbitral, cf. BASSO, *op. cit.*, 2016, p. 423-424.

Ao menos pela percepção dos atuantes na arbitragem nacional, a previsão legislativa expressa no artigo 27 da Lei Brasileira de Arbitragem não tem sido suficiente para assegurar que os árbitros façam uso dessa ferramenta. Como aponta a pesquisa recente coordenada pelo CBAr sobre a arbitragem no Brasil (já citada *supra*, n. 2.1), 57% dos entrevistados consideram que os árbitros nem sempre aplicam sanções (como a multa por litigância de má-fé) às partes quando necessário. Hermes Marcelo Huck também observa que, "na experiência arbitral brasileira tem sido pouco utilizada a punição ao comportamento de má-fé processual".[389]-[390]

Ainda dentre as medidas de natureza pecuniária, os árbitros podem considerar o comportamento das partes na alocação dos custos do processo, ou seja: o árbitro pode obrigar uma parte a suportar integralmente ou em maior proporção os custos com honorários de árbitro, peritos, administração do processo pela câmara arbitral *etc.*[391]

A medida não tem previsão expressa na Lei Brasileira de Arbitragem, que, como visto, dispõe no artigo 27 apenas que "*a sentença arbitral decidirá sobre a responsabilidade das partes acerca das custas e despesas com a arbitragem* [...]".

Como adiantado, nas Regras da IBA sobre Produção de Provas, o artigo 9(8)[392] prevê que, caso uma parte não aja de boa-fé na produção de provas, essa falha pode ser levada em consideração na atribuição dos custos decorrentes da produção de provas ou a ela relacionados. Um exemplo para a aplicação dessa técnica seria a hipótese em que uma parte formula um pedido excessivo de produção de documentos.[393] Mas a redação do

[389] Huck, Hermes Marcelo. As Táticas de Guerrilha na Arbitragem. In: Carmona; Lemes; Martins, *op. cit.*, 2017, p. 309.

[390] No cenário internacional, pesquisa realizada pela Queen Mary University of London e pelo escritório White & Case LLP em 2018 também indica que uma crítica frequente à arbitragem é a falta de sanção efetiva, pelos árbitros, a táticas dilatórias empregadas pelas partes. Cf. QUEEN MARY UNIVERSITY OF LONDON; WHITE & CASE LLP, *op. cit.*, 2018.

[391] Swerdloff, Nicolas; Elul, Hagit Muriel; Baum, Andreas. "Arbitrators" Power to Sanction Non-Compliance in Discovery in International Commercial Arbitration". In: Berg, *op. cit.*, 2015, p. 231; Borchardt; Ohlrogge, *op. cit.*, 2021, p. 75; e Abbud, *op. cit.*, 2014, p. 155-156.

[392] "Se o Tribunal Arbitral determinar que uma Parte não agiu de boa fé na produção de provas, o Tribunal Arbitral poderá, além de quaisquer outras medidas disponíveis conforme estas Regras, levar essa falha em consideração na sua atribuição dos custos da arbitragem, incluindo os custos decorrentes da produção de provas ou a ela relacionados".

[393] Ashford, Peter. *IBA Rules on the Taking Evidence in International Arbitration*: a guide. Cambridge: Cambridge University, 2013, p. 167.

dispositivo em questão parece confirmar a possibilidade de combinação dessa alocação de custos com outras medidas, como a própria extração de inferências adversas.

Ainda nos instrumentos de *soft law*, essa alocação de custos é prevista nas Técnicas para Controle de Tempo e Custos na Arbitragem divulgadas pela ICC. Além de recomendar que os árbitros advirtam as partes no início do processo quanto à sua intenção de aplicar essa técnica, o documento lista as seguintes situações como exemplos de comportamento não razoável passível de punição: (i) pedidos excessivos de exibição de documentos; (ii) excessiva argumentação legal; (iii) excesso no exame cruzado de testemunhas; (iv) táticas dilatórias; (v) pedidos exagerados; (vi) falha no cumprimento de decisões; (vii) pedidos injustificados de tutelas provisórias; e (viii) descumprimento injustificado do cronograma processual.[394] O Regulamento de Arbitragem da ICC também prevê a medida em seu artigo 38(5).[395] Outros regulamentos de instituições arbitrais têm disposições semelhantes.[396]

Especialmente porque essa solução não encontra correspondente direto na teoria geral do processo – em que a responsabilidade da parte pelas custas, despesas e honorários é normalmente determinada pelos princípios da causalidade de sucumbência – sua aplicação na arbitragem à luz da lei brasileira, em um cenário em que não haja a incidência de regras prevendo a medida (no regulamento da câmara arbitral, por exemplo), recomenda que as partes sejam advertidas quanto à intenção do tribunal arbitral de levar em consideração o seu comportamento na alocação dos custos do processo e tenham a chance de, no exercício do contraditório, debater a maneira como entendem adequada para realização dessa alocação.

Além disso, o árbitro deve considerar eventuais disposições acordadas pelas partes quanto aos critérios a serem observados na alocação final dos custos do processo, já que esse é um tema frequentemente regulado nas convenções arbitrais.

394 ICC. *ICC Commission Report. Controlling Time and Costs in Arbitration*. Paris, 2018, p. 15, § 82.

395 "Ao tomar decisões relativas a custos, o tribunal arbitral deverá considerar quaisquer circunstâncias que entenda relevantes, inclusive em que medida cada parte conduziu a arbitragem de uma forma expedita e eficiente quanto aos custos".

396 Por exemplo: Regulamento de Arbitragem do LCIA, artigo 28(4); Regras de Arbitragem Comercial da AAA, Rule 23-d; Regulamento de Arbitragem da *Stockholm Chamber of Commerce* (SCC), artigo 49(6).

Embora relevantes, a aplicação de sanções de natureza pecuniária pode ser ineficaz nos casos em que a parte contra quem elas pesarão avalie que a produção da prova aos autos teria um resultado mais danoso para si do que a perda financeira decorrente da aplicação dessas sanções. Nesses casos, a técnica de extração de inferências adversas é especialmente relevante, já que coloca em jogo as próprias chances de vitória da parte que pretende se valer de um comportamento abusivo na instrução probatória para impedir a elucidação dos fatos (*infra*, n. 4.2).

Por fim, em uma situação de recusa injustificada da parte na produção de determinada prova, os árbitros podem buscar a cooperação da justiça estatal para ter acesso à fonte de prova em questão. Como adiantado (*supra*, n. 3.3), a cooperação se dá pela via de carta arbitral, prevista no artigo 22-C da Lei Brasileira de Arbitragem.

Nesse passo, a sede da arbitragem e o local em que se situarem as fontes de prova podem ter enorme relevância prática.[397] No caso em que o tribunal arbitral solicita esse apoio via carta arbitral ao Poder Judiciário brasileiro, mas as fontes de prova encontram-se em outro país, a medida pode se mostrar ineficiente em termos de tempo e custo,[398] mesmo assumindo a possibilidade de ato de cooperação adicional entre as cortes estatais dos dois países via carta rogatória. Nesse sentido, Gary Born[399] observa que, mesmo para os países signatários da Convenção da Haia sobre a Obtenção de Provas no Estrangeiro em Matéria Civil ou Comercial (Decreto 9039, de 27 de abril de 2017), é difícil conceber a possibilidade de acionamento direto do judiciário do país em que se localizam as provas valendo-se do trâmite próprio da Convenção. Isso porque seu texto é expresso vedar sua utilização para "obter meios de prova que não sejam destinados a ser utilizados em processo judicial já iniciado ou que se pretenda iniciar" (art. 1º).

Recentemente, a decisão proferida pela Suprema Corte dos Estados Unidos no caso *ZF Automotive US, Inc. v. Luxshare, Ltd.* criou um obstáculo para a cooperação internacional na produção de provas cujas fontes estejam nos Estados Unidos e sejam destinadas a processos arbitrais com sede em outros países. A comentada decisão, proferida em 13 de junho de 2022,

[397] Blackaby *et al.*, *op. cit.*, 2015, p. 310-311; Derains, Yves. Towards Greater Efficiency in Document Production Before Arbitral Tribunals, a Continental Viewpoint. *Document Production in International Arbitration*, Paris, suplemento especial, p. 83-91, 2006.

[398] Waincymer, *op. cit.*, 2012, p. 879-880.

[399] Cf. Born, *op. cit.*, 2021, p. 2599-2600

dirimiu antiga divergência jurisprudencial sobre a aplicação da seção 1782 do título 28 do *US Code* para produção de provas requeridas por tribunais arbitrais internacionais decidindo de forma unânime pela impossibilidade de aplicação desse dispositivo legal para que as cortes distritais produzam sejam diretamente acionadas para produção de provas determinadas por tribunais arbitrais estrangeiros. Na prática, a decisão dificulta não apenas o acesso de tribunais arbitrais estrangeiros às técnicas de produção de provas próprias da *discovery*, mas também às fontes de prova que estejam em território americano.

Os entraves práticos à adoção dessa medida corroboram a relevância das inferências adversas como uma ferramenta para contornar a resistência da parte ao cumprimento de decisão que lhe determine a produção de uma prova.

Os árbitros devem avaliar à luz das especificidades do caso concreto quais os remédios à sua disposição para contornar a resistência da parte na produção de provas. Medidas como a advertência quanto ao uso dessas ferramentas ou a sua utilização de forma gradual (por exemplo, a imposição de *astreintes*, seguida da advertência quanto à possibilidade de extração de inferências adversas e assim por diante) podem levar ao resultado desejado, ou seja, à superação dessa resistência injustificada, com a produção da prova tida como relevante pelos árbitros.

Os árbitros também podem cumular essas medidas conforme a resistência da parte demande, sempre atentando para o contraditório e a proporcionalidade das medidas aplicadas.

Analisadas em conjunto, todas essas medidas buscam conduzir o processo rumo ao esclarecimento dos fatos controvertidos, evitando que a solução da demanda seja alcançada com base na aplicação do ônus da prova como regra de julgamento.[400]

[400] "[O] emprego desse experiente consistente em valer-se da regra de julgamento como fundamento para decidir deve ser reservado para os casos extremos, nos quais a parte onerada não prove o que alegou e também as diligências determinadas pelo árbitro hajam sido improdutivas" (Dinamarco, *op. cit.*, 2013, p. 163).

4
INFERÊNCIAS ADVERSAS: PROPOSTA DE SISTEMATIZAÇÃO

4.1. Por que sistematizar?

O item anterior adiantou a demonstração de que, diante do cenário indesejável em que a produção probatória é afetada pela resistência de uma das partes, a extração de inferências adversas a partir desse comportamento pode ser concebida como uma ferramenta importante a ser utilizada pelos árbitros.

Entre a constatação desse problema e a compreensão das condições nas quais essa ferramenta pode ser utilizada, no entanto, pende uma série de questionamentos. O objetivo deste trabalho é precisamente fornecer subsídios para respondê-los. Para tanto, à luz de tudo o que foi analisado nos itens anteriores, este capítulo 4 se dedica a sistematizar o tema da atribuição de valor probatório ao comportamento da parte na arbitragem mediante a utilização da técnica de extração de inferências negativas.

Em síntese, o trabalho de sistematização aqui realizado buscará essencialmente, após detalhar a relevância da atribuição de valor probatório ao comportamento da parte (*infra*, n. 4.2): (i) discutir a natureza jurídica das inferências adversas extraídas a partir do comportamento processual da parte (*infra*, n. 4.3); (ii) examinar o campo de aplicação dessa técnica (*infra*, n. 4.4); (iii) analisar a fonte dos poderes dos árbitros para essa atribuição de valor probatório ao comportamento da parte (*infra*, n. 4.5); (iv) analisar a compatibilidade dessa técnica com a lei brasileira (*infra*, n. 4.6); e (v) detalhar as condições para a utilização dessa ferramenta (*infra*, n. 4.7). Ao final, serão analisados alguns desafios e limitações inerentes à técnica de extração de inferências adversas a partir do comportamento processual da parte, tanto sob a ótica de aplicação do instituto quanto sob do impacto da inferência adversa no convencimento do julgador no contexto da valoração das provas (*infra*, n. 4.8).

O esforço de sistematização de um tema relacionado à produção de prova na arbitragem pode suscitar questionamentos relacionados à peculiaridade de ser o processo arbitral um processo flexível e, por essência, pouco regulado (*supra*, n. 2 e n. 3). Pode-se questionar, nesse sentido, se a proposta de um rol de requisitos para a extração de inferências negativas iria na contramão dessa essência, limitando a liberdade dos árbitros em um tema estreitamente relacionado às prerrogativas do julgador de livre convencimento e apreciação da prova.

Essa limitação ignoraria que a evolução dos temas relacionados à prova se distanciou da ideia de que os fatos relevantes para o caso só poderiam ser provados de uma maneira previamente determinada, o que reforçaria o descabimento de um tratamento diferenciado para o valor probatório da conduta da parte.[401] Ademais, o estabelecimento de requisitos muito restritivos para a extração de inferências negativas poderia acabar funcionando como um incentivo para que as partes descumprissem injustificadamente ordens de produção de prova.[402]

Não obstante a relevância dessas preocupações, pelo menos duas razões justificam que esse esforço seja levado adiante.

A primeira delas é o escopo da sistematização aqui realizada. De fato, não se pretende propor uma lista de requisitos que simplesmente restrinjam o poder dos árbitros para extração de inferências negativas. A análise realizada nos tópicos seguintes é mais ampla e compreende, primeiramente, a discussão sobre a natureza do instituto, seu campo de aplicação, as fontes dos poderes dos árbitros para sua aplicação e sua compatibilidade com a lei brasileira.

E mesmo a análise das condições nas quais essa técnica poder ser utilizada (*infra*, n. 4.7) (i) parte da avaliação de requisitos já empregados na prática e/ou debatidos pela doutrina – agora examinados especificamente

[401] NILSSON, Bo G. H. Negative Inferences: an Arbitral Tribunal's Powers to Draw Adverse Conclusions from a Party's Failure to Comply with the Tribunal's Orders. In: HOBÉR, Kaj I.; MAGNUSSON, Annette; Öhrström, Marie (Orgs.). *Between East and West*: Essays in honour of Ulf Franke. Huntington: Juris, 2010, p. 365.

[402] MARGHITOLA, Reto. *Document production in international arbitration*. Nova Yotk: Wolters Kluwer, 2015, p. 177.

à luz da lei brasileira; e (ii) busca contribuir para a consolidação de um cenário em que a adoção dessa técnica possa se desenvolver ainda mais e ter seu valioso potencial aproveitado tanto quanto possível pelos árbitros e pelas partes.

Em especial, essa sistematização não caminha rumo a alguma sugestão de que a Lei Brasileira de Arbitragem seja alterada para listar os requisitos para a extração de inferências negativas, por exemplo. Respeita-se a valoriza-se as especificidades da arbitragem na preservação da flexibilidade procedimental e na autonomia das partes com poderes supletivos dos árbitros na condução do procedimento.

A compatibilidade entre essas especificidades da arbitragem e a busca de maior segurança e padronização procedimental é confirmada pela contribuição das fontes não estatais que impactam a regulação procedimental da arbitragem (*soft law*) (*supra*, n. 2.2.3). Como destaca Nathan D. O'Malley, com a expansão contínua da utilização da arbitragem, isso vale especialmente para o campo probatório, já que há um consenso crescente no sentido de que a padronização da prática arbitral em alguma medida e a busca de maior uniformidade são desejáveis, em especial para as matérias não diretamente reguladas pelas leis locais ou pelos regulamentos de arbitragem.[403]

Nesse contexto, o objetivo deste trabalho será considerado alcançado com a evolução do debate sobre o tema no sentido de que as partes e os árbitros tenham mais clareza quanto aos parâmetros para a aplicação dessa técnica em harmonia com as garantias processuais das partes.

A segunda dessas razões é que a existência de condições mínimas para a utilização de uma técnica processual não significa necessariamente um desincentivo ao uso dessa técnica. Ainda que essas condições inevitavelmente limitem a aplicação do instituto a determinadas situações, o fazem com o propósito de *orientar* a sua aplicação, evitando arbitrariedades e excessos, e não com objetivo de tolher a autoridade dos árbitros no uso da técnica. Na prática, essas condições podem resultar em maior segurança para as partes e para o próprio julgador, *incentivando* sua maior aplicação.

Tudo indica ser esse o caso do tema sob estudo. Como adiantado, existe uma percepção generalizada de que os árbitros têm alguma reticência na

[403] O'Malley, *op. cit.*, 2019, p. 29. No mesmo sentido: O'Malley, *op. cit.*, 2019, p. 225; e Brower, *op. cit.*, 1994, p. 58.

extração de inferências negativas, em grande medida por receio de que a medida possa comprometer a higidez da sentença arbitral ou motivar algum questionamento sobre sua validade.

Como Arif Hyder Ali bem resume,

> a falta de clareza em torno do uso de inferências adversas surge em parte porque os tribunais nem sempre fornecem as razões para extrair as inferências adversas (ou se recusar a fazê-lo), têm sido inconsistentes ao aplicá-las e geralmente preferem provas diretas ao raciocínio inferencial. Uma abordagem mais metódica para requerimentos de extração de inferências adversas poderia mitigar essas inconsistências e ambiguidades, promover maior transparência e previsibilidade [...] proporcionando assim maior certeza às partes, incentivando o cumprimento de requerimentos de produção de prova e contribuindo para o desenvolvimento uniforme de uma *lex evidentia* internacional.[404]

Nesse sentido, uma maior clareza sobre as condições mediante as quais a técnica de extração de inferências adversas deve ser aplicada contribuirá para diminuir a insegurança que os julgadores parecem ter no sentido de que o uso dessa técnica poderia ensejar pedidos de anulação da sentença arbitral sob o fundamento de violação ao devido processo.[405]

Há quase um século – no mesmo artigo citado na abertura deste trabalho (*supra*, n. 1.1), Calamandrei já observava que o enfrentamento da recusa de uma das partes em produzir determinada prova poderia se dar de dois modos: (i) por um sistema que deixa o juiz livre para avaliar, caso a caso, o significado desse comportamento da parte, avaliando se nele há indicação de veracidade dos fatos afirmados pela outra parte; e (ii) por um sistema que, com base em uma regra de prova legal fixada de antemão, estabeleça

[404] Tradução nossa. No original: "[T]*he lack of clarity surrounding the use of adverse inferences arises in part because tribunals do not always provide reasons for drawing (or refusing to draw) adverse inferences, have been inconsistent in applying and using them, and generally prefer direct evidence over inferential reasoning. A more methodical approach to requests for adverse inferences could mitigate these inconsistencies and ambiguities, promote greater transparency and predictability* [...] *thereby providing greater certainty to parties, promoting compliance with evidence production requests, and contributing to the uniform development of an international lex evidentia*" (ALI, Arif Hyder; SAINATI, Tatiana E. Adverse Inferences: a Proposed Methodology in the Light of Investment Arbitrations Involving Middle Eastern States. *BCDR International Arbitration Review*, Nova York, v. 3, n. 2, p. 293-326, 2016, p. 293).

[405] LUTTRELL, *op. cit.*, 2018, p. 294.

que, contra a parte que se recusar a produzir essa prova, automaticamente os fatos alegados pela outra parte serão considerados provados.[406]

Para referência: mesmo prevendo regra expressa sobre o tema e se valendo de uma redação mais assertiva ("o juiz admitirá como verdadeiros os fatos [...]" – artigo 400, *caput*), o CPC deixa ao julgador alguma margem de discricionariedade na avaliação da ilegitimidade da recusa da parte na exibição do documento (CPC, artigo 400, inciso II).

Na arbitragem, a despeito da percepção generalizada de que a prerrogativa de extrair inferências negativas está inserida nos poderes dos árbitros (*infra*, n. 4.5), é ainda mais clara a opção por um sistema que deixa o julgador livre para avaliar o comportamento da parte e ponderar sobre o cabimento de atribuição de algum valor probatório negativo à sua resistência em produzir determinada prova. Também nessa esfera, em geral há espaço para a avaliação discricionária do julgador ao menos para identificar se a recusa da parte em produzir a prova foi legítima ou ilegítima.[407]

Por mais que essa margem de discricionariedade deixada aos árbitros esteja alinhada à essência e às necessidades específicas da arbitragem, há espaço para (e demanda por) maior racionalidade nesse processo de avaliação do julgador sobre o comportamento da parte. De fato, ainda que o raciocínio a ser construído pelo árbitro na decisão sobre a extração ou não de uma inferência adversa seja composto por elementos objetivos e de aferição mais simples (por exemplo, a verificação de que havia uma decisão determinando a produção daquela prova – *infra*, 4.7.7), parte desse caminho a ser percorrido pelo árbitro será essencialmente uma avaliação discricionária.

Diante desse cenário, a busca de critérios racionais para essa valoração discricionária busca evitar que o caminho percorrido até a decisão final seja "uma espécie de experiência espiritual e subjetiva do julgador, da qual não se pode conhecer".[408] É justamente essa a preocupação que

[406] CALAMANDREI, *op. cit.*, 1930, p. 296.

[407] A decisão de extrair uma inferência adversa é discricionária, mas sempre sujeita a certas condições. Uma condição elementar imposta por sistemas jurídicos é que a parte contra quem a inferência adversa é buscada tenha recusado sem justificativa obedecer a uma ordem de produção da prova". No original: "*The decision to draw adverse inferences is discretionary, but always subject to certain conditions. A baseline requirement imposed across legal systems is that the party against whom the inference is sought refused without justification to obey an order to produce the evidence requested.*" (ALI; SAINATI, *op. cit.*, 2016, p. 297).

[408] TARUFFO, *op. cit.*, 2014, p. 135.

deu origem, por exemplo, aos *standards* de prova e à exigência da fundamentação das decisões.[409]

Como Michele Taruffo observa, essa busca por racionalidade é especialmente importante nas provas indiretas – como é o caso da prova resultante da extração da inferência adversa – (*infra*, n. 4.3), em que "essa valoração discricionária pode ser duvidosa, o valor probatório das circunstâncias relevantes pode ser baixo, as diversas circunstâncias podem conduzir a conclusões inconsistentes ou contraditórias e o seu valor probatório pode ser superestimado pelo julgador".[410]-[411]

Não por outra razão, é precisamente nas esferas em que há essa margem de discricionariedade do julgador – como na limitação do número de testemunhas, por exemplo – que mais reside o temor dos árbitros em relação à higidez da sentença arbitral, muitas vezes motivado por ameaças das partes e alegações no sentido de que seu direito de ação e defesa não está sendo observado.[412]

Portanto, a busca desses parâmetros para maior racionalidade do julgador na atribuição de valor probatório ao comportamento da parte se justifica inclusive para maior legitimação da decisão dos árbitros baseada em inferências adversas, e, por consequência, da própria arbitragem enquanto meio adjudicatório.[413]

[409] "Atualmente, porém, tem-se procurado resgatar a ideia de que a liberdade do convencimento judicial, não submetido a regras jurídicas predeterminadas de valoração, está sujeit[a] às regras da lógica e a certos postulados jurídicos, no sentido de afastar o subjetivismo. Se o direito tem de se haver com os fatos, porque indissociáveis das normas, há necessidade de evitar-se o arbítrio na reconstrução fática, criando mecanismos de vinculação e controle" (Knijnik, *op. cit.*, 2007, p. 16).

[410] Taruffo, *op. cit.*, 2014, p. 104.

[411] "Por conseguinte, a força racional das inferências e o valor probatório das provas circunstanciais estão ligados diretamente ao valor cognitivo e à credibilidade dos *standards* que o julgador emprega como critério para extrair inferências. A verdade do enunciado acerca do *factum probandum* é mais ou menos apoiada, e esse enunciado aparenta ser mais ou menos crível, razoável ou provável, de acordo com a credibilidade de tais standards. De qualquer modo, quando se obtém a inferência de maneira racional, essa representa o fundamento lógico das provas circunstanciais e converte um fato 'bruto' em uma circunstância de valor probatório" (Taruffo, *op. cit.*, 2014, p. 102-103).

[412] Waincymer, *op. cit.*, 2012, p. 100.

[413] "O processo de apuração de fatos não é um processo matemático, mas sim projetado para gerar aceitação da decisão como justa e equitativa; somente uma decisão aceitável projetará a norma jurídica subjacente às partes (e aos consumidores dos serviços de arbitragem em geral), afirmará o padrão comportamental da norma e dará legitimidade ao processo" (tradução

4.2. A relevância da atribuição de valor probatório ao comportamento da parte

As razões que ilustram a relevância da atribuição de valor probatório ao comportamento da parte, especificamente na extração de inferências negativas, já foram em parte adiantadas no item em que foram detalhados os motivos que justificam o estudo sobre o tema (*supra*, n. 1.3). Por isso, a fim de evitar repetições, este item se dedica especificamente a expor as razões que confirmam o valor dessa técnica à luz dos objetivos específicos do processo, isto é, com um olhar voltado mais para o processo em si.

A doutrina comumente destaca duas funções principais das inferências adversas. A primeira seria inibir o descumprimento de uma decisão impondo a produção de prova pela parte que tem controle sobre a fonte daquela prova. Ou seja, uma função da inferência adversa seria, pela mera possibilidade de sua aplicação, persuadir a parte a colaborar na produção de uma prova contrária aos seus interesses.[414]

É razoável assumir que a parte que tenha sob seu controle uma fonte de prova contrária à sua posição processual pondere os riscos de eventual resistência à produção dessa prova avaliando as chances de que esse comportamento seja valorado negativamente pela extração de uma inferência adversa.

Esse efeito persuasivo será tanto maior quanto mais clara for, para a parte recalcitrante, a possibilidade concreta de que uma inferência adversa seja extraída de seu comportamento.[415] Assim, quanto mais abertamente os árbitros lidarem com o tema, especialmente alertando as partes sobre essa consequência para o seu comportamento, mais pressionada a parte se sentirá a cumprir a determinação de produção da prova.[416] Sob esse ângulo,

nossa). No original: "*The fact-finding process is not a mathematical process, but rather is one designed to generate acceptance of the decision as fair and equitable; only an acceptable decision will project the underlying legal rule to the parties (and consumers of arbitration services generally), affirm the rule's behavioural norm and give the process legitimacy*" (Smith; Nadeau-Séguin, *op. cit.*, 2015, p. 134).

414 Kazazi, *op. cit.*, 1996, p. 322; Abbud, *op. cit.*, 2014, p. 153.

415 "*Some parties may take the view that the risk of production outweighs the risk of adverse inferences being drawn, and act accordingly. The fact is that, without the severe sanctions for incomplete disclosure imposed by the courts, it is difficult to police compliance with document production orders in international arbitration*" (Luttrell, Sam; Harris, Peter. Reinventing the Redfern. *Journal of International Arbitration*, Nova York, v. 33, n. 4, p. 353-364, 2016, p. 354-355).

416 "*However, a very important aspect of adverse inferences is their deterrent effect. In order to ensure compliance with orders in general, parties should be made to feel genuinely concerned that if they do not produce relevant documents without a properly proved, plausible excuse, then the case could turn against them for that reason. The benefit of this deterrent effect is seriously diluted if arbitrators are*

portanto, as inferências negativas funcionam como uma ferramenta de busca da verdade e gestão processual.[417]

Quando não é suficiente para prevenir a resistência da parte à produção da prova e acaba sendo efetivamente aplicada, essa técnica exerce uma segunda função importante: impedir que a parte sobre a qual recaia o ônus de provar determinado fato seja indevidamente prejudicada pela resistência injustificada da outra parte em fornecer as fontes de prova de que dependia para se desincumbir desse ônus.

Sob essa ótica, as inferências adversas contribuem para a administração da justiça e a efetividade do processo,[418]-[419] já que ajudam a parte a apresentar seu caso e a exercer plenamente seu direito à prova, desdobramento do direito de ação e aspecto essencial do devido processo legal.[420]

reputed to skirt around rather than deal head on with adverse inference issues." (GREENBERG; LAUTENSCHLAGER, *op. cit.*, 2011, p. 56); "*The mere fact that the tribunal points to the possibility of negative inferences being drawn on a particular point will clarify to the recalcitrant party that the tribunal is under the impression that compliance has been refused without good reason and so any hope on the part of the party that its reasons for non-production have been accepted must be abandoned. Sometimes the tribunal can increase the pressure by suggesting the nature of the inference that might be drawn*" (NILSSON, *op. cit.*, 2010, p. 364).

417 "*Firstly, it is a truth-seeking instrument for (indirect and circumstantial) evidence gathering to apply where a party fails to provide requested documents, information or testimonies. Secondly, it is also a tool of process management based on the parties' obligation of good faith participation in arbitration, generally inciting parties to refrain from unreasonable or unresponsive behaviour, thus making the arbitration procedurally more effective. In both instances, adverse inference may help the arbitrators to decide a case even though a party refuses to cooperate, is neglectful or absent*" (DUBOVSKÝ, Miroslav; TRCHALÍKOVÁ, Pavlína. Adverse inferences drawn in international arbitration under the Prague Rules. *Revista Română de Arbitraj*. Bucareste, n. 2, p. 22-37, 2019, p. 30).

418 "A inferência adversa atua, portanto, como uma contenção para o descumprimento de uma ordem do tribunal e contribui para a administração da justiça, permitindo que uma parte apresente plenamente seu caso quando a prova for retida pela outra parte" (tradução nossa). No original: "*The adverse inference thus acts as a restraint to non-compliance with a tribunal's order and contributes to the administration of justice by permitting a party to fully present its case when evidence is withheld by the other party*" (BAGNARU, Alina Mioara Cobuz. Adverse inferences in ICSID arbitration. A practical approach. In: BĚLOHLAVEK, Alexander J.; ROZEHNALOVA, Naděžda (Orgs.). *Czech (& Central European) Yearbook of Arbitration*. Haia: Lex Lata, 2021, v. XI, p. 10).

419 "Inferências adversas ajudam assim a aumentar a eficácia e a justiça da arbitragem internacional" (tradução nossa). No original: "*Adverse inferences thus help to ensure the efficacy, as well as the fairness, of international arbitration.*" (MAROSSI, *op. cit.*, 2011, p. 529).

420 "Por conseguinte, o direito de apresentar todas as provas relevantes ao seu alcance é um aspecto essencial do direito ao devido processo e deve ser reconhecido como pertencente às garantias fundamentais das partes" (TARUFFO, *op. cit.*, 2014, p. 54).

Nesse sentido, assegurar o direito de ação é garantir acesso ao devido processo legal e permitir às partes a possibilidade de ampla participação na formação do convencimento do juiz, o que implica a produção das provas destinadas à demonstração dos fatos controvertidos, ou seja, não limitando o tratamento do tema ao ângulo do ônus.[421]

Especificamente na arbitragem, contudo, as inferências negativas assumem um papel adicional muito valioso, relacionado à falta de poder de império dos árbitros. Isso significa que, no caso concreto, embora tenham de um modo geral plena autoridade para ordenar que as partes produzam determinada prova, os árbitros não têm poderes coercitivos para impor sozinhos essa produção.[422]

Na arbitragem internacional, essa limitação pode ter um impacto ainda maior quando a fonte dessa prova esteja fora da sede da arbitragem.[423] Nesses casos, mesmo contando com a cooperação do juízo estatal da sede – competente, como regra, para tanto (*supra*, n. 2.2.2) – a complexidade e o tempo exigido para que esses atos de cooperação judiciária (entre árbitro e Poder Judiciário e entre jurisdições diferentes) podem representar um obstáculo adicional para a parte que depende do acesso a essas fontes para se desincumbir de seu ônus da prova (*supra*, n. 4.7.1).

Como observa Jeffrey Waincymer,

> a assistência das cortes estatais pode estar disponível, mas depende de questões jurisdicionais e poderes discricionários que variam de país para país e podem ser afetados pela escolha da sede e localização dos documentos e dos proprietários dos documentos. [...] Mesmo se disponível, a assistência das cortes estatais pode ser impraticável em termos de atraso e custo adicional, especialmente se a demora na busca dessa assistência atender aos interesses estratégicos da parte que recusa a produção da prova. Outra dificuldade é saber se determinada corte estatal tem controle prático sobre pessoas e documentos e saber com antecedência a provável atitude dos juízes desse tribunal.[424]

[421] Bedaque, *op. cit.*, 2013, p. 26-27.

[422] "O poder do árbitro só se configura como capacidade de decidir com eficácia vinculante para as partes, sem dispor do *imperium* exclusivo dos agentes estatais e sem ter a capacidade de impor decisões (ou seja, de executar ou efetivar medidas constritivas); mas, nessa medida, é poder e jurisdição." (Dinamarco, *op. cit.*, 2013, p. 47).

[423] Blackaby *et al.*, *op. cit.*, 2015, p. 393-394.

[424] Tradução nossa. Waincymer, *op. cit.*, 2012, p. 779-880.

Essa circunstância é apontada pela doutrina inclusive como um fator adicional possivelmente considerado pela parte com controle sobre a fonte de prova desfavorável aos seus interesses, na avaliação dos riscos relacionados a eventual descumprimento de uma decisão determinando a produção de provas.[425]

Por isso, tratando-se do processo arbitral, as inferências negativas ganham uma relevância especial, já que despontam como uma ferramenta à disposição dos árbitros para compensar a limitação dos seus poderes na imposição de uma decisão que determine a produção de provas.[426] Destaca-se, nesse sentido, o fato de se tratar de uma medida "auto exequível", que não gera por si só nenhum custo adicional.[427]

Por fim, dada essa ausência de poder de império dos árbitros, a relevância das inferências negativas na arbitragem é reforçada pela insuficiência potencial das outras ferramentas à disposição deles para impor suas decisões.

Ao ponderar os prós e contras de eventual resistência injustificada a uma decisão impondo a exibição de documentos, por exemplo, uma parte pode considerar que o pagamento das custas do processo ou de uma multa por descumprimento de ordem judicial pode ser menos danoso à sua posição que o resultado da produção de uma prova sob seu controle.

Em um cenário como esse, se essa parte não tiver razões para incluir nessa avaliação o risco concreto de extração de inferências negativas a partir de seu comportamento, a imposição dessas sanções pode ser irrelevante, sobretudo para resolver o problema da parte cujo direito de ação fica prejudicado por essa postura.[428]

[425] BROCK, Denis Gareth; FELDMAN, Laura. Recent Trends in the Conduct of Arbitrations. *Journal of International Arbitration, Nova York, v. 30, n. 2, p. 177-193, 2013*, p. 190; e SOURGENS, Frédéric G; DUGGAL, Kabir; LAIRD, Ian A. *Evidence in International Investment Arbitration*. Oxford: Oxford University, 2018, p. 162-163.

[426] BLACKABY *et al.*, *op. cit.*, 2015, p. 310; BEDROSYAN, *op. cit.*, 2016, p. 241; CREMADES, Bernardo M. Powers of the Arbitrators to Decide on the Admissibility of Evidence and to Organize the Production of Evidence. ICC *International Court of Arbitration Bulletin*, Paris, n. 1, p. 40-56, 1999; MANGE, *op. cit.*, 2014, p. 182; e HANOTIAU, *op. cit.*, 2003, p. 809.

[427] HOSANG, Alain F. Adverse Inferences as a Consequence of the Non-Production of Documents According to the 2010 IBA Rules of Evidence in International Commercial Arbitration. In: BÜCHLER, Andrea; MÜLLER-CHEN, Markus (Orgs.). *Private Law*: National, Global, Comparative: Festschrift Für Ingeborg Schwenzer Zum 60. Geburtstag. Bern: Intersentia, 2011, p. 803-805.

[428] MAVROMATI, *op. cit.*, 2019, p. 209; GREENBERG; LAUTENSCHLAGER, *op. cit.*, 2011, p. 44.

4.3. Inferências adversas: conceito e natureza jurídica

A múltipla utilidade da técnica de extração de inferências a partir do comportamento processual da parte (*supra*, n. 4.2) se reflete no trabalho de classificação desse instituto. Por isso, em alguns casos, essa técnica é referida como uma ferramenta de sanção à disposição do árbitro, casos em que se confere ênfase ao efeito punitivo que ela inevitavelmente tem sobre a parte que impõe obstáculos injustificados à produção da prova. Em outros casos, as inferências negativas são descritas como uma técnica de inversão do ônus da prova.

Contudo, a análise detida do instituto leva à conclusão de que a aplicação dessa técnica envolve, a partir de um raciocínio próprio da construção de presunções simples, humanas ou judiciais, a obtenção de uma prova indireta.

Como se sabe, diferentemente das presunções legais, em que a inferência sobre um fato desconhecido é imposta pelo legislador ao julgador, as presunções simples são consequência de um processo psicológico realizado por este.[429]

Como também se sabe, essa operação mental realizada pelo julgador até se convencer da existência ou inexistência de um fato até então desconhecido toma como ponto de partida um fato conhecido e certo (o indício ou fato indiciário).[430]

A presunção ou inferência que o julgador faz sobre a ocorrência do fato probando é norteada por conhecimentos gerais, universalmente aceitos, seja sob a forma de experiência, seja sob a forma de observação ou princípio científico.[431] Esses critérios cognoscitivos abrangem uma esfera ampla e indefinida de proposições e são comumente chamados de *máximas da experiência*.[432]

Na extração das inferências adversas, o julgador segue esse mesmo caminho. Se conceituada sem maior detalhamento, essa técnica consiste no estabelecimento de uma conclusão negativa pelo julgador a partir da recusa da parte em produzir uma prova que esteja sob seu controle.[433]

429 Oliveira, Carlos Alberto Alvaro de. Presunções e ficções no direito probatório. *Revista de Processo*, São Paulo, v. 36, n. 196, p.13-20, 2011, p. 18-19.

430 Santos, Moacyr Amaral. *Prova Judiciária no cível e comercial*. 2ª ed. São Paulo: Max Limonad, 1955, v. V, p. 336.

431 Santos, *op. cit.*, 1955, v. V, p. 343.

432 Cambi, *op. cit.*, 2014, p. 295.

433 *"Adverse inference. A detrimental conclusion drawn by the fact-finder from a party's failure to produce evidence that is within the party's control."* (Garner, Bryan A. *Black's Law Dictionary*. 9ª ed. Toronto: Thomson West, 2009, p. 847).

Mais especificamente, trata-se da inferência feita pelo julgador, a partir dessa recusa da parte em realizar a produção da prova, de que o conteúdo daquele documento é adverso em relação aos seus interesses. Com isso, o julgador considera que os fatos que se pretendia provar estão provados precisamente pela falta dessa prova nos autos.[434]

Vista de perto, a aplicação dessa técnica contém basicamente todos os elementos do racional realizado pelo julgador até se chegar a uma presunção simples.

Primeiro. Há o *fato conhecido* que serve como auxiliar ou ponto de partida para que o juiz possa trilhar, seguindo um caminho psicológico lógico, até fato a ser provado. No caso, esse fato auxiliar é o comportamento processual da parte, qualificado pela recusa injustificada em cumprir a obrigação de produzir determinada prova. Ou seja, esse comportamento processual da parte serve como *indício* do fato a provar. O conceito de indício é amplo, e corresponde a qualquer rastro, vestígio, pegada, circunstância ou dado probatório que possa servir ao conhecimento do juiz.[435]

E nada impede que aqui se inclua o comportamento processual da parte – como a doutrina tradicionalmente observa.[436]

434 Kaufmann-Kohler, *op. cit.*, 2004, p. 21; e Hosang, *op. cit.*, 2011, p. 793.

435 Santos, *op. cit.*, 1955, v. V, p. 338; e CAMBI, *op. cit.*, 2014, p. 65 e 271.

436 "Perfunctório exame da matéria poderia conduzir à conclusão de que o comportamento das partes no processo, ou fora dele, poderia ser qualificado como prova atípica. Entretanto, em rigor técnico, não se cuida de meio de prova *sui generis* ou atípico, mas tão somente de indício que poderá ser considerado pelo juiz na motivação da sentença" (Lopes, João Batista. Provas atípicas e efetividade do processo. *Revista Eletrônica de Direito Processual*, Rio de Janeiro, n. 5, p. 389-402, 2010, p. 396); "Exemplo interessante é a conduta das partes, que pode ser interpretada como uma circunstância com algum valor probatório" (Taruffo, *op. cit.*, 2014, p. 102); "Logo, é possível concluir que a conduta processual é espécie do gênero prova indiciária, servindo como fato secundário do qual pode ser extraída presunção simples (ou jurisprudencial)" (Cambi, *op. cit.*, 2014, p. 92); "[O] protesto de uma letra de câmbio indica o mau estado dos negócios do devedor; o comportamento das partes, no processo, pode estar ligado a um fato antecedente de utilidade para o julgamento da causa" (Santos, *op. cit.*, 1955, v. V, p. 337); "A operação referida, por outro aspecto, amolda-se à figura do silogismo: a) premissa menor é o fato secundário conhecido; b) maior, a regra de experiência aplicável; c) conclusão, a presunção sobre o fato principal ignorado. Presunção, portanto, é o resultado de uma operação lógica que tem ponto de partida no indício. Este, a seu turno, pode ser um fato processual: o comportamento das partes" (Righi, Ivan. Eficácia probatória do comportamento das partes. *Revista da Faculdade de Direito UFPR*, Curitiba, v. 20, p. 1-9, 1981, p. 5); *"Por ello, la conducta procesal de las partes a veces podrá considerarse como un indicio – aun un indicio único a la hora de ser sometido a la valoración judicial, teniendo la virtualidad de poder acreditar*

Fazendo referência ao processo judicial, William Santos Ferreira resume: "a atitude das partes é um indício (fato base conhecido) que dependerá de um raciocínio, com outros elementos sendo considerados, para se chegar ao fato desconhecido, o que, em última análise, é uma *presunção hominis*, com incidência das máximas de experiência (artigo 335) [do CPC/73]".[437]

De fato, o que importa para que uma circunstância ou indício tenha relevância para a obtenção de uma prova é apenas sua importância para determinação do fato em questão.[438] Como ensina Cândido Rangel Dinamarco, os indícios "são objeto de prova porque relevantes para a decisão. Um fato que em si mesmo não teria pertinência à causa torna-se fato-base a ser comprovado porque, com fundamento naquilo que ordinariamente acontece (artigo 375 [do CPC]), da sua ocorrência o juiz inferirá a ocorrência daquele que realmente interessa conhecer".[439]

Segundo. Há uma premissa *maior* que permite o silogismo que leva ao fato desconhecido. Essa premissa maior, tida como um conceito ou uma verdade mais geral que a contida no fato auxiliar ou indício, assegura que

las afirmaciones de cualquiera de las partes – [...] *La conducta procesal de las partes está llamada a ser un hecho objeto de la prueba, para luego, eventualmente, tornar-se en un hecho fuente de prueba indirecta, más precisamente en la prueba de indicios*" (Acosta, Daniel Fernando. La conducta procesal de las partes como concepto atinente a la prueba. In: Acosta, Daniel Fernando (Org.). *Valoración judicial de la conducta procesal.* Santa Fé: Rubinzal-Culzoni, 2005, p. 99-100); "*En definitiva, el comportamiento procesal, como hecho/objeto de la percepción del juez que, a diferencia de otros medios, se origina en la singular forma en que las partes intervienen activa o pasivamente en el juicio para demonstrar la razón o sinrazón de sus afirmaciones, sirve de 'prueba' – indicio – de estas últimas circunstancias. De allí que se haya sostenido que la actitud que un litigante asuma en el proceso, la postura que defienda, o la argumentación de que se valga, pueden suministrar indicios acerca de la sinceridad de su desempeño y de la seriedad de sus razones*" (Alberto, Misael E. Un aporte más para su consideración como indicio y otras cuestiones más.... In: Acosta, *op. cit.*, 2005, p. 130); "*Em tal sentido y siendo las conductas de las partes verdaderos 'hechos' de los que se pueden extraer indicios, en su oportunidad creíamos que em realidad era más apropiado hablar del 'valor indiciario' de ala conducta procesal de las partes*" (Heñin, Fernando Adrián. Valoración judicial de la conducta procesal. *Revista de Processo*, São Paulo, v. 170, p. 59-93, 2009). No mesmo sentido: Carbone, Carlos Alberto. Interés de documentar el comportamiento procesal relevante de las partes em el proceso escrito. In: Acosta, *op. cit.*, 2005, p. 285; e Cornero, Guillermina. Valor probatório de la conducta procesal. In: Acosta, *op. cit.*, 2005, p. 209-210.

[437] Ferreira, William Santos. *Princípios fundamentais da prova cível.* São Paulo: Revista dos Tribunais, 2014, p. 79.

[438] Taruffo, *op. cit.*, 2014, p. 102-103.

[439] Dinamarco, *op. cit.*, 2017, p. 74.

essa atividade de pensamento que leva até o fato desconhecido se dê de forma lógica e organizada.[440]

No caso, essa premissa maior é a ideia de que, se uma parte deixa injustificadamente de produzir determinada prova mesmo quando obrigada a tanto, é porque seu conteúdo é desfavorável aos seus interesses no processo. Ou seja, é a ideia de que, *se a prova lhe fosse favorável, ela não resistiria à sua produção*. Essa é, em outras palavras, a *regra da experiência* que guia o julgador.

Como se verá adiante, a aplicação dessa regra da experiência é permeada pela avaliação da presença de algumas condições que permitem conferir maior segurança a essa etapa do caminho psicológico percorrido pelo juiz (*infra*, n. 4.7).

A ideia é que o julgador tenha especial cuidado para descartar a hipótese de o descumprimento da ordem de produção da prova decorrer de alguma razão legítima que não tenha relação com um suposto conteúdo desfavorável da prova (falta de controle sobre a prova, necessária proteção de sigilo profissional, ônus desproporcional para produção da prova etc. – *infra*, n. 4.7.6 e n. 4.7.9). Assim, o fato auxiliar (comportamento da parte que se recusa a cumprir a determinação de produção da prova) só será tomado como indício para as próximas etapas do raciocínio presuntivo se puder ser qualificado como *injustificado* a partir dessa regra da experiência.

Terceiro. Há a *relação* entre o fato conhecido (fato auxiliar, indício) e a premissa maior, levando ao fato desconhecido. Essa relação envolve: (i) um raciocínio indutivo, que confirma a relação de continência entre o fato conhecido e essa premissa maior – identificando-se os elementos comuns que permitem essa ligação; e (ii) um raciocínio dedutivo, pelo qual se aplica à situação concreta o resultado desse primeiro passo.

Assim, partindo-se do fato conhecido de que a parte se recusou injustificadamente a cumprir a obrigação de produzir determinada prova e utilizando-se a ideia de que, se uma parte deixa de produzir determinada prova mesmo quando obrigada a tanto, o fez porque seu conteúdo é desfavorável aos seus interesses no processo, completa-se o silogismo *inferindo-se* que essa parte assim se comportou porque o conteúdo daquela prova lhe seria desfavorável.

A avaliação entre a força da conexão do indício com a regra da experiência influenciará diretamente a qualidade da inferência adversa.

[440] SANTOS, *op. cit.*, 1955, v. V, p. 342-434.

Nesse passo, as condições para a aplicação dessa técnica também conferirão maior segurança ao julgador no estabelecimento dessa conexão. Afinal, não sendo possível constatar que a parte tinha efetivo controle sobre a fonte de prova, ou havendo alguma razão legítima para a sua não produção (*infra*, n. 4.7.6 e n. 4.7.9), será mais difícil estabelecer uma conexão entre a recusa na produção dessa prova e a conclusão de que seu conteúdo seria desfavorável à parte chamada a produzi-la.

Como explica Hernando Devis Echandía, a força probatória dos indícios depende da maior ou menor firmeza da conexão causal que exista entre eles e o fato desconhecido que se investiga. Logo, se existe a possibilidade de que se trate de uma "falsa conexão", decorrente do acaso, o juiz não pode basear seu convencimento apenas nesses indícios.[441]

Quarto. Há a *presunção sobre o fato desconhecido* (fato principal ou fato probando) a partir de um raciocínio inferencial. Assume-se, para essa conclusão, que "presunção é um processo racional do intelecto, pelo qual do conhecimento de um fato ou do estado de uma pessoa ou coisa infere-se como razoável probabilidade a existência do outro", e que a utilização desse processo racional tem especial relevância para facilitação da prova, "dispensando a prova direta do fato que realmente interessa para o julgamento da prova".[442]

Mais especificamente, há uma presunção simples (*hominis*), já que trata da extração de uma ilação da ocorrência de certos fatos para concluir que outro fato tenha ocorrido, com eficácia limitada ao caso concreto em que se dá a aplicação dessa técnica.[443] Como afirma Marcelo José Magalhães Bonizzi, "[o] comportamento das partes no processo pode criar, modificar ou extinguir algumas presunções [...]".[444]

Neste caso, a presunção recai sobre o conteúdo da fonte de prova não trazida ao processo, inferido como prejudicial ao interesse da parte que a tem sob controle.

A doutrina equipara expressamente a extração de uma inferência adversa ao estabelecimento de uma presunção. Simon Greenberg e Felix Lautenschlager afirmam que uma inferência adversa propriamente extra-

441 Echandía, *op. cit.*, 1988, t. II, p. 642.

442 Dinamarco, *op. cit.*, 2017, p. 134-135.

443 Dinamarco, *op. cit.*, 2017, p. 142.

444 Bonizzi, Marcelo José Magalhães. *Fundamentos da prova civil*: teoria geral da prova e provas em espécie segundo o novo CPC. São Paulo: Revista dos Tribunais, 2017, p. 79.

ída é aquela pela qual a recusa de uma parte a produzir determinada prova documental ou testemunhal leva à *presunção* de que essa prova seria em deu desfavor.[445] No mesmo sentido, Vera van Houtte afirma que a inferência adversa é a *presunção* de que a parte que tem controle sobre certa prova não a produz porque ela é prejudicial ao seu caso.[446] Na doutrina francesa, inclusive, as inferências adversas são referidas como *présomptions défavorables*.

Quinto. Essa presunção tem *valor probatório*. Daí se falar em valoração probatória do comportamento da parte, já que a este, seguindo-se o raciocínio descrito, se atribui um valor de prova.

Parte-se, aqui, da premissa estabelecida por Francesco Carnelutti de que "prova em sentido amplo compreende qualquer forma de determinação de fato controvertido (mediante os processos determinados pela lei), e portanto, também a presunção".[447] Afinal, a distinção relevante entre as provas em sentido estrito e as presunções seria a circunstância de, nas primeiras, a forma de determinação do fato controvertido se dar pela percepção, pelo juiz, de fatos constituídos pela representação destes, enquanto que, nas últimas, o fato percebido pelo juiz e que serviria para a dedução do fato a provar não está constituído pela representação do fato a provar.[448]

Assim, a despeito de qualquer distinção entre os dois conceitos, parece inegável que as presunções guardam valor probatório, já que são instrumentos de verificação dos fatos, colocados à disposição do julgador e, por isso, capazes de gerar convicção neste.

Na conclusão clara de Moacyr Amaral Santos,

> palpita o caráter probatório da presunção: autoriza a convicção do juiz quanto à verdade do fato que resultou do raciocínio presuntivo. Na convicção sobre a verdade do fato, fundada na presunção, há prova no sentido subjetivo; no processo para chegar ao fato probando, há prova no sentido objetivo. Como as provas propriamente ditas, as presunções são instrumento de verificação dos fatos; se a verdade, a respeito destes, sob o aspecto da certeza moral, dimana de uma ou de outras, pouco importa, pois de qualquer forma ter-se-á de concluir que os fatos estão provados.[449]

[445] GREENBERG; LAUTENSCHLAGER, *op. cit.*, 2011, p. 46.
[446] HOUTTE, *op. cit.*, 2009, p. 198.
[447] CARNELUTTI, Francesco. *A prova civil*. Campinas: Bookseller, 2001, p. 122.
[448] CARNELUTTI, *op. cit.*, 2001, p. 120-122.
[449] SANTOS, *op. cit.*, 1955, v. V, p. 355.

Ainda para o autor, "prova é a própria convicção de verdade sobre os fatos alegados".[450]

Na prática, aplicada na arbitragem para valorar o comportamento da parte que deixa de cumprir uma determinação dos árbitros para produção de prova, a extração de uma inferência adversa a partir dessa resistência da parte permite o preenchimento de uma lacuna quanto a uma prova específica.[451] O que o árbitro infere ao fazê-lo é que aquela fonte de prova que não veio aos autos faz prova sobre determinado fato contrário aos interesses da parte que a tinha sob controle.

Por isso, se diz que extrair uma inferência adversa significa atribuir uma "consequência probatória"[452] ao comportamento da parte, declarando que um fato está provado mesmo sem que se tenha provas suficientes para demonstrar que ele realmente ocorreu,[453] e usando essa conclusão para preencher uma lacuna probatória até então existente.[454]

E, como detalhado acima, o caminho mental percorrido pelo julgador até chegar à inferência adversa é equivalente ao racional de obtenção de provas indiretas ou circunstanciais. Tem-se o estabelecimento de uma presunção apoiando-se em um fato conhecido, resultando em uma prova indireta ou circunstancial.[455]

No caso, como é característico de provas dessa natureza,[456] o fato submetido à percepção do julgador (comportamento da parte) é diferente do *objeto* da prova (conteúdo da fonte da prova) e serve como um meio para se

[450] Santos, *op. cit.*, 1961, v. I, p. 17.

[451] Luttrell, *op. cit.*, 2018, p. 286-287.

[452] Dubovský; Trchalíková, *op. cit.*, 2019, p. 30.

[453] Gouveia, Mariana França. Adverse Inferences: to draw or not to draw: (Cour d'appel de Paris, 28 Février 2017). *Revista PLMJ Arbitragem*, Lisboa, n. 2, p. 2-8, 2018, p. 3.

[454] Luttrell, *op. cit.*, 2018, p. 286-287; Bagnaru, *op. cit.*, 2021, p. 4; e Gouveia, *op. cit.*, 2018, n. 2, p. 8.

[455] "Ninguém desconhece que os fatos principais para o julgamento da lide podem ser inferidos a partir de fatos secundários, aos quais se relacionem. É a prova crítica, ou circunstancial, que se obtém pela conjugação do fato secundário conhecido às 'regras de experiência comum subministradas pela observação do que ordinariamente acontece'" (RIGHI, *op. cit.*, 1981, p. 4).

[456] "Quando inferências acerca da verdade de um enunciado relativo a um fato principal são traçadas supondo outro fato como premissa, este último é considerado um meio de prova indireto daquele fato principal. Essa classe de provas é geralmente chamada de circunstancial nos sistemas que adotam a língua inglesa, *indizienbeweis* nos de língua alemã, *présomption de l'homme* na França, *presunzione semplice* na Itália e *presuncion* na Espanha. [...] A estrutura fundamental das provas circunstanciais está estabelecida pela conexão inferencial por meio

chegar ao conhecimento – pela via indireta, portanto – desse objeto. Na lição clássica de Francesco Carnelutti,

> a prova indireta se apresenta quando o juiz não percebe o fato a provar, senão um fato diverso deste. Portanto, a percepção do juiz não basta aqui por si só para a busca do fato a provar, senão que há de integrar-se com a dedução do fato a provar a respeito do fato percebido. A atividade do juiz se faz então de forma complexa: percepção e dedução.[457]-[458]

Por isso, a doutrina também se refere frequentemente à técnica de extração de inferências adversas como um caminho para a obtenção da prova indireta de um fato.[459]

Essa compreensão permite que se faça com mais clareza a diferenciação entre essa técnica e outros fenômenos.

Sanções. É inegável que a obtenção dessa prova indireta seja reação a um comportamento processual da parte e tenha um impacto negativo na esfera de interesses da parte cujo comportamento é valorado – o que não deixa de ser um efeito sancionatório dessa técnica. Isso leva, vez ou outra, à definição das inferências adversas extraídas do comportamento da parte como uma ferramenta de sanção à disposição do árbitro.[460]

da qual o julgador vincula uma circunstância (o factum probans) a um fato litigioso (o factum probandum)" (Taruffo, *op. cit.*, 2014, p. 102-103).

457 Carnelutti, *op. cit.*, 2001, p. 83.

458 *"Prueba directa es entonces aquella que presenta esa identificación, de tal modo que sólo existe un hecho que es al mismo tiempo el objeto de ella y aquel cuya prueba se persigue; las pruebas directas resultan así más numerosas e incluyen los documentos, los testimonios y las confesiones los dictámenes de peritos y las inspecciones judiciales, cuando versan sobre el hecho que desea probarse, es decir, medios de prueba que no son el mismo hecho por probar pero que lo demuestran directamente o recaen directamente sobre éste. Prueba indirecta viene a ser, en cambio, la que versa sobre un hecho diferente al que se quiere probar o es tema de prueba, de tal manera que el segundo es apenas deducido o inducido del primero, por una operación lógica o el razonamiento del juez; por consiguiente, sólo la prueba indiciaria o circunstancial (también la de presunciones para quienes la consideran un medio de prueba), tiene siempre ese carácter y los demás medios son indirectos cuando versan sobre hechos-indicios y no sobre el que se trata de probar (un documento o testimonio o experticio o una confesión, pueden referirse a un hecho distinto al que se trata de probar, que sirve de indicio de la existencia o inexistencia de éste, pero entonces estos medios se refunden con la prueba indiciaria o son elementos de ésta)"* (Echandía, *op. cit.*, 1988, t. I, p. 521-522).

459 Houtte, *op. cit.*, 2009, p. 195; Bedrosyan, *op. cit.*, 2016, p. 247; Sourgens; Duggal; e Laird, *op. cit.*, 2018, p. 150.

460 Como exemplos: Kolo, *op. cit.*, 2010, p. 73-76; e Bagnaru, *op. cit.*, 2021, p. 4.

No entanto, a despeito desse efeito potencialmente sancionador, trata-se de um instituto mais complexo que uma simples sanção, já que, como visto, resulta na produção de uma prova que preenche uma lacuna e deve ser valorada em conjunto com as demais provas produzidas.[461]

É importante fazer essa distinção inclusive para que se dê a devida relevância às questões que decorrem do posicionamento dessa técnica como um instrumento essencialmente probatório. Essa distinção permite que se analise com mais precisão técnica, por exemplo: (i) o caminho psicológico percorrido pelo árbitro até a inferência adversa; e (ii) a valoração da prova indireta resultante desse racional.

Inversão do ônus da prova. Por envolver a valoração do comportamento da parte que não detém originalmente o ônus de produzir determinada prova, essa técnica por vezes é confundida com a inversão do ônus da prova.[462] Trata-se de outra impropriedade a ser esclarecida.

Tal como na inversão do ônus da prova, a valoração probatória do comportamento da parte mediante a extração de inferências adversas busca evitar a utilização do ônus da prova em seu aspecto objetivo, como regra de julgamento. No entanto, é preciso analisar essas duas técnicas separadamente, já que uma não se confunde com a outra.[463]

Ao extrair uma inferência adversa do comportamento da parte que impõe de forma abusiva um obstáculo à produção de determinada prova útil à parte contrária, o julgador busca precisamente permitir que essa parte – prejudicada por tal comportamento – possa se desincumbir do

[461] Waincymer, *op. cit.*, 2012, p. 775-776; Greenberg; Lautenschlager, *op. cit.*, 2011, p. 48; Sicard-Mirabal; Derains, *op. cit.*, 2018, p. 207; e Dubovský; Trchalíková, *op. cit.*, 2019, p. 28-29.

[462] Nesse sentido, por exemplo: Kolo, *op. cit.*, 2010, p. 78.

[463] "Se uma parte não cumprir seus deveres na arbitragem, por exemplo, recusando-se a apresentar determinados documentos solicitados pela outra parte e/ou pelos árbitros, isso não afetará o ônus e o(s) standards de prova, mas o tribunal arbitral irá 'tirar conclusões (adversas)', a partir do comportamento dessa parte, ou seja, levará o comportamento em consideração para a ponderação das provas e para decidir se o padrão de prova exigido foi alcançado, ou seja, se a parte interessada se desonerou de seu ônus da prova" (tradução nossa). No original: "*If a party does not comply with its obligations in the arbitration, for instance by refusing to produce certain documents requested by the other side and/or by the arbitrators, this will not affect the burden and the standard(s) of proof, but the arbitral tribunal will 'draw (adverse) conclusions', from that party's behaviour, that is to say, it will take the behaviour into account for the weighing of the evidence and for deciding whether the required standard of proof has been reached, i.e. whether the burden of proof has been discharged by the concerned party*" (Redfern *et al.*, *op. cit.*, 2014, p. 338).

seu ônus da prova. Esse ônus continua recaindo sobre ela, isto é, sem ser transferido ou redistribuído à outra parte – a não ser que já o tenha sido anteriormente, por outras razões. Trata-se de uma ferramenta utilizada justamente para permitir que as partes se desincumbam de seus ônus probatórios, tenham eles sido estabelecidos de forma estática ou dinâmica.

O que importa, nesse caso, é que: (i) uma parte tenha o ônus de provar determinado fato – ou que determinado fato não ocorreu; (ii) essa parte pretenda se desincumbir desse ônus produzindo determinada prova cujas fontes não estão sob seu controle; e (iii) a parte contrária tenha controle sob essa fonte de prova e esteja obrigada a produzi-la, mas deixa de fazê-lo sem justificativa.

Em um caso em que se discuta o cumprimento de determinada obrigação contratual, por exemplo, incumbindo ao requerente o ônus de provar que a obrigação foi inadimplida, mas dependendo ele para essa prova da exibição de um documento que não esteja sob seu controle, a extração de uma inferência adversa a partir da recusa da outra parte em exibir esse documento (assumindo presentes todas as condições para tanto) não afetará por si só a distribuição do ônus da prova.

Nesse caso, o ônus da prova do fato constitutivo do direito do requerente (o inadimplemento) continua recaindo sobre este. Como observa Cândido Rangel Dinamarco, no caso da inversão do ônus da prova, a atuação se dá em um primeiro momento sobre o *objeto* da prova, de modo que a parte que recebe esse ônus "recebe, isso sim, o ônus de provar sua própria alegação – ou seja, de provar a negativa do fato presumido ou os fatos integrantes de uma versão colidente com os fatos presumidos".[464]

O que ocorre na extração da inferência adversa é que a prova desse fato, que deveria ocorrer pela via da exibição de documentos, foi impedida de forma abusiva pelo requerido. Este não passou a ter o ônus de provar o inadimplemento ou sua não ocorrência em razão de ter sido instado a exibir um documento ou porque sua recusa injustificada a fazê-lo foi valorada de forma adversa, levando ao convencimento do julgador quanto ao conteúdo daquele documento.

Aliás, tanto não há inversão do ônus da prova nesse caso que a parte que se viu impedida de provar determinado fato mediante uma prova sob

[464] Dinamarco, *op. cit.*, 2017, p. 83.

controle da outra parte só poderá se desincumbir desse ônus mediante a extração de inferências adversas se, dentre outros requisitos, já tiver produzido prova *prima facie* desse fato (*infra*, n. 4.7.4).

Fosse o caso de uma inversão do ônus da prova no exemplo acima, o requerido passaria a ter o ônus de provar que não houve inadimplemento, de modo que, se não o fizesse, a demanda seria julgada procedente a esse respeito, mesmo que o requerente não tenha provado o fato constitutivo de seu direito. Há, assim, uma alteração de um cenário original em que, se o requerente não produzisse prova do fato constitutivo de seu direito (o inadimplemento), a demanda seria julgada improcedente independentemente de o requerido ter ou não produzido prova de algum fato impeditivo, modificativo ou extintivo do direito do requerente.

Já no caso da extração da inferência adversa no exemplo acima, como visto, o fato constitutivo do direito do requerente será considerado provado porque se alcançará uma conclusão favorável ao requerente a respeito do conteúdo do documento que poderia (deveria) e deixou de ser exibido pelo requerido.

Vale observar que o direito de uma parte provar determinado fato mediante uma prova que esteja sob controle da outra parte (via exibição incidental de documentos, por exemplo) convive tradicionalmente de forma independente com a técnica de inversão do ônus da prova[465]. E isso se dá inclusive porque o fato de determinada fonte de prova estar sob controle de uma ou outra parte é uma questão meramente circunstancial, incapaz de ditar por si só a necessidade de uma distribuição do ônus da prova diversa daquela ordinariamente estabelecida.

É dizer: a instrução probatória que envolve uma determinação para que a parte que não tem o ônus de produzir determinada prova traga-a ao conhecimento do julgador é apenas uma maneira de permitir que a parte sobre a qual esse ônus recai se desincumba dele. É inclusive para fazê-lo que essa parte tem a iniciativa de formular um pedido incidental de exi-

465 "O uso da *discovery* não acarreta a imposição ao réu da prova dos fatos alegados pelo autor, mas apenas a obrigação de fornecer ao autor parte dos instrumentos materiais dessa prova. Ainda caberá ao autor estabelecer a pertinência desses instrumentos e seu caráter probatório" (tradução nossa). No original: "*The use of discovery does not lead to the imposition on the defendant of the proof of facts alleged by the plaintiff, but only to an obligation to supply to the plaintiff part of the material instruments of this proof. It will still rest upon the plaintiff to establish the relevance of those instruments and their probationary character*" (Redfern *et al.*, *op. cit.*, 2014, p. 349).

bição de documentos, por exemplo, demonstrando ao julgador estarem presentes os requisitos para tanto.[466]

Na esfera do ônus da prova da parte cujo comportamento foi valorado de forma negativa, a única consequência potencialmente relevante é a de que, como a inferência adversa tem natureza relativa (*iuris tantum*), admitindo, portanto, prova em sentido contrário, essa parte contra quem a inferência foi extraída fica com o ônus de produzir provas que refutem a inferência.[467] Mas o fato é que esse ônus de produzir contraprova do direito da outra parte já existia originalmente. A única diferença é que, nesse cenário, assume-se que a outra parte – a favor de quem a inferência adversa recai – já se desincumbiu de seu próprio ônus.

O cenário é parecido com o que se tem no caso de essa parte se desincumbir desse ônus acessando um documento cuja exibição foi requerida, por exemplo. Nessa hipótese, a contraparte terá o ônus de produzir contraprovas que desafiem o teor desse documento. Tratando-se de uma inferência adversa, a questão é que esse ônus de produzir contraprovas existe para refutar uma presunção relativa de veracidade dos fatos alegados pela outra parte, resultante da valoração do comportamento da parte que impõe obstáculos à produção da prova.

Assumindo-se um cenário de distribuição estática do ônus da prova em que cada parte tem o ônus de produzir provas sobre suas próprias alegações, se o fato constitutivo do direito do requerente é considerado provado pela extração de uma inferência adversa e a demanda é julgada procedente, isso se dá porque o requerido não produziu provas suficientes quanto aos fatos impeditivos, modificativos ou extintivos do direito do requerente. Ou seja: porque, diferentemente do requerente, o requerido não se desincumbiu do ônus que já carregava originalmente.

Do mesmo modo, se um fato impeditivo, modificativo ou extintivo do direito do autor é considerado provado pela extração de uma inferência

[466] "Isso leva muitos a considerarem que extrair provas de um oponente é contrário à natureza essencial do ônus. No entanto, declarar que alguém tem um ônus não indica o método pelo qual essa pessoa pode satisfazê-lo" (tradução nossa). No original: "*This leads many to consider that extracting evidence from an opponent is contrary to the essential nature of the burden. Yet to state that you have a burden does not indicate the method by which one may satisfy it*". (Waincymer, *op. cit.*, 2012, p. 840). No mesmo sentido: Meyer-Fabre, Nathalie. Les preuves détenues par l'autre partie. *Revue de l'Arbitrage*, Paris, n. 1, p. 89-99, 2020, p. 97.

[467] Kazazi, *op. cit.*, 1996, p. 266.

adversa e, como consequência, a demanda do requerente é julgada improcedente, isso se dá porque este não produziu provas suficientes quanto aos fatos constitutivos de seu direito. Em nenhum desses casos, como se vê, a aplicação dessa técnica dependeria da inversão do ônus da prova.

Ao destacar essa diferença entre inversão do ônus da prova e a extração de inferências adversas em um caso concreto, o Tribunal Federal Suíço sustentou que a extração de inferências adversas estaria ligada à *valoração* das provas, já que seria nessa atividade que o julgador atribuiria consequências à recusa de uma parte em cooperar com a produção de provas.[468]

Sem prejuízo da relação intrínseca do tema aos poderes instrutórios do árbitro (*infra*, n. 4.5), essa concepção faz sentido na medida em que, na prática, a extração da inferência adversa ocorre praticamente no mesmo momento em que há a valoração de todo o leque probatório, quando o julgador pondera a presença dos requisitos para tanto e, na sequência, faz a valoração dessa prova indireta à luz desse leque para decidir sobre a procedência da demanda.

Também para destacar essa diferença entre inversão do ônus da prova e a extração de inferências adversas, parte da doutrina defende que, na extração da inferência adversa, existe uma inversão do "ônus de produção da prova" (*onus proponendi*), diverso da noção de "ônus da prova".[469]

Enquanto o último se relacionaria ao ônus de provar determinado fato e, pela regra geral, recairia sobre a parte que alega referido fato (*onus probandi incumbit acto*), o primeiro seria apenas o ônus de *produzir* determinada prova. Esse ônus de produção da prova poderia ser transferido de uma parte a outra conforme questões contratuais ou no caso de uma das partes produzir prova *prima facie* de seu direito.[470]

Para a diferenciação entre as duas ideias, vale lembrar a lição clássica de Hernando Devis Echandía segundo a qual o ônus da prova não determina quem deve "levar a prova", e sim quem assume o risco de que ela não seja produzida. Isso justamente em razão do princípio da comunhão da prova, conforme o qual a origem da prova (ou seja, a parte de quem provém sua obtenção), não altera seu valor probatório. Assim, o fato de uma parte car-

[468] Recurso 119 II 305, julgado em 17.8.1993. Extrato disponível em https://www.bger.ch/ [20.11.2021]. Citado em: Houtte, *op. cit.*, 2009, p. 196.

[469] Sharpe, *op. cit.*, 2006, p. 552-553; e Nelson; Henin; Nairn, *op. cit.*, 2018, p. 172.

[470] Gritsch; Riegler; Zollner, *op. cit.*, 2018.

regar o ônus da prova não significa que necessariamente essa será a parte que apresentará ou solicitará a prova do fato que constitui seu objeto. Consequentemente, se o adversário (de quem carrega o ônus) ou o juiz levam a prova do fato aos autos, fica satisfeito o ônus probatório, exatamente como se a parte que o carrega tivesse fornecido a prova.[471]

Essas mesmas ponderações servem muito ao presente estudo. A parte que se vê no controle de uma fonte de prova cuja vinda aos autos é reivindicada pelo oponente em princípio não ficará em uma posição mais vantajosa se produzir essa prova. Na verdade, pode-se assumir que, sendo o conteúdo de determinado documento ou testemunho favorável à posição dessa parte com controle sobre essas fontes de prova, será de seu interesse trazê-las ao conhecimento do julgador e, portanto, sequer será necessário avaliar as consequências de uma resistência dessa parte na produção da prova. Sendo assim, essa parte terá à sua frente as opções de: (i) prejudicar sua posição trazendo ao conhecimento do julgador provas contrárias a ela; ou (ii) prejudicar sua posição recusando-se a fazê-lo.

Ao produzir a prova, ainda que com isso possa evitar a penalização do seu comportamento com a extração de inferências adversas e/ou outras sanções, essa parte atuará predominantemente no interesse de seu oponente, e não em seu próprio benefício. Parece impreciso, assim, classificar como *ônus* processual esse dever de produzir a prova sob pena de ver seu comportamento valorado negativamente com a extração de uma inferência adversa.

Como dito, o verdadeiro ônus que recairá para a parte contra quem a inferência adversa for extraída é o de produzir provas contrárias à presunção que passa a existir sobre determinado fato alegado pelo seu oponente.[472] A produção dessa contraprova inequivocamente atenderá aos interesses dessa parte contra quem a inferência adversa for extraída, o que permite que se fale, com rigor técnico, na existência de um ônus.

As mesmas razões acima permitem concluir que a extração de inferências adversas a partir do comportamento da parte também não se confunde com a *distribuição dinâmica* do ônus da prova.

Mesmo se tratando de instituto distinto da inversão do ônus da prova na medida em que, no caso da *distribuição dinâmica* do ônus da prova, tem-se

[471] ECHANDÍA, *op. cit.*, 1988, t. I, p. 441 e 484.

[472] KAZAZI, *op. cit.*, 1996, p. 266.

uma hipótese de facilitação da prova a partir das circunstâncias do caso concreto, e não uma inversão atrelada a pressupostos prévia e abstratamente fixados (caso da *inversão* do ônus da prova),[473] também na *distribuição dinâmica* do ônus da prova a alteração se dá no objeto da prova. Ou seja: a parte que recebe o ônus, seja na inversão, seja na distribuição do ônus da prova, recebe o ônus de provar sua própria alegação.[474]

Redução do standard de prova. Há também quem faça a distinção entre a inversão do ônus da prova e a extração de inferências adversas afirmando que, diferentemente do que ocorre na inversão, a aplicação dessa técnica envolve uma redução do *standard* probatório em favor de uma das partes, já que permite que ela se desincumba de seu ônus da prova valendo-se de provas indiretas.[475]

Ocorre que, como será adiante detalhado (*infra*, n. 4.7.4, n. 4.7.5 e n. 4.8): (i) a inferência adversa, quando adequadamente extraída e valorada, não deve ser usada como um fundamento único para o acolhimento da pretensão da parte; ela deve ser avaliada à luz do conjunto probatório e da prova *prima facie* que a parte beneficiada pela aplicação dessa técnica já tenha produzido; e (ii) a natureza de prova indireta atribuída ao resultado do raciocínio presuntivo percorrido pelo árbitro na extração da inferência adversa não deveria por si só impor um valor menor a esse elemento, vinculando o árbitro à ideia de que o peso da inferência adversa deve ser sempre inferior ao das provas diretas produzidas no curso do processo.

Enfim, ainda que a redução do nível de convicção exigido ao árbitro – essa sim afetando o *standard* de prova – possa, em tese, conviver com a extração das inferências adversas, não existe nenhuma relação apriorística entre essas duas técnicas.

Ficção jurídica. Por fim, também é clara a diferença entre essa ferramenta e as ficções jurídicas. No caso das inferências adversas extraídas do comportamento da parte, como visto, parte-se da ideia do que normalmente ocorre para, a partir de um juízo de probabilidade, se presumir que o teor

[473] CAMBI, Eduardo. Teoria das cargas probatórias dinâmicas (distribuição dinâmica do ônus da prova) – Exegese do art. 373, §§ 1º e 2º do NCPC. In: JOBIM, Marco Félix; FERREIRA, William Santos (Orgs.). *Direito Probatório*. Salvador: Juspodivm, 2015, p. 191.

[474] DINAMARCO, *op. cit.*, 2017, p. 83.

[475] Nesse sentido: POLKINGHORNE, Michael; ROSENBERG, Charles. The Adverse Inference in ICSID Practice. *Foreign Investment Law Journal*, Oxford, v. 30, n. 3, 2015, p. 742; e BAGNARU, *op. cit.*, 2021, p. 10.

da prova não produzida é desfavorável à parte que a tem sob controle. No caso da ficção, esse juízo de probabilidade não ocorreria.[476]

É o que se dá no âmbito do processo judicial sob o CPC, por exemplo, quando se aplica a "pena de confesso" – isto é, assume-se que houve confissão – à parte que, intimada, deixa de comparecer para prestar depoimento pessoal (CPC, artigos 139, inciso VIII, 385, § 1º, e 386).

Nesse caso, a confissão sabidamente não ocorre, e o legislador não impõe que se presuma que ela tenha ocorrido. O que se faz é atribuir a um fato diverso (o não comparecimento da parte) os mesmos efeitos de um fato não verificado (a confissão). Como se está no domínio da ficção, fala-se em *ficta confessio*.[477]-[478]

Na doutrina brasileira, Fernando Eduardo Serec equipara essa regra do artigo 386 do CPC à técnica de extração de inferências adversas. No entanto, pelas razões expostas acima, parece que a regra do artigo 400 do CPC – admissão como verdadeiros dos fatos que seriam provados por documento ou coisa não exibidos – traça um paralelo mais preciso com essa técnica específica.[479]

4.4. Inferências adversas: campo de aplicação

Como a esta altura já está claro, as inferências adversas são extraídas de um comportamento da parte que impõe obstáculos à produção de deter-

[476] "Pero la ficción es un mandato legal que no se basa em ninguna regla general de experiencia, em lo constante de los fenómenos físicos o morales y ni siquiera em su carácter ordinario, sino em la voluntad del legislador que parte de una base absolutamente contraria: el conocimiento de que la realidad es distinta" (ECHANDÍA, *op. cit.*, 1988, t. II, p. 707).

[477] MOREIRA, José Carlos Barbosa. *Temas de direito processual.* São Paulo: Saraiva, 1977, p. 10; OLIVEIRA, *op. cit.*, 2011, p. 18; e MALUF, Carlos Alberto Dabus. As presunções na teoria da prova. *Revista da Faculdade de Direito da Universidade de São Paulo*, São Paulo, v. 79, p. 192-223, 1984, p. 211.

[478] Na ficção jurídica, a extensão de uma consequência a outro pressuposto de fato é atrelada à realização de outros fins que não a investigação da verdade, daí porque não se exige para as ficções jurídicas uma conformidade com os padrões da normalidade (cf. REICHELT, Luis Alberto. *A prova no direito processual civil.* Porto Alegre: Livraria do Advogado, 2009, p. 184).

[479] "No que concerne às inferências negativas, aludidas no art. 386, também na arbitragem elas podem ocorrer de forma similar ao que foi regrado no nosso Código de Processo Civil. Assim, pode ter peso na decisão arbitral depoimentos em que a testemunha deixa de responder ao que lhe for perguntado ou emprega meios evasivos para evitar respostas" (SEREC, Fernando Eduardo. Provas na arbitragem. In: CARMONA; LEMES; MARTINS, *op. cit.*, 2017, p. 291).

minada prova cuja fonte está sob seu controle. Partindo dessa ideia geral, este item buscará delimitar brevemente o campo de aplicação dessa técnica no âmbito do processo arbitral, tratando dos questionamentos que mais provavelmente devem surgir a respeito. As condições específicas para essa aplicação serão tratadas detalhadamente mais adiante (*infra*, n. 4.7).

De partida, vale o registro de que é irrelevante o polo a que pertence a parte contra quem será extraída a inferência adversa. Ela pode ser usada para assumir como verdadeiro tanto um fato alegado pelo requerente quanto um fato alegado pelo requerido. Basicamente, a posição da parte será relevante para a verificação de que os fatos que poderiam ser provados com aquela fonte de prova não trazida aos autos têm relação com o ônus de prova que recai sobre ela. Os casos concretos referidos no item 4.7, *infra*, ilustram esse ponto.

Também vale notar que as inferências adversas não estão limitadas às questões de mérito. Elas podem ser usadas igualmente diante de eventual recusa injustificada de uma das partes em produzir provas de fatos relacionados a questões processuais e de jurisdição.[480] Seria o caso, por exemplo, da parte que se recusa sem razão a exibir documentos de que a outra parte dependa para provar a intenção das partes de se vincular à arbitragem ou a arbitrabilidade da matéria em disputa.

O campo mais frequente de aplicação dessa técnica na arbitragem é o de produção da prova documental. Como Simon Greenberg e Felix Lautenschlager constatam na análise das sentenças da ICC consideradas em seu estudo (referido no item 1.3, *supra*), "a razão mais comum para uma parte buscar inferências adversas é a não produção de documentos (19 de um total de 36 casos, representando 53%)".[481] Essa concentração pode ser explicada tanto pela (i) relevância da prova documental na arbitragem como (ii) porque, tratando-se de prova documental, tende a ser mais fácil a comprovação de que a parte contra quem pesará a inferência adversa tem controle sobre aquela fonte de prova, especialmente quando em comparação com a prova testemunhal.

Contudo, não existe uma restrição que limite a utilização dessa ferramenta ao âmbito da prova documental.[482] Na prova testemunhal, ela pode

[480] Sourgens; Duggal; Laird, *op. cit.*, 2018, p. 154-155.

[481] Tradução nossa. Greenberg; Lautenschlager, *op. cit.*, 2011, p. 49.

[482] Waincymer, *op. cit.*, 2012, p. 775.

ser aplicada quando, mesmo intimada a fazê-lo, uma parte deixar de disponibilizar determinada testemunha que esteja sob seu controle e que seja relevante para a solução do caso. É nesse sentido, para referência, o item 9.7 das Regras da IBA.[483] Os casos concretos referidos no item 4.7, *infra*, igualmente ilustram esse ponto.

Várias questões específicas devem ser consideradas pelos árbitros na decisão de atribuir ou não eventual valor probatório à conduta da parte nesse âmbito. Será especialmente importante avaliar, por exemplo, se referida testemunha efetivamente está sob controle da parte, se o não comparecimento não foi mesmo justificado e se outras medidas poderiam ser razoavelmente adotadas para prevenir a não produção dessa prova (cominação de penalidades, emissão de intimação formal, recurso ao Poder Judiciário etc.).

Também não existe limitação teórica à aplicação dessa técnica no âmbito de provas periciais. O que se vislumbra, no entanto, é que essa aplicação teria muita proximidade com o que se verifica na aplicação da técnica no âmbito da produção de prova documental. É o caso da valoração do comportamento da parte com a extração de inferências adversas a partir de sua recusa em conceder ao *expert* acesso a determinado documento ou informação tida como relevante para a conclusão do trabalho pericial.[484]

Nessa hipótese, é recomendável que a extração da inferência adversa seja precedida do registro dessa recusa pelos experts nos autos e da avaliação pelos árbitros, com respeito ao contraditório, acerca da relevância desse elemento para a conclusão do trabalho técnico, além da análise da presença das outras condições para a aplicação dessa técnica (*infra*, n. 4.7).

Essa possibilidade de aplicação é ilustrada por sentença final proferida em arbitragem administrada pela ICC (*ICC Case n. 6497*)[485] em que o tribunal levou em consideração a recusa da parte em cooperar com a produção da prova pericial (exibindo documentação contábil completa conforme

[483] Regras da IBA sobre Produção de Provas, artigo 9.7: "Se uma Parte deixar, sem explicação satisfatória, de fornecer qualquer outra prova relevante, incluindo depoimentos, requerida por uma Parte, a que a Parte a quem o pedido foi dirigido não tenha objetado tempestivamente, ou deixe de fornecer qualquer prova, incluindo depoimentos, cuja produção tenha sido determinada pelo Tribunal Arbitral, o Tribunal Arbitral poderá inferir que tal prova seria adversa aos interesses dessa Parte".

[484] WAINCYMER, *op. cit.*, 2012, p. 957.

[485] BERG, Albert Jan. *Yearbook Commercial Arbitration 1999*. Nova York: Kluwer Law International, 1999, v. XXIVa p. 71-79.

lhe havia sido ordenado) para concluir que o objeto do contrato em disputa era ilícito e envolvia o pagamento de propina – admitindo como verdadeira a alegação feita pela parte requerida nesse sentido, embora não provada pela via direta. Naquele caso, o tribunal entendeu que essa conclusão era corroborada, ainda, pela inconsistência da prova testemunhal produzida vis-à-vis a análise de extratos bancários produzidos no curso da instrução.

O árbitro deve considerar eventuais exigências de direito material para que determinado fato seja provado por um meio específico. Assim, se a lei material aplicável vedar a prova de determinado fato por presunções ou exigir que determinado tipo de negócio jurídico seja provado com a observância de determinada formalidade, o árbitro deve considerar essa exigência ao decidir pela possibilidade de valorar o comportamento da parte pela extração de inferência adversa.

4.5. Fonte do poder dos árbitros para extração de inferências adversas

O poder dos árbitros para extraírem inferências adversas a partir do comportamento da parte não se explica pela análise de uma única fonte. Como se demonstrará neste item do trabalho, esse poder pode resultar, a depender do caso concreto, de uma conjunção de fatores com potencial de influenciar a atividade dos árbitros na condução do processo e no julgamento da demanda.

É possível que esse poder emane de uma escolha das partes em relação às regras procedimentais que serão observadas no processo. É o que ocorre quando as partes expressamente preveem conjuntamente, de forma antecipada ou no curso do processo, a autoridade do tribunal arbitral para extrair inferências adversas. Isso pode se dar tanto como um item específico na convenção arbitral quanto pela escolha de um regulamento que contenha a previsão de aplicação dessa técnica. Esse poder também pode decorrer de regra expressa contida na lei da sede – o que não é o caso da Lei Brasileira de Arbitragem. Pode, ainda, decorrer implicitamente de poderes dos árbitros tradicionalmente estabelecidos e de outras regras processuais aplicáveis à arbitragem – como se verá adiante.

A ausência de menção expressa ao tema na Lei Brasileira de Arbitragem segue uma tendência geral. A autoridade dos árbitros para atribuírem valor probatório ao comportamento da parte extraindo inferências não é, como regra, estabelecida expressamente em normas vinculantes ou típicas de *soft law* aplicáveis à arbitragem. Mas há algumas exceções.

Entre as exceções que contêm essa previsão expressa, destacam-se, nas legislações nacionais, o *Arbitration Act 1996* (Inglaterra, País de Gales e Irlanda do Norte), que prevê a autoridade dos árbitros para extraírem uma inferência adversa quando a parte deixar de cumprir uma "ordem peremptória" emitida pelo árbitro (artigo 41(7)(b)).[486]

No mesmo âmbito, outra exceção é a lei de arbitragem de Hong Kong (*Hong Kong Arbitration Ordinance*), que prevê que a inferência adversa pode ser extraída quando a parte deixa, sem justificativa, de cumprir uma decisão ou diretiva do tribunal arbitral (artigo 53(4)(b)).[487]

Nos regulamentos de instituições arbitrais, destacam-se (i) as Regras de Arbitragem Comercial da AAA, que preveem que as inferências adversas podem ser extraídas no caso de descumprimento intencional de uma decisão emitida pelo árbitro (*Rule 23(d)*);[488] e (ii) o regulamento de arbi-

[486] "(5) Se, sem apresentar um motivo suficiente para tanto, uma parte deixar de cumprir qualquer ordem ou instruções do tribunal, o tribunal poderá emitir uma ordem peremptória com o mesmo efeito, prescrevendo o prazo que o tribunal considerar apropriado para o seu cumprimento. [...] (7) Se uma parte não cumprir qualquer outro tipo de ordem peremptória, então, sem prejuízo do disposto na seção 42 (execução pela via judicial de ordens peremptórias do tribunal), o tribunal pode fazer o seguinte – [...] (b) extrair as inferências adversas do ato de descumprimento conforme as circunstâncias justifiquem" (tradução nossa). No original: "*(5) If without showing sufficient cause a party fails to comply with any order or directions of the tribunal, the tribunal may make a peremptory order to the same effect, prescribing such time for compliance with it as the tribunal considers appropriate.* [...] *(7) If a party fails to comply with any other kind of peremptory order, then, without prejudice to section 42 (enforcement by court of tribunal's peremptory orders), the tribunal may do any of the following* – [...] *(b) draw such adverse inferences from the act of non-compliance as the circumstances justify*".

[487] "(3) Se, sem apresentar motivo justificável, uma parte não cumprir qualquer ordem ou determinação do tribunal arbitral, o tribunal poderá proferir uma ordem peremptória no mesmo sentido, estabelecendo o prazo para o cumprimento que o tribunal arbitral considere apropriado. (4) Se uma parte deixar de cumprir uma ordem peremptória, sem prejuízo do previsto na seção 61, o tribunal arbitral poderá: (a) determinar que a parte não tem o direito de se basear em qualquer alegação ou material que foi objeto da ordem peremptória; (b) extrair quaisquer inferências adversas que as circunstâncias possam justificar a partir do descumprimento" (tradução nossa). No original: "*(3) If, without showing sufficient cause, a party fails to comply with any order or direction of the arbitral tribunal, the tribunal may make a peremptory order to the same effect, prescribing the time for compliance with it that the arbitral tribunal considers appropriate. (4) If a party fails to comply with a peremptory order, then without affecting section 61, the arbitral tribunal may – (a) direct that the party is not entitled to rely on any allegation or material which was the subject matter of the peremptory order; (b) draw any adverse inferences that the circumstances may justify from the non-compliance*".

[488] "O árbitro terá autoridade para emitir quaisquer ordens necessárias para fazer cumprir as disposições das regras R-21 e R-22 e de outra forma alcançar uma resolução justa, eficiente e

tragem do SCC, em que a extração de inferências adversas é prevista em termos amplos para a hipótese de a parte descumprir qualquer regra prevista naquelas normas ou ordem processual emitida pelo tribunal arbitral (artigo 35(3)).[489]

As regras de arbitragem do Centro de Arbitragem e Mediação da Organização Mundial da Propriedade Intelectual (WIPO) estabelecem, eu seu artigo 56(d), que, "se uma parte, sem demonstrar justa causa, deixar de cumprir qualquer disposição ou exigência no âmbito destas Regras, ou qualquer orientação dada pelo Tribunal, o Tribunal poderá extrair as inferências que considerar apropriadas".[490] O regulamento de arbitragem do *Dubai International Arbitration Centre* (DIAC) prevê regra com idêntica redação em seu artigo 32.4.

As regras de arbitragem do *Australian Centre for International Commercial Arbitration* (ACICA) preveem seu artigo 24.5 que: "o árbitro pode determinar à parte que produza documentos que ele ou ela entendam relevantes. Se o árbitro acreditar que a parte deixou de produzir algum documento relevante sem razão para tanto, ele ou ela pode extrair uma inferência adversa a partir dessa não-produção".[491]

econômica do caso, incluindo, sem limitação: (d) no caso de descumprimento intencional de qualquer ordem emitida pelo árbitro, extrair inferências adversas, excluindo dos autos provas e manifestações, e/ou fazendo alocações especiais de custos ou uma sentença provisória de custos em decorrência de tal descumprimento" (tradução nossa). No original: "*The arbitrator shall have the authority to issue any orders necessary to enforce the provisions of rules R-21 and R-22 and to otherwise achieve a fair, efficient and economical resolution of the case, including, without limitation:* [...] (d) *in the case of willful non-compliance with any order issued by the arbitrator, drawing adverse inferences, excluding evidence and other submissions, and/or making special allocations of costs or an interim award of costs arising from such non-compliance*".

489 "Se uma parte, sem justa causa, deixa de cumprir uma disposição ou uma determinação no âmbito dessas regras, ou qualquer ordem processual emitida pelos árbitros, o tribunal arbitral poderá extrair as inferências que considerar apropriadas" (tradução nossa). No original: "*If a party, without good cause, fails to comply with any provision of, or requirement under, these Rules or any procedural order given by the Arbitral Tribunal, the Arbitral Tribunal may draw such inferences as it considers appropriate*".

490 Tradução nossa. No original: "*(d) If a party, without showing good cause, fails to comply with any provision of, or requirement under, these Rules or any direction given by the Tribunal, the Tribunal may draw the inferences therefrom that it considers appropriate*".

491 Tradução nossa. No original: "*The Arbitrator may order a party to produce such particular documents as he or she may believe to be relevant. If the Arbitrator believes that a party has failed to produce any relevant document without good reason, he or she may draw an adverse inference from that party's failure to produce*".

As Regras de Arbitragem do Centro Internacional para Resolução de Controvérsias sobre Investimentos (ICSID) preveem, em seu artigo 34(3), que as partes devem cooperar com o tribunal na produção de prova e em outras medidas previstas no âmbito do mesmo artigo (produção de provas documental, testemunhal e pericial e inspeções), e que o tribunal pode "tomar nota formal" ("*take formal note*") do descumprimento da parte com suas obrigações e de quaisquer razões dadas para esse descumprimento.[492]

Embora a doutrina observe que essa disposição não prevê expressamente a autoridade dos árbitros para extração de inferências adversas,[493] há quem defenda que as referências a "tomar nota formal" e "quaisquer razões" contidas nessa regra significariam que o tribunal arbitral tem a discricionariedade de extrair inferências adversas ou, alternativamente, perdoar ou minimizar o descumprimento pela parte.[494]

Essa visão é corroborada pelas considerações feitas pelos árbitros no caso *Metal-Tech vs. Uzbekistan*, cuja sentença refere tanto ao artigo 34(3) do regulamento quanto ao artigo 9(5) (atualmente artigo 9(6)) das Regras da IBA sobre Produção de Provas para concluir que o tribunal pode extrair inferências a partir da falha da parte em não exibir documentos cuja exibição foi determinada. Naquele caso, os árbitros extraíram inferências adversas a partir do comportamento da parte requerente que foi instada em reiteradas oportunidades pelo tribunal arbitral a produzir provas sobre a regularidade dos serviços prestados no âmbito do contrato que deu origem à disputa. Ao fazê-lo, os árbitros concluíram que, embora acreditassem que a parte requerente não estaria propriamente escondendo provas, sua inaptidão em atender aos reiterados comandos do tribunal arbitral confirmaria que, na verdade, os serviços em questão nunca foram realizados, ao menos de forma legítima, tendo em vista que o contrato seria fruto de corrupção.[495]

[492] No original: "*(1) The Tribunal shall be the judge of the admissibility of any evidence adduced and of its probative value. (2) The Tribunal may, if it deems it necessary at any stage of the proceeding: (a) call upon the parties to produce documents, witnesses and experts; and (b) visit any place connected with the dispute or conduct inquiries there (3) The parties shall cooperate with the Tribunal in the production of the evidence and in the other measures provided for in paragraph (2). The Tribunal shall take formal note of the failure of a party to comply with its obligations under this paragraph and of any reasons given for such failure*".

[493] Ali; Sainati, *op. cit.*, 2016, p. 308; Solis, Menalco. Adverse inferences in investor-state arbitration. *Arbitration International*, Oxford, v. 34, n. 1, p. 79-103, 2018, p. 79.

[494] Polkinghorne; Rosenberg, *op. cit.*, 2015, p. 744.

[495] "Embora o Tribunal não acredite que o Requerente tenha procurado ocultar provas, a inferência que inexoravelmente emerge dessa escassez de provas é que o Requerente não

A regra do artigo 34(3) também foi interpretada no caso *Rompetrol Group N.V. v. Romania*,[496] em que o tribunal afirma na sentença que essa disposição "sem dúvida tem a intenção, entre outras, de estabelecer que o tribunal arbitral está especificamente autorizado a extrair as inferências que entender apropriadas a partir da falha da parte em produzir provas que, de outro modo, seria esperado que ela produzisse".[497] A despeito de reconhecer sua autoridade para uso dessa técnica, o tribunal arbitral entendeu naquele caso que não estariam presentes as condições para a extração de inferências adversas a partir do comportamento da parte, lembrando que a aplicação dessa técnica não seria uma consequência automática do descumprimento de uma ordem de produção de provas.

No mesmo sentido, no caso *Churchill Mining PLC vs. Republic of Indonesia*, os árbitros interpretaram a mesma regra de modo a concluir que ela não necessariamente implica consequências específicas para casos de não cumprimento de decisões no âmbito da produção de provas.[498]

Nas Regras da IBA sobre Produção de Provas, há regras específicas tratando do tema no capítulo de *Admissibilidade e Valoração das Provas*. A respeito da prova documental, o artigo 9(6) prevê:

> [s]e uma Parte deixar, sem explicação satisfatória, de produzir qualquer Documento requerido em um Requerimento de Produção de Prova ao qual ela não tenha objetado tempestivamente, ou deixar de produzir qualquer Documento cuja exibição tenha sido determinada pelo Tribunal Arbitral, o

pode fornecer provas de serviços, porque nenhum serviço, ou pelo menos nenhum serviço legítimo no momento da constituição do investimento da Autora, foi efetivamente realizado. O Tribunal terá esta inferência em mente ao avaliar os fatos." (tradução nossa). No original: "*While the Tribunal does not believe that the Claimant sought to conceal evidence, the inference that inexorably emerges from this dearth of evidence is that the Claimant can provide no evidence of services, because no services, or at least no legitimate services at the time of the establishment of the Claimant's investment, were in fact performed. The Tribunal will bear this inference in mind when further assessing the facts*". Para comentários sobre essa sentença e sua relevância na evolução da jurisprudência do ICSID a respeito da prova de atos de corrupção, cf.: Rose, Cecily. Circumstantial Evidence, Adverse Inferences, and Findings of Corruption: Metal-Tech vol. The Republic of Uzbekistan. *The Journal of World Investment and Trade*, Leiden, v. 15, p. 747-756, 2014.

496 ICSID *Case n. ARB/06/3*. Sentença proferida em 6.5.2013.

497 Tradução nossa. No original: "[...] *it no doubt intends, among other things, that a given tribunal is specifically authorized to draw whatever inferences it deems appropriate from the failure of either party to produce evidence which that party might otherwise have been expected to produce*".

498 ICSID *Case n. ARB/12/14 and 12/40*. Sentença proferida em 6.12.2016.

Tribunal Arbitral poderá inferir que tal documento seria adverso aos interesses dessa Parte.

A respeito da prova testemunhal, o artigo 9(7) prevê:

> [s]e uma Parte deixar, sem explicação satisfatória, de fornecer qualquer outra prova relevante, incluindo depoimentos, requerida por uma Parte, a que a Parte a quem o pedido foi dirigido não tenha objetado tempestivamente, ou deixe de fornecer qualquer prova, incluindo depoimentos, cuja produção tenha sido determinada pelo Tribunal Arbitral, o Tribunal Arbitral poderá inferir que tal prova seria adversa aos interesses dessa Parte.

Nas Regras de Praga, o artigo 10 estabelece: "[s]e uma das Partes não respeitar uma ordem ou as instruções do Tribunal Arbitral sem uma razão válida, o Tribunal Arbitral, se o julgar apropriado, poderá estabelecer uma inferência adversa em relação à respe[c]tiva questão ou pretensão dessa Parte".

O *Protocol For E-Disclosure In Arbitration* elaborado pelo *Chartered Institute of Arbitrators* (CIARB), prevê em seu item 5.5 que,

> caso uma parte deixe de exibir documentos eletrônicos que ela tenha sido ordenada a exibir ou deixe de cumprir com o Protocolo após seu uso ter sido acordado pelas partes e pelo Tribunal ou estabelecido pelo Tribunal, o Tribunal terá o direito de extrair as inferências que considerar apropriadas ao solucionar o mérito da disputa, impor os custos do processo ou adotar outra medida.[499]

Nas Notas da UNCITRAL sobre Organização de Procedimentos Arbitrais (*UNCITRAL Notes on Organizing Arbitral Proceedings*), a autoridade dos árbitros para extração de inferências adversas vem tratada especificamente no âmbito da produção de prova documental. O item 51 do documento estabelece:

> [o] tribunal arbitral pode pretender estabelecer prazos para a apresentação de documentos pelas partes. As partes podem ser advertidas de que, se

[499] Tradução nossa. No original: "*In the event that a party fails to provide disclosure of electronic documents ordered to be disclosed or fails to comply with this Protocol after its use has been agreed by the parties and the Tribunal or ordered by the Tribunal, the Tribunal shall be entitled to draw such inferences as it considers appropriate when determining the substance of the dispute or any award of costs or other relief*".

> a parte devidamente chamada a produzir prova documental deixa de fazê-lo no prazo estabelecido para tanto, sem demonstrar justa causa para esse descumprimento, o tribunal arbitral é livre para tirar as suas conclusões dessa omissão e pode proferir a sentença com base nas provas apresentadas.[500]

Nas *Guidelines for the Arbitrator's Conduct of the Pre-Hearing Phase* divulgada pela *New York State Bar Association* prevê, tanto para as arbitragens domésticas quanto para as arbitragens internacionais, que a extração de inferências adversas sobre questões de fato contra a parte que recusa a disponibilizar fontes de prova sobre uma questão relevante é uma ferramenta importante para garantir a equidade na condução do processo.

Por fim, nos Princípios ALI/UNIDROIT sobre Processo Civil Transnacional, o artigo 21.3 estabelece que, "quando parecer que uma parte tem em sua posse ou controle uma prova relevante que ela se recusa sem justificativa a produzir, a corte pode extrair inferência adversa a respeito dão em relação à qual essa prova teria um valor probante".

As regras presentes em regulamentos de instituições arbitrais e instrumentos de *soft law* acima analisados podem se aplicar a casos concretos por escolha das partes e dos árbitros, com maior ou menor grau de vinculação (*supra*, n. 2.2.4). Há casos, contudo, em que a aplicação da técnica de extração de inferências adversas ocorrerá sem que a regulação do processo naquele caso concreto esteja afetada por qualquer instrumento que contenha previsão expressa do instituto. Para essas hipóteses, será especialmente relevante analisar as outras fontes potenciais desse poder dos árbitros para extração de inferências adversas.

A análise da fonte desse poder parte da premissa amplamente aceita de que existe um poder inerente dos árbitros para extração de inferências adversas,[501] inclusive quando ausente previsão normativa expressa que o estabeleça naquele caso concreto.

[500] Tradução nossa. No original: "*The arbitral tribunal may wish to establish time-limits for the production of documents. The parties might be reminded that, if the requested party duly invited to produce documentary evidence fails to do so within the established period of time, without showing sufficient cause for such failure, the arbitral tribunal is free to draw its conclusions from the failure and may make the award on the evidence before it*".

[501] Blackaby *et al.*, *op. cit.*, 2015, p. 386; Schwartz; Derains, *op. cit.*, 2005, p. 283; Greenberg; Lautenschlager, *op. cit.*, 2011, p. 44-45 e p. 56; Waincymer, *op. cit.*, 2012, p. 775; Marossi, *op. cit.*, 2011, p. 529; Nilsson, *op. cit.*, 2010, p. 351; e Brower, Charles N.

Nesse sentido, Durward Sandifer há muito já afirmava que "[n]a ausência de uma limitação específica decorrente da convenção arbitral, os tribunais têm assumido possuir poder para extrair uma inferência adversa da falha ou recusa de uma parte em produzir tal prova".[502] Na mesma linha, Gary Born afirma que, ainda que esse poder não seja expressamente concedido pela maioria das leis de arbitragem nacionais ou regras de instituições arbitrais, "não há base para dúvida quanto ao poder do árbitros de extrair inferências probatórias adversas, inclusive como consequência da recusa de uma parte em cumprir uma válida decisão determinando a produção da prova".[503]

No caso *Arthur J. Fritz & Co. vs. Iran* (IUSCT – Sentença arbitral n. 426-276-3),[504] o tribunal arbitral registrou na sentença: "é um princípio aceito que uma inferência adversa pode ser extraída da falha de uma parte em apresentar provas que possam estar à sua disposição".[505] Na mesma linha, o árbitro Koorosh H. Amelir registrou em seu voto divergente no caso *Kaysons vs. Iran* (IUSCT – Sentença arbitral n. 548-367-2),[506] que "a prática confirma que, como uma questão de princípio, inferências adversas podem ser extraídas da falha da parte em apresentar provas que provavelmente estejam à sua disposição ou deveriam estar à sua disposição de acordo com as regras locais aplicáveis ou o curso normal dos negócios".[507]

Não há consenso, contudo, quanto à fonte desse poder que amplamente se reconhece que os árbitros têm. Segundo André de Albuquerque Cavalcanti Abbud, "entende-se normalmente que os árbitros têm o poder de

The Anatomy of Fact-Finding Before International Tribunals: An Analysis and a Proposal Concerning the Evaluation of Evidence. In: LILICH, Richard B (Org.). *Fact-Finding Before International Tribunals*: Eleventh Sokol Colloquium. Nova York: Transnational, 1991, p. 150-151.

502 Tradução nossa. No original: "*In the absence of a specific limitation in the arbitral agreement, tribunals have assumed that they possess power to draw an adverse inference from the failure or refusal of a party to produce such evidence*" (SANDIFER, *op. cit.*, 1939, p. 104).

503 Tradução nossa. No original: "*Indeed, there is no serious basis for doubt as to arbitrators' power to draw adverse evidentiary inferences, including as a consequence of a party's refusal to comply with a valid disclosure order.*" (BORN, *op. cit.*, 2021, p. 2565-2566).

504 Sentença final no *IUSCT Case n. 276*, datada de 30.6.1989.

505 Tradução nossa. No original: "*it is an accepted principle that an adverse inference may be drawn from a party's failure to submit evidence likely to be at its disposal*".

506 *Separate opinion* no caso *IUSCT Case n.* 367, datada de 6.8.1993.

507 Tradução nossa. No original: "*practice confirms that as a matter of principle adverse inference may be drawn from a party's failure to submit evidence which is likely to be at its disposal or should have been at its disposal according to municipal legal requirements or the normal course of business*".

fazer inferências adversas como corolário de seus poderes instrutórios gerais, previstos em inúmeras leis e regulamentos".[508] Essa ideia de que esse poder dos árbitros é um desdobramento dos poderes gerais dos árbitros relacionados à condução do processo e às questões probatórias é de fato frequente na doutrina estrangeira.[509]-[510]

Costumeiramente, a autoridade dos árbitros para inferências adversas é extraída pela doutrina do poder específico dos árbitros para livre valoração das provas. Assim, quando uma parte deixa de apresentar uma prova sob seu controle, essa lacuna probatória é incluída pelo tribunal no substrato probatório com base no qual ele formará sua opinião.[511] Seguindo esse raciocínio, o poder dos árbitros de valorarem as provas livremente incluiria a autoridade para estabelecer presunções ou extrair inferências com base no que as partes oferecem ou deixam de oferecer.[512]

A decisão proferida pelo Comitê de Anulação de Sentenças Arbitrais do ICSID no caso *Caratube vs. Kazakhstan* segue esse entendimento ao rechaçar a alegação de que, ao extrair uma inferência adversa a partir do comportamento da parte no processo, o tribunal arbitral tenha extrapolado seus poderes e deixado de observar regras processuais fundamentais. Ao expor as razões para rejeição do pedido de anulação, o comitê confirma que os questionamentos da parte que pede essa anulação se dirigem contra a atividade do tribunal na valoração das provas do caso, e que essa revisão, como regra, estaria fora do escopo de análise do Comitê, ressalvadas as hipóteses de erros crassos e que constituiriam hipóteses autônomas de anulação.[513]

Essa relação entre a atividade de valoração das provas e o poder de extração de inferências adversas fica ainda mais clara sobretudo quando se

[508] Abbud, *op. cit.*, 2014, p. 153.

[509] Nesse sentido: Nelson; Henin; Nairn, *op. cit.*, 2018, p. 164; Florou, Aikaterini. Adverse Inferences and Penalty Default Rules in International Investment Arbitration: A Policy Approach to the Production of Evidence. *Journal of International Dispute Settlement*, Oxford, v. 10, n. 3, p. 423-442, 2019, p. 433; e SOLIS, *op. cit.*, 2018, p. 79.

[510] "Essa autoridade é um aspecto fundamental do mandato adjudicativo dos árbitros e decorre da autoridade geral do tribunal para admissão e avaliação das provas." (tradução nossa). No original: "*This authority is a fundamental aspect of the arbitrators' adjudicative mandate and is subsumed within the tribunal's general authority over the admission and assessment of evidence*" (Born, *op. cit.*, 2021, p. 2566).

[511] Houtte, *op. cit.*, 2009, p. 198-200.

[512] Brower, *op. cit.*, 1994, p. 56.

[513] ICSID *Case n. ARB/08/12*. Decisão proferida em 21.2.2014.

considera que, na aplicação dessa técnica: (i) o árbitro avalia a prova *prima facie* já produzida pela parte potencialmente beneficiada pela extração da inferência; (ii) analisa o conjunto de provas produzidas a fim de identificar uma lacuna probatória; (iii) avalia a relevância e a materialidade da inferência adversa à luz desse leque de provas disponíveis; e (iv) atribui valor ao comportamento da parte, tomado no raciocínio presuntivo como um fato auxiliar ou indício (*supra*, n. 4.3).[514]

Por vezes, esse fundamento para o poder dos árbitros para extraírem inferências adversas é tomado como decorrente do dever de cooperação e boa-fé das partes nas arbitragens.[515] Nesse sentido, por exemplo, nos comentários ao artigo 21.3 dos Princípios ALI/UNIDROIT sobre Processo Civil Transnacional, em que, como visto, há previsão expressa de aplicação dessa técnica, afirma-se que essa disposição está baseada no princípio de que ambas as partes têm o dever de contribuir de boa-fé para que seu oponente se desencarregue de seu ônus probatório.[516]

Na mesma linha, mas sob a ótica do processo judicial, Eduardo Cambi afirma que a valoração probatória do comportamento da parte decorreria dos deveres processuais relacionados à lealdade e boa-fé, esta última entendida como uma cláusula geral processual.[517]

514 "A presunção tem íntima relação com a valoração da prova, nomeadamente com os sistemas da prova livre e da prova legal. Apreciando criticamente o acervo probatório dos autos, o juiz perscruta e valora as provas colhidas, daí chegando a determinadas conclusões. Sejam conclusões fixadas pela lei, vinculando-lhe a valoração, sejam conclusões decorrentes dos cânones da lógica e da probabilidade, com amparo em critérios racionais a serem explicitados e justificados perante as partes e a comunidade em geral" (BORGES, Ronaldo Souza. *A prova pela presunção na formação do convencimento judicial*. Belo Horizonte: D'Placido, 2016, p. 450). No mesmo sentido: SOLIS, *op. cit.*, 2018 (*online* e não paginado).

515 Em resumo, existe uma obrigação processual de boa-fé na arbitragem internacional, a qual requer que as partes cooperem no processo de coleta de provas. Se a boa-fé processual é quebrada na produção de provas, isso pode resultar na extração de inferências adversas. As inferências adversas são justificadas por princípios gerais de direito e aplicam-se em defesa da obrigação de boa-fé processual das partes" (tradução nossa). No original: "*In short, there is a procedural good faith obligation in international arbitration, which requires that the parties cooperate in the evidence gathering procedure. If procedural good faith is breached in evidence gathering, this can result in the drawing of an adverse inference. Adverse inferences are justified as a matter of general principles of law and apply in defense of the parties' obligation of procedural good faith. Whether a tribunal addresses the adverse inference question ultimately depends, however, on considerations of fairness and efficiency*" (SOLIS, *op. cit.*, 2018 (*online* e não paginado)).

516 Comentário 21-C.

517 CAMBI, *op. cit.*, 2014, p. 90.

Não se nega a relação entre os temas na medida em que o comportamento valorado com a extração da inferência adversą caracteriza o descumprimento de uma decisão que determina a produção de uma prova. Contudo, é importante lembrar a conclusão de que a boa-fé processual imposta aos litigantes não é concebida como fonte de uma obrigação irrestrita das partes de voluntariarem provas contrárias aos seus interesses, de modo que a parte não poderia ser acusada de violar um dever processual dessa natureza por se comportar de forma a não apresentar espontaneamente no processo provas capazes de comprometer sua posição (*supra*, n. 3.5.1).[518]

Por fim, também não se nega a relação do tema com os poderes gerais do árbitro de sancionar comportamentos abusivos das partes e dirigirem o processo de forma eficiente e em busca dos melhores resultados. Afinal, ainda que não se conceba a inferência adversa puramente como uma *sanção* (*supra*, n. 4.3), é inegável que ela desempenha uma função punitiva, e esta naturalmente atua como forma de orientação e controle do comportamento das partes, prevenindo e remediando abusos.

Ainda assim, e sem prejuízo da compreensão do poder do árbitro para extração da inferência adversa como resultado de uma comunhão de fundamentos, destaca-se o entendimento acima exposto no sentido de que esses fundamentos decorrem dos poderes gerais do árbitro para instrução do processo e valoração das provas produzidas, sobretudo dado o alinhamento do tema às questões de direito probatório.

4.6. Compatibilidade com a lei brasileira

Cumprindo um dos objetivos anunciados para este trabalho, o presente item busca demonstrar a conformidade, ao sistema estabelecido pela Lei Brasileira de Arbitragem, da técnica de extração de inferências adversas a partir do comportamento processual da parte.

Esclareça-se antecipadamente alguns limites inerentes a essa conclusão. O entendimento de que essa técnica é compatível com a lei brasileira cumpre essencialmente a função de legitimar sua aplicação a despeito da

[518] "*La valoración de la conducta procesal de las partes resulta ser atinente a la prueba, que em su concepción básica debe ser despojada de aquello relativo a los princípios procesales – lealtad, probidade y buena fe – sin perjuicio de que em la mayoría de las aplicaciones se encuentre influenciada de tales valores (por ejemplo, cuando em la prueba se echa mano a la doctrina de los próprios actos em material procesal, o a la prueba de autocontradicción o intercadencia)*" (Acosta, *op. cit.*, 2005, p. 107).

ausência de previsão expressa de lei estabelecendo os parâmetros para sua aplicação. É dizer: o que se busca confirmar é a possibilidade de aplicação dessa técnica mesmo em um cenário em que as partes não tenham feito opção expressa nesse sentido.

Essa análise tem relevância sobretudo porque, como visto, as regras cogentes da lei da sede impõem limitações ao procedimento arbitral, principalmente no que se refere à observância de garantias fundamentais das partes.

Assim, ainda que a verificação da legitimidade da aplicação dessa técnica em cada caso concreto dependa de uma análise individualizada, a constatação dessa compatibilidade evita discussões abstratas situadas em uma etapa anterior, isto é, centradas na possibilidade teórica de utilização dessa ferramenta em casos em que se aplica a Lei Brasileira de Arbitragem.

Além disso, é premissa da análise aqui empreendida que a extração de inferências adversas a partir da valoração do comportamento da parte pressupõe a observância de garantias processuais. Dada a ausência de critérios pré-estabelecidos em fonte normativa vinculante para a aplicação dessa técnica, a sua incidência concreta deve se orientar pela verificação de condições específicas, tratadas em mais detalhes no item 4.7, *infra*.

No mais, o efeito prático da constatação dessa compatibilidade é limitado pela possível incidência de fontes normativas que afetem a aplicação dessa técnica. Essas fontes podem ser representadas, na prática, por disposições contratuais celebradas entre as partes sobre o tema, por regras de regulamentos de instituições arbitrais eleitas pelas partes etc. Sua aplicação na regulação do caso concreto pode eventualmente limitar o poder do árbitro na extração de inferências adversas ou até – em tese – vedar a aplicação dessa técnica.

Para viabilizar a sistematização aqui proposta, assume-se um cenário em que essas fontes normativas concorrentes influindo na regulação do processo arbitral não impedem ou limitam – para além daquilo que já decorre da lei e dos princípios gerais – a aplicação dessa técnica.

Feitos esses esclarecimentos, passa-se a demonstrar que a conclusão de que essa compatibilidade decorre de uma conjunção de pelo menos cinco fatores, abaixo elencados.

Primeiro fator. O mais elementar fator a confirmar essa compatibilidade é a inexistência, na Lei Brasileira de Arbitragem, de qualquer vedação à aplicação do instituto. Na verdade, como visto (*supra*, n. 3.2), trata-se de um diploma legal propositalmente desenhado para regulação mínima em matéria de prova. Mais especificamente, por isso, a Lei Brasileira de Arbitragem também não impõe qualquer restrição aos meios e fontes de prova admitidos. Em caráter exemplificativo, o seu artigo 22, *caput*, afirma que poderá "o árbitro ou o tribunal arbitral tomar o depoimento das partes, ouvir testemunhas e determinar a realização de perícias ou outras provas que julgar necessárias".

Assim, tampouco a Lei Brasileira de Arbitragem impõe alguma restrição relacionada ao *objeto* da prova (prova direta ou prova indireta). Daí se poder concluir que não há nenhuma vedação à admissão da presunção – admitida como inferência ou dedução que o árbitro extrai dos indícios – na arbitragem, sobretudo nos casos em que há dificuldade na comprovação dos fatos controvertidos por meio de provas diretas.[519]-[520]-[521]

[519] "[A] tradição doutrinária define a presunção simples (a presunção legal é preestabelecida) como as implicações que o julgador extrai de um fato conhecido para chegar a um fato ignorado. A presunção, portanto, se qualifica como tal, quando uma série de indícios se forma a ponto de criar uma percepção lógica capaz de autorizar ou ajudar, eficazmente, o julgador a determinar a falsidade ou a veracidade do fato controverso. Nesse particular, pode-se dizer que a presunção simples se qualifica como prova indireta. A presunção resulta, pois, de uma inferência ou dedução lógica por parte do árbitro que extrai dos diversos indícios – que formam a presunção – certa coerência e plausibilidade capazes de convencer o julgador sobre o fato relevante em discussão. Parte de um fato conhecido para chegar ao fato a provar ('fato desconhecido'). [...] A utilização da presunção como prova é, geralmente, admitida nos casos em que há dificuldades em se comprovar o fato controverso por meio da prova direta. Visa, pois, a facilitar a prova e tem sido útil nos casos de fraude e simulação. Sem embargo destas hipóteses, serve, também, para reforçar ou mesmo, comprovar, o fato relevante em outras situações jurídicas sensíveis" (MARTINS, *op. cit.*, 2008, p. 336-337).

[520] "A eficácia probatória do comportamento das partes, entretanto, independe de previsão legal. Basta, apenas, reconhecer – como o legislador o fez, nos casos anteriormente apontados – a natureza de fonte de presunções à conduta processual das partes. Bem por esse motivo, aliás, aceitava-se a referida eficácia ao tempo do Código de Processo italiano de 1865, cuja omissão no tratamento da matéria se repete no correspondente diploma brasileiro em vigor. Na realidade, a eficácia ora analisada subordina-se apenas à circunstância de que a legislação processual não repila o princípio da convicção racional do juiz na valoração da prova" (RIGHI, *op. cit.*, 1981, p. 3).

[521] "Em outras palavras, na medida em que extrair inferências negativas pela não produção de provas não é proibido nas regras ou em qualquer outro documento relevante de um tribunal internacional, o tribunal é livre para tirar inferências negativas da falta de produção de provas exclusivamente à disposição de uma parte" (tradução nossa). No original: "*In other words, insofar as drawing negative inference for non-production of evidence is not prohibited in the rules or in any other relevant document of an international tribunal, the tribunal is free to draw negative inferences from a failure to produce evidence exclusively at the disposal of a party*" (KAZAZI, *op. cit.*, 1996, p. 315).

Segundo fator. A regulação propositalmente mínima do tema da prova na Lei Brasileira de Arbitragem não apenas não inclui nenhuma vedação à aplicação dessa técnica como contém previsões que favorecem a conclusão pela compatibilidade de sua utilização com o sistema traçado por essa regulação.

Nesse sentido, destacam-se inicialmente (i) as regras que asseguram às partes e, subsidiariamente, aos árbitros, a liberdade para disciplinar o procedimento a ser observado na arbitragem (artigo 21, *caput* e § 1º) e (ii) a já mencionada regra do artigo 22, *caput*, que deixa clara a liberdade assegurada aos árbitros na produção da prova.

Em seu artigo 22, § 2º, a Lei Brasileira de Arbitragem indica inclusive a compatibilidade, com o sistema por ela proposto, de valoração do comportamento da parte no curso da instrução: "[e]m caso de desatendimento, sem justa causa, da convocação para prestar depoimento pessoal, o árbitro ou o tribunal arbitral levará em consideração o comportamento da parte faltosa, ao proferir sua sentença". Carlos Alberto Carmona confirma que, ao avaliar as consequências desse comportamento, o árbitro poderá aplicar as regras da experiência para fundamentar as conclusões que poderão ser extraídas dessa conduta evasiva da parte à luz do conjunto probatório.[522]

Terceiro fator. Esse sistema de mínima regulação traçado pela Lei Brasileira de Arbitragem é interpretado no sentido de se confirmar os poderes instrutórios do árbitro e sua discricionariedade na condução do processo em busca da verdade e na valoração das provas, como visto (*supra*, n. 3.3).

Portanto, dada a compreensão de que esses poderes são fontes da autoridade do árbitro para a extração de inferências adversas (*supra*, n. 4.5), essa interpretação da lei brasileira corrobora a conclusão de que os poderes por ela outorgados ao árbitro são compatíveis com a aplicação dessa técnica.

Quarto fator. A despeito das diferenças que se tem na produção de provas típica dos sistemas de *common law* e *civil law*, também neste último é admitido, dentro de determinados limites, a imposição de uma ordem de produção de prova a uma parte, a requerimento da outra parte ou de ofício pelo árbitro. Assim, não existe *a priori* nenhuma incompatibilidade entre as especificidades da instrução probatória nos sistemas de *civil law* e a ideia de que uma parte tem a obrigação de produzir determinada prova

[522] Carmona, *op. cit.*, 2009, p. 316.

em cumprimento a uma determinação do árbitro.[523] Tampouco há, como visto (*supra*, n. 3.5.1), algum óbice decorrente do princípio da não autoincriminação que impeça a imposição de ordem desse teor em uma situação em que o teor da prova é desfavorável à parte que a tem sob controle.

Quinto fator. Dada a premissa de que o processo arbitral está inserido na teoria geral do processo (*supra*, n. 2.2.2), cumpre verificar à luz dessa teoria a compatibilidade da técnica de extração de inferências adversas a partir do comportamento da parte. Essa verificação é útil também para demonstrar que o instituto sequer é conceitualmente estranho aos atores que atuam na solução de disputas sob a ótica de normas brasileiras. E, realmente, essa análise conduz à conclusão de que o sistema processual brasileiro já admite a valoração do comportamento processual da parte como um elemento de convencimento do julgador.[524]

Na legislação vigente, essa constatação é extraída de uma série de regras. Na lei processual, a técnica de extração de inferências a partir da recusa injustificada da parte no cumprimento de uma decisão que lhe determine a exibição de documento ou coisa tem claro correspondente.

[523] "Diferentemente do *common law*, o sistema probatório do *civil law* tem como premissa o processo inquisitorial, em que a produção de provas é mais limitada e sujeita a uma gestão judicial ativa. De todo modo, tal como acontece com o *common law*, os regimes de *civil law* autorizam sanções coercitivas pela falha de uma parte em cooperar na produção de provas. Seja como parte inerente da autoridade judicial para administrar o caso, ou expressamente incorporada à lei, as tradições do *civil law* reconhecem a autoridade do juiz para tirar conclusões adversas se e quando uma parte se recusa sem justificativa a produzir provas, e quando a inferência se mostra confiável à luz dos fatos conhecidos" (tradução nossa). No original: "*Unlike the common law, the civil law evidentiary system is premised on inquisitorial proceedings, in which evidence-taking is more limited and subject to active judicial management. Nevertheless, as with the common law, civil law regimes authorize coercive sanctions for a party's failure to cooperate in evidence production. Whether as an inherent part of judicial authority to manage the case, or expressly embodied in the law, civil law traditions recognize the authority of the judge to draw adverse inferences if and when a party refuses without justification to produce evidence, and where the inference is reliable in light of the known facts*" (ALI; SAINATI, *op. cit.*, 2016, p. 297-298).

[524] "Hodiernamente, a doutrina processual procura situar a atuação da parte, em juízo, como protagonista do procedimento probatório, num contexto mais amplo. Cogita-se de observar e avaliar não só o que a parte declara, em depoimento pessoal ou em interrogatório, senão também, de um modo geral, como se comporta ela em juízo, relativamente aos fatos da causa, ou como no processo repercute o comportamento que, a esse respeito, a parte tenha assumido extraprocessual" (MEDINA, Paulo Roberto de Gouvêia. A prova das intenções no processo civil. *Revista de Processo*, São Paulo, v. 115, p. 74-86, 2004 (*online* e não paginado)). No mesmo sentido: LOPES, *op. cit.*, 2010, p. 397.

De fato, o CPC prevê expressamente que a recusa não justificada da parte em exibir documento cuja exibição lhe foi determinada tem como consequência justamente a valoração adversa desse comportamento: o juiz admitirá como verdadeiros os fatos que, por meio do documento ou da coisa, a parte pretendia provar" (artigo 400, *caput*).

Nesse caso, essa admissão dos fatos como verdadeiros ocorrerá quando a parte instada a cumprir essa determinação não efetuar a exibição do documento ou coisa, mesmo sem fazer nenhuma declaração no sentido de que não possui o documento ou a coisa (artigo 400, inciso I) ou se recusar a cumprir essa determinação de forma ilegítima (artigo 400, inciso II).

Portanto, essa "consequência negativa"[525] é decorrente do descumprimento de uma decisão judicial que ordene de ofício ou a requerimento da parte a exibição de documento ou coisa (artigos 396 e 397). Seu efeito é "uma particular declaração *incidenter tantum*, proferida com o objetivo único e exclusivo de integrar o julgamento da causa pendente".[526]

Outro exemplo relacionado à valoração do comportamento da parte na produção probatória é a presunção de paternidade decorrente da recusa na realização de exame de pareamento do código genético (DNA) em processos de investigação de paternidade. A presunção tem fundamento tanto nos artigos 231[527] e 232[528] do Código Civil, como na legislação específica (Lei n. 85.60/1992, que regula investigação de paternidade, conforme alterada pelas Leis n. 12.004/2009 e n. 14.138/2021), alinhada ao entendimento jurisprudencial sumulado pelo Superior Tribunal de Justiça (Súmula 301[529]).

Nos termos dessas regras, a recusa do réu – o suposto pai ou seus parentes consanguíneos – em se submeter ao exame de código genético gera a presunção relativa de paternidade, a ser apreciada em conjunto com o contexto probatório.[530]

[525] DINAMARCO, *op. cit.*, 2017, p. 668.

[526] DINAMARCO, *op. cit.*, 2017, p. 669.

[527] "Aquele que se nega a submeter-se a exame médico necessário não poderá aproveitar-se de sua recusa".

[528] "A recusa à perícia médica ordenada pelo juiz poderá suprir a prova que se pretendia obter com o exame".

[529] "Em ação investigatória, a recusa do suposto pai a submeter-se ao exame de. DNA induz presunção *juris tantum* de paternidade".

[530] "Somente a recusa injustificada em fazê-lo determina o reconhecimento judicial presumido da paternidade. Por isto, o demandante não está completamente desonerado de provar, não

Esses dois exemplos refletem técnica historicamente admitida no direito brasileiro para a hipótese de recusa da parte a exibir documento ou coisa. De partida, seja lembrado que tanto o Regulamento 737 (Decreto n. 737/1850) quanto o Código Comercial de 1850 (Lei n. 556/1850) previam a figura do "juramento suppletorio",[531] elencado como um tipo de prova (Regulamento n. 737, artigo 138. § 5º) e admitido para as hipóteses de recusa injustificada da parte na exibição de livros de escrituração comercial e balanços gerais de atos de comércio.[532]

A técnica – já aperfeiçoada para aplicação geral nos casos de exibição de documento ou coisa – veio também refletida no artigo 219 do Código de Processo Civil de 1939 (Decreto-lei n. 1.608/1939),[533] segundo o qual o juiz poderia considerar "provadas" as alegações que se pretendia confirmar por exame de documento quando a parte chamada a exibi-lo negar que o possua, ou recusar sua exibição, ou ainda quando as circunstâncias convencerem de que a parte a quem a exibição foi imposta ocultou ou inutilizou o documento para impedir seu uso por seu oponente.

Chamam a atenção nessa regra o reconhecimento antecipado do caráter excepcional de sua aplicação ("desde que só o exame do documento possa confirmar ou destruir as alegações"), o reconhecimento do *valor probatório* atribuído ao comportamento da parte ("o juiz poderá considerá-las pro-

podendo simplesmente acomodar-se com a recusa do demandado em realizar o DNA, deve esforçar-se para trazer, no mínimo, indícios de que sua mãe teve um relacionamento com o réu" (CAMBI, *op. cit.*, 2014, p. 286).

531 "Somente pode verificar-se êste meio de prova: no caso de recursar-se o comerciante, que fôr parte na causa, a apresentar os seus livros para o exame pericial requerido pela parte contrária, à qual então, o juiz defere o juramento supletório" (SANTOS, *op. cit.*, 1955, v. V, p. 91).

532 Para interessantes exemplos de aplicação dessa regra na jurisprudência, com destaque para as afirmações de que "o juramento supletório gera simples presunção que o próprio juiz pode recusar afinal"; "a recusa injustificável da exibição de livros, e não a falta de sua apresentação por não os possuir o comerciante, é que permite que se defira o juramento supletório"; "o juramento supletório, que se defere sempre que há prova semiplena e o adversário recusa a exibição de livros que obrigatoriamente deve ter, equipara-se ao próprio exame por se presumir que este, uma vez realizado, seria contrário ao sonegador – *recusans exhibire libro habet contra se praesumptionen mali iuris*", cf. SANTOS, *op. cit.*, 1955, v. V, p. 91.

533 "Desde que só o exame do documento possa confirmar ou destruir as alegações do requerente, o juiz poderá considerá-las provadas, si forem verosímeis e estiverem coerentes com as demais provas dos autos: I – quando a parte condenada a exibi-lo negar que o possua, ou recusar a exibição; II – quando as circunstâncias convencerem de que a parte condenada à exibição ocultou ou inutilizou o documento, para impedir-lhe o uso pelo requerente".

vadas") e a necessidade de exame desse comportamento à luz das demais circunstâncias do caso ("forem verosímeis e estiverem coerentes com as demais provas dos autos"; "quando as circunstâncias convencerem").

O CPC/73 também previu a aplicação da técnica para a recusa injustificada da parte em exibir documento ou coisa. Nos termos do artigo 359[534] daquele diploma, a consequência para essa recusa seria a admissão "como verdadeiros" dos fatos que se pretendia provar com o documento ou a coisa em questão.

Para além das hipóteses de recusa da parte em produzir determinada prova, o comportamento processual da parte também tem reconhecida influência no convencimento judicial por força da aplicação de outras regras presentes da legislação em vigor.

Um exemplo é a já mencionada pena de confesso, pela qual o comportamento da parte que, intimada, deixa de comparecer para prestar depoimento pessoal (CPC, artigos 139, inciso VIII, e 385, § 1º) é levado em consideração para o estabelecimento de ficção jurídica pela qual se assume a confissão da parte que deixou de comparecer. O mesmo racional se aplica à análise feita pelo juiz a respeito do comportamento da parte que, mesmo comparecendo, "deixar de responder ao que lhe for perguntado ou empregar evasivas" (artigo 386), já que, nesse caso, o juiz aprecia as demais circunstâncias e os elementos de prova para avaliar se houve recusa em depor e, sendo o caso, aplicar a mesma pena.[535]

[534] "Ao decidir o pedido, o juiz admitirá como verdadeiros os fatos que, por meio do documento ou da coisa, a parte pretendia provar: I – se o requerido não efetuar a exibição, nem fizer qualquer declaração no prazo do art. 357; II – se a recusa for havida por ilegítima".

[535] "Há alguns indícios de que determinados comportamentos das partes podem adquirir algum 'valor probante', como se pode ver, por exemplo, na regra do art. 386 do CPC, segundo a qual a parte pode ser prejudicada se o juiz considerar que ela se recusou a depor. Esse comportamento, desde que associado a outros elementos de prova, pode influenciar a convicção do juiz a respeito dos fatos em discussão" (Bonizzi, *op. cit.*, 2017, p. 79); "A valoração da atividade das partes também pode ser retirada do artigo 345 do Código de Processo Civil [de 1973], segundo o qual o juiz, verificando que a parte deixou de responder o que lhe foi perguntado ou tendo aplicado evasivas, pode declarar se houve recusa de depor, com base nas demais circunstâncias e elementos de prova. Também pode ser extraída do artigo 359 do Código de Processo Civil [de 1973], pelo qual o magistrado, ao decidir sobre a recusa da exibição de documento ou coisa, pode admitir como verdadeiros os fatos que, por meio deles, a parte pretendia provar, se o requerido não fizer a exibição no prazo de cinco dias, se não justificar as razões da não exibição ou, ainda, se tal recusa for havida por ilegítima." (Cambi, *op. cit.*, 2014, p. 90).

Outro exemplo é a presunção de veracidade das alegações de fato feitas pelo autor na petição inicial e não impugnadas especificamente pelo réu na contestação (CPC, artigo 341).[536] Ainda no mesmo sentido é a aceitação da veracidade dos fatos alegados pelo autor na hipótese de revelia (CPC, artigo 344).[537]

A própria possibilidade geral de o juiz estabelecer presunções simples confirma a aceitação, pela lei processual, da atribuição de valor ao comportamento da parte. No CPC, o poder do juiz de estabelecer essas presunções pode ser extraído da regra do artigo 375,[538] segundo a qual o magistrado pode aplicar as regras da experiência.[539] Como observa Cândido Rangel Dinamarco, a interpretação dessa regra permite que se considere nela incluída "a máxima segundo a qual o comportamento da parte no processo pode ser tomado como elemento de convicção para a apreciação da matéria de fato pelo juiz (Ivan Ordine Righi)".[540]-[541]

No mesmo sentido, a possibilidade de atribuição de valor probatório à conduta processual da parte é confirmada pelas regras que estabelecem a livre apreciação (motivada) das provas pelo juiz (CPC, artigo 371) e o direito das partes de empregarem todos os meios legais e moralmente legítimos, mesmo que não especificados na lei, para provar a verdade dos fatos e influenciar de forma eficaz na convicção do juiz (CPC, artigo 369).[542]

[536] "Incumbe também ao réu manifestar-se precisamente sobre as alegações de fato constantes da petição inicial, presumindo-se verdadeiras as não impugnadas, salvo se I – não for admissível, a seu respeito, a confissão; II – a petição inicial não estiver acompanhada de instrumento que a lei considerar da substância do ato; III – estiverem em contradição com a defesa, considerada em seu conjunto. Parágrafo único. O ônus da impugnação especificada dos fatos não se aplica ao defensor público, ao advogado dativo e ao curador especial".

[537] "Se o réu não contestar a ação, será considerado revel e presumir-se-ão verdadeiras as alegações de fato formuladas pelo autor".

[538] "O juiz aplicará as regras de experiência comum subministradas pela observação do que ordinariamente acontece e, ainda, as regras de experiência técnica, ressalvado, quanto a estas, o exame pericial".

[539] "As presunções judiciais são inseridas no sistema do processo civil pelo art. 375 do Código de Processo Civil, que manda o juiz decidir segundo suas máximas de experiência" (Dinamarco, *op. cit.*, 2017, p. 143).

[540] Dinamarco, *op. cit.*, 2017, p. 145. No mesmo sentido: Cambi, *op. cit.*, 2014, p. 284.

[541] "A própria lei, ao estabelecer presunções, extrai eficácia probatória da conduta da parte" (Righi, *op. cit.*, 1981, p. 3).

[542] "O Código de Processo Civil [de 1973] recepciona o princípio da valoração racional da prova (art. 131) – e, além disso, dispõe que todos os meios legais ou moralmente legítimos são hábeis à demonstração da verdade dos fatos em que se funda a ação ou a defesa (art. 332).

Todas essas constatações corroboram a conclusão de que o sistema jurídico brasileiro – em particular a Lei Brasileira de Arbitragem e as regras da teoria geral do processo – são compatíveis com a atribuição, ao árbitro, do poder de extrair inferências adversas a partir da atribuição de valor probatório à conduta processual da parte.

Por fim, vale apenas observar que essas regras admitindo a valoração do comportamento processual da parte tem paralelo na legislação processual de outros países tradicionalmente vistos como pertencentes à família de *civil law*.

Um exemplo bastante comentado é o da Itália, que prevê no artigo 116[543] do seu *Codice di Procedura Civile*, que trata da valoração da prova, que o juiz pode extrair "argumentos de prova" a partir do comportamento da parte no processo.[544] A regra é refletida em outras disposições do mesmo diploma, que confirmam sua aplicação em situações específicas como a falta de comparecimento da parte à audiência (artigo 420) ou o descumprimento de uma ordem de inspeção de coisa ou pessoa (artigo 118).

A doutrina italiana tradicionalmente diferencia esse instituto das provas em geral e das presunções simples, destacando sua inaptidão para constituir em si mesmos uma cadeia completa e suficiente de elos presuntivos e definindo-os como ferramentas lógico-críticas auxiliares na valoração de provas típicas.[545] Mais recentemente, parte da doutrina passou a defen-

Indiscutivelmente, portanto, no direito brasileiro, a conduta processual das partes é fator produtivo de conseqüências probatórias" (Righi, *op. cit.*, 1981, p. 4).

543 Valoração da prova. O juiz deve valorar a prova segundo seu prudente juízo, salvo se a lei dispor de outra forma. O juiz pode extrair argumento de prova a partir das respostas que as partes lhe derem nos termos do artigo seguinte, da recusa injustificada de permitir as inspeções que ordenou e, em geral, do comportamento das partes no processo" (tradução nossa). No original: "*(Valutazione delle prove) Il giudice deve valutare le prove secondo il suo prudente apprezzamento, salvo che la legge disponga altrimenti. Il giudice può desumere argomenti di prova dalle risposte che le parti gli danno a norma dell'articolo seguente, dal loro rifiuto ingiustificato a consentire le ispezioni che egli ha ordinate e, in generale, dal contegno delle parti stesse nel processo*".

544 "Os argumentos de prova, por outro aspecto, tanto podem resultar do comportamento da parte correlacionado a um ato processual específico, quanto de seu modo de atuação em juízo durante o procedimento inteiro, ou cada uma das fases que o compõem. Basta pensar na intenção protelatória revelada pela parte ao longo da tramitação do processo, ou na proposição de meios de prova para a demonstração de fatos incompatíveis com os precedentemente alegados." (Righi, *op. cit.*, 1981, p. 6)

545 Nesse sentido: Montesano, L. Le prove atipiche nelle 'presunzioni' e negli 'argomenti' del Giudice civile. *Rivista di Diritto Processuale*, Padova, v. XXXV, p. 233-251, 1980, p 236; e

der a equiparação entre os argumentos de prova e as presunções simples, a partir de uma analogia estrutural entre os dois institutos.[546]

Outro exemplo é a lei alemã, que prevê regra análoga ao artigo 400 do CPC, estabelecendo que serão "consideradas provadas" as alegações que se pretendia provar por documento quando uma parte deixa de cumprir uma ordem de exibição desse documento (ZPO, § 427).

Na Argentina, o *Código Procesal Civil y Comercial de La Nación* prevê em seu artigo 163, item 5, que o comportamento das partes durante o processo pode constituir "um elemento de convicção corroborante das provas".[547]

Em Portugal, o Código de Processo Civil (Lei n. 41/2013) estabelece, no artigo 417(2), que trata do "dever de cooperação para a descoberta da verdade", que

> [a]queles que recusem a colaboração devida são condenados em multa, sem prejuízo dos meios coercitivos que forem possíveis; se o recusante for parte, o tribunal aprecia livremente o valor da recusa para efeitos probatórios, sem prejuízo da inversão do ónus da prova decorrente do preceituado no nº 2 do artigo 344º do Código Civil.

Assim, a despeito de não refletirem especificamente o sistema brasileiro, esses exemplos ilustram a consolidada aceitação, nos sistemas processuais em geral – e, em particular, naqueles tradicionalmente de tradição romano-germânica –, da influência do comportamento processual da parte no convencimento do julgador.

4.7. Condições para extração das inferências adversas

A sistematização do tema ora estudado passa pela análise das condições específicas para sua aplicação pelos árbitros.

A ideia é nortear o raciocínio de natureza presuntiva feita pelo julgador na aplicação dessa técnica, sempre com vistas a preservar as garantias

Ricci, Gian Franco. Prove e argomenti di prova. *Rivista Trimestrale di Diritto e Procedura Civile*, Milão, v. XLII, p. 1036-1104, 1988, p. 1094 e 1103-1104.

546 Ruffini, Giuseppe. Argomenti di prova e fondamento della decisione del giudice civile. *Rivista Trimestrale di Diritto e Procedura Civile*, Milão, v. 58, n. 4, p. 1329-1357. 2004, p. 1654-1656.

547 Tradução nossa. No original: "*a conducta observada por las partes durante la sustanciación del proceso podrá constituir un elemento de convicción corroborante de las pruebas, para juzgar la procedencia de las respectivas pretensiones*".

fundamentais do processo, aumentar previsibilidade e, consequentemente, proteger a sentença de qualquer vício. É a conjunção desses fatores, por sua vez, que pode aumentar a segurança das partes e dos julgadores e favorecer a consolidação do instituto, com sua maior e mais precisa utilização.

A preocupação que motiva essa análise é reforçada pelo fato de a Lei Brasileira de Arbitragem não conter previsão expressa estabelecendo o poder dos árbitros de extraírem inferências adversas a partir do comportamento processual da parte e pelo fato de que, pelo modo como essa técnica é aplicada na prática (na própria sentença), resta pouco espaço para o debate sobre a observância dos critérios de aplicação da técnica ainda no âmbito do processo arbitral.

Não sem razão, o tema da extração de inferências adversas é frequentemente enfrentado com uma proposta de listagem de requisitos para sua aplicação em casos concretos. Alguns dos textos da doutrina estrangeira aqui mencionada incluem, com maior ou menor grau de detalhamento, propostas de sistematização de critérios para a extração de inferências adversas.[548]

O mais referenciado deles é o de Jeremy Sharpe, que, em 2006, a partir da análise de decisões arbitrais do IUSCT, elencou os seguintes requisitos para a extração de inferências adversas: (i) a parte buscando a inferência adversa deve produzir todas as provas disponíveis para si corroborando a inferência buscada; (ii) a prova cuja produção foi requerida deve estar acessível à parte oponente; (iii) a inferência buscada deve ser razoável, consistente com os fatos do caso e logicamente relacionada com a provável natureza da prova não produzida; (iv) a parte buscando a inferência adversa deve produzir prova *prima facie*; e (v) a parte oponente deve saber, ou ter razões para saber, de sua obrigação de produzir provas refutando a inferência buscada.[549]

Ainda no âmbito dessas decisões do IUSCT, já era possível ver uma tentativa de organização dos requisitos para a extração das inferências adversas, como mostra o voto divergente de Charles N. Brower no caso *Frederica*

[548] GREENBERG; LAUTENSCHLAGER, *op. cit.*, 2011, p. 43-56; HOSANG, *op. cit.*, 2011, p. 791-805; JÚDICE, José-Miguel. Inferencia adversa e inversión de la carga de la prueba en arbitraje internacional. In: SEMINARIO INTERNACIONAL DE ARBITRAJE, 1º, 2015, San Sebastián. *Anais do Seminario Internacional de Arbitraje* San Sebastián: Universidad del País Vasco, 2015; LUTTRELL, *op. cit.*, 2018; POLKINGHORNE; ROSENBERG, *op. cit.*, 2015, p. 741-751.

[549] SHARPE, *op. cit.*, 2006, p. 549-572.

Lincoln Riahi vs. Iran (IUSCT, Sentença arbitral n. 600-485-1),[550] em que o árbitro critica a decisão da maioria dos membros do tribunal de não extraírem uma inferência no caso concreto.

A verificação dessas diretrizes ditadas por Jeremy Sharpe na prática ficou conhecida como "*Sharpe-test*", como ilustra decisão recente da *Cour d'appel de Paris*, proferida em 1º de dezembro de 2020.[551]

Na mesma linha, também recentemente, Guilherme Rizzo Amaral partiu desses requisitos propostos por Jeremy Sharpe para propor um "*inference chart*" que funcionaria como uma planilha ou *checklist* para verificação das condições para a extração de inferências adversas nos casos concretos.[552]

A análise dessas condições empreendida neste livro leva em consideração esses esforços anteriores, assim como a doutrina geral sobre o tema, e as decisões arbitrais e judiciais que enfrentam a questão.

Nesse sentido, serão tomadas como referência hipóteses concretas em que esse instituto vem sendo aplicado na prática na esfera arbitral, buscando-se compatibilizar essas situações concretas com as exigências específicas do sistema brasileiro. Como dito, a ausência de previsão expressa desse instrumento na Lei Brasileira de Arbitragem reforça a cautela recomendada para a aplicação do instituto.

Naturalmente, as condições aqui analisadas se somam a outras exigências decorrentes da lei processual aplicável, como a exigência de motivação na sentença arbitral (Lei Brasileira de Arbitragem, artigo 26, inciso II), especialmente relevante para expor o raciocínio conclusivo realizado pelo árbitro a partir do fato conhecido (o comportamento processual da parte) para alcançar a convicção quanto a um fato desconhecido (o teor da fonte de prova).[553] Outras condições específicas poderão decorrer da

[550] Sentença final no *IUSCT Case n. 485*, datada de 27.2.2003.

[551] *Cour d'appel de Paris, Pôle 5 – chambre 16, 1er décembre 2020*, n° 19/09347.

[552] AMARAL, Guilherme Rizzo. Burden of Proof and Adverse Inferences in International Arbitration: Proposal for an Inference Chart. *Journal of International Arbitration*, Nova York, v. 35, n. 1, p. 1-30, 2018, p. 1-30.

[553] "A aceitabilidade racional da presunção judicial, explicitada e evidenciada através da fundamentação da decisão, em tudo se relaciona com a probabilidade lógica. E através dela que se justifica e se legitima perante as partes o raciocínio conclusivo realizado pelo juiz, inferindo, através da experiência do que ordinariamente acontece, um fato desconhecido de um fato conhecido. É a lógica do provável que possibilita o controle da formação da convicção judicial na presunção simples, questão que se insere no âmbito mais amplo do controle da formação da convicção do juiz na persuasão racional" (BORGES, *op. cit.*, 2016, p. 455).

cláusula compromissória e/ou das regras da câmara arbitral, no caso das arbitragens institucionais.

Por fim, vale um esclarecimento: essas condições são vistas como cumulativas, de modo que não bastaria a observância de apenas uma delas para legitimar a extração da inferência adversa em um caso concreto. Mas isso não significa um olhar excessivamente rígido sobre elas. De um lado, porque o tema vem se desenvolvendo a partir da prática e preserva sua natureza dinâmica. Logo, é esperado que a evolução do tema com a crescente utilização da ferramenta certamente aperfeiçoe essas condições.

De outro lado, porque a legitimidade da decisão que extrai uma inferência adversa só poderá ser aferida no caso concreto, à luz das circunstâncias específicas consideradas pelo árbitro. Por consequência, a extração de uma inferência adversa na ausência de alguma dessas condições não implicará necessária e automaticamente a nulidade da sentença arbitral ou a violação de alguma garantia da parte. Em todos os casos, essa conclusão só poderá ser alcançada a partir de um exame detalhado das circunstâncias que levaram a esse desfecho e ao próprio valor atribuído à inferência, o qual deverá ser detalhado na motivação da decisão pelos árbitros.

Essa motivação parece especialmente relevante nos casos em que a inferência adversa for extraída de ofício pelos árbitros,[554] e não a requerimento da parte potencialmente beneficiada pela medida. Afinal, nesse caso é possível que as razões que levam os árbitros a se convencerem pela aplicação dessa técnica não estejam até então claras nos autos, cabendo à decisão esclarecê-las.

Assim, à luz dessas premissas, os próximos itens deste trabalho tratarão das seguintes condições para a extração de inferências adversas em processos arbitrais à luz da lei brasileira: (i) excepcionalidade (*infra*, n. 4.7.1); (ii) relevância e materialidade (*infra*, n. 4.7.2); (iii) inaptidão da parte que busca a extração da inferência adversa para produzir a prova faltante (*infra*, n. 4.7.3); (iv) produção da prova *prima facie* (*infra*, n. 4.7.4); (v) razoabilidade e coerência da inferência adversa à luz do conjunto probatório (*infra*, n. 4.7.5); (vi) controle sobre a fonte de prova pela parte contra quem

[554] "Inferências adversas podem ser extraídas pelo tribunal arbitral não apenas por iniciativa própria, mas também a requerimento da parte" (tradução nossa). No original: "[A]*dverse inferences can not only be issued by the arbitral tribunal at its own motion but also by application of the requesting party*". (Hosang, *op. cit.*, 2011, p. 794). No mesmo sentido: Greenberg; Lautenschlager, *op. cit.*, 2011, p. 47; e Kazazi, *op. cit.*, 1996, p. 273-274.

a inferência recai (*infra*, n. 4.7.6); (vii) intimação da parte para produção da prova (*infra*, n. 4.7.7); (viii) respeito ao contraditório (*infra*, n. 4.7.8); e (ix) resistência injustificada da parte à produção da prova (*infra*, n. 4.7.9).

4.7.1. Excepcionalidade

As especificidades dessa técnica recomendam que o árbitro somente atribuía valor probatório ao comportamento da parte a partir da extração de uma inferência adversa como *ultima ratio*,[555] quando constatar a presença de circunstâncias excepcionais.

Essa recomendação se justifica pelo impacto da extração de uma inferência adversa para a posição processual da parte, que é potencialmente muito gravoso. De fato, enquanto (i) a vinda de um documento aos autos pelo cumprimento de uma determinação de exibição ditada pelos árbitros abriria uma janela para debate das partes sobre uma série de questões correlatas, especialmente o conteúdo daquele documento e o contexto em que ele foi produzido, (ii) a extração de uma inferência adversa sobre o teor desse documento quando ele não vem aos autos dispensa essa discussão, levando diretamente o julgador a uma posição de convencimento no sentido de que esse teor é desfavorável aos interesses da parte que frustrou sua exibição.

No exemplo acima, a parte que lutava pela exibição desse documento, por outro lado, pode ser amplamente beneficiada pela aplicação dessa técnica, já que também não terá que enfrentar essa janela de debates. O julgador estará convencido quanto à veracidade do enunciado que afirma a ocorrência de um fato favorável à posição beneficiada. Ainda que esse convencimento isolado normalmente não baste para um julgamento final favorável a essa parte (*infra*, n. 4.7.4 e 4.8), ele inegavelmente a colocará em uma posição vantajosa quanto a esse tema.

Assim, apenas excepcionalmente deve-se aplicar uma técnica que pode representar um gravame sério a uma das partes e uma vantagem relevante para a outra parte.

Na prática, o reconhecimento dessa excepcionalidade se reflete em três principais aspectos.

O primeiro deles é a necessidade de cautela especial do julgador no respeito às garantias processuais das partes, conforme refletidas nas demais condições para a extração das inferências adversas.

[555] KAZAZI, *op. cit.*, 1996, p. 322.

Assim, por exemplo, essa recusa na produção da prova deve ser injustificada, caracterizando uma conduta processual realmente abusiva,[556] o que poderá ser aferido mediante a confirmação de que estão presentes outras condições para a extração da inferência adversa (listada nos itens abaixo). É verdade que essas condições já refletem o reconhecimento dessa excepcionalidade e já contribuem para evitar qualquer "banalização" na aplicação dessa técnica. De todo modo, o árbitro deve permear a análise da presença dessas condições pela lembrança constante de que se trata de uma medida excepcional.

O segundo é a necessidade de que se verifique a insuficiência de outros remédios que, de forma menos gravosa para uma parte, permitam à outra parte se desincumbir igualmente de seu ônus probatório.

Na prática, isso significa que o árbitro deve ponderar se, à luz das especificidades do caso concreto, a aplicação de sanções processuais, como *astreintes* ou a advertência quanto à chance de condenação da parte à multa por litigância de má-fé, não surtiriam o efeito coercitivo necessário para compelir a parte a abandonar sua resistência na produção da prova. Também deve ser objeto dessa ponderação as alternativas à disposição do árbitro para produção dessa prova com o apoio do Poder Judiciário (Lei Brasileira de Arbitragem, artigo 22-C).

A ideia é que se incentive o cumprimento efetivo do dever de colaboração das partes em matéria probatória, deixando as inferências adversas como um último recurso a ser adotado pelos árbitros.[557]

Esses temas devem ser objeto de motivação suficientemente detalhada que deve deixar claro para as partes que essa insuficiência de outros remédios foi devidamente considerada pelos árbitros.

[556] SOURGENS; DUGGAL; LAIRD, *op. cit.*, 2018, p. 163-164.

[557] "O dever das partes de colaborar em matéria de prova é uma regra cujo objetivo final é permitir que o tribunal baseie sua decisão no maior número de provas possível. Assim, os tribunais internacionais se esforçam para encorajar as partes a serem francas no fornecimento de provas, recorrendo a medidas como extrair inferências adversas contra uma parte apenas como último recurso e apenas em circunstâncias especiais" (tradução nossa). No original: *"The duty of parties to collaborate in matter of evidece is a rule the ultimate objective of which is to enable the tribunal to base its decision on as much evidence as possible. Thus, international tribunals presumably endeavour to encourage the parties to be forthright in providing evidence, and would resort to measures such as making adverse inferences against a party only as a last resort and only under special circumstances"* (KAZAZI, *op. cit.*, 1996, p. 322).

Esse aspecto também está refletido nas exigências de que, para a extração da inferência adversa, a parte sobre quem recai o ônus probatório realmente dependa de algum ato praticado pelo seu oponente para a produção de uma prova (*infra*, n. 4.7.3).

Isso não significa, porém, que seja exigido dos árbitros o esgotamento de outras medidas alternativas à extração de inferências adversas – diferentemente da concepção que se tem para a presunção de veracidade prevista no artigo 400 do CPC.[558] Não é preciso que o árbitro tente, via carta arbitral (Lei Brasileira de Arbitragem, artigo 22-C), produzir a prova com o apoio do Poder Judiciário.[559]

Mas é razoável exigir que ele pondere que, à luz das circunstâncias do caso, essa pode ser uma medida eficaz contra a resistência de uma das partes à produção de uma prova. Nessa ponderação, ele pode concluir que não faria sentido, à luz do tempo e dos custos envolvidos, buscar por essa via de solicitação de apoio ao aparato da justiça estatal para a produção de uma prova cuja fonte não esteja sob jurisdição brasileira, por exemplo.

Do mesmo modo, isso não significa que o julgador tenha que ter aplicado previamente à parte alguma sanção financeira. Pode ser suficiente, conforme as circunstâncias do caso concreto, que o julgador esclareça em decisão motivada as razões pelas quais considera que a aplicação de uma penalidade não seria suficiente ou eficiente para vencer a resistência abusiva da parte à produção da prova.

Se, por exemplo, a parte já houver demonstrado indiferença em relação a penalizações financeiras em decisão anterior dos árbitros, o julgador pode considerar que a insistência na cominação dessas penalidades pode ser ineficaz ou insuficiente. Nesse caso, a parte resistente pode simplesmente assumir que o impacto financeiro do descumprimento de uma determinação de exibição de um documento ainda lhe seria muito mais favorável que o impacto da vinda desse documento aos autos. Em um cenário tal, a mera advertência da extração da inferência adversa pode ter um

558 "[Q]uando o sistema admite o uso de tais meios executivos, como acontece no Código de 2015, impõe-se o uso das modalidades de execução (art. 400, parágrafo único). A extração de uma presunção de veracidade do comportamento da parte renitente deve ocorrer apenas depois de esgotadas as possibilidades para a obtenção do documento" (MARINONI, Luiz Guilherme; ARENHART, Sérgio Cruz. *Prova e convicção de acordo com o CPC de 2015*. 3ª ed., São Paulo: Revista dos Tribunais, 2015, p. 221).

559 AMARAL, *op. cit.*, 2018, p. 12-13.

feito persuasivo maior sobre essa parte. Além disso, é possível que haja cumulação dessas medidas.

O terceiro aspecto diz respeito à necessidade de que as inferências sejam extraídas da forma mais restrita possível.[560] Isso significa que, mesmo após concluir que a extração da inferência adversa é justificada, o árbitro deve estabelecê-la dentro de limites bem definidos, de forma circunscrita à (i) prova não produzida e (ii) à lacuna considerada relevante para a parte sobre a qual recai o ônus probatório.

Logo, se um documento complexo ou de conteúdo amplo deixa injustificadamente de ser exibido por uma das partes (um relatório de auditoria com vários capítulos ou anexos; uma longa cadeia de comunicações por e-mail, por exemplo), mas apenas parte de seu teor seria relevante para preencher a lacuna probatória decorrente desse comportamento, a inferência adversa deve recair exclusivamente sobre esse trecho do documento.

A excepcionalidade da medida também deve ser considerada pela parte a quem sua aplicação beneficiará. Ainda que se exija que a extração de uma inferência adversa dependa de requerimento da parte quando estabelecidas as condições para tanto, é do interesse da parte a quem a medida beneficiar demonstrar que a situação comporta a aplicação dessa técnica.

Esse aspecto é ilustrado pela sentença proferida no caso *Devas vs. Antrix*, uma arbitragem administrada pela ICC (*ICC Case n. 18051*).[561] Embora o tribunal tenha registrado naquela decisão (i) sua perplexidade com o fato de o requerido não ter arrolado uma testemunha considerada central para o deslinde da disputa e (ii) a opção feita expressamente pelas partes quanto à utilização das Regras da IBA sobre Produção de Provas como um guia na solução de questões sobre prova, declinou da extração das inferências adversas a partir desse fato. Como justificativa, os árbitros suscitaram o fato de que referidas regras da IBA preveem a aplicação dessa técnica em circunstâncias muito limitadas, cuja presença no caso concreto não havia sido sugerida pela parte requerente.

4.7.2. Relevância e materialidade

Em consonância com a natureza excepcional do instituto, as inferências adversas devem ser extraídas apenas quando constatado que a lacuna exis-

560 ALI; SAINATI, *op. cit.*, 2016, p. 313.

561 Sentença proferida em 1º de julho de 2011.

tente no leque de provas se refere (i) a uma prova *relevante* para que uma das partes pudesse se desincumbir de seu ônus probatório e (ii) a uma questão que teria *materialidade* na solução da demanda.[562] Essa análise é tida, inclusive, como o "ponto de partida" para todo o processo de extração de inferências adversas.[563]

Haverá *relevância* quando ficar demonstrado que a prova que deixou de ser produzida daria suporte ao caso da parte que se beneficiaria da extração da inferência adversa, permitindo que ela satisfizesse seu ônus probatório.[564] Para essa verificação, os árbitros devem responder afirmativamente ao questionamento sobre a existência de um nexo entre essa fonte de prova e a questão a ser decidida no caso concreto.[565]

Em uma arbitragem administrada pela ICC (*Final Award in Case 13078*[566]), o tribunal arbitral rejeitou requerimento de extração de inferência adversa contra a parte requerente por concluir que os documentos que não vieram aos autos mais provavelmente ajudariam o caso da parte requerente que o da requerida (esta última solicitante da extração da inferência adversa).

Naquele caso, em que se discutia a responsabilidade pela falha em um motor de um navio, o documento faltante consistia nos diários de bordo dessa embarcação. A parte requerida alegava que o fato de a requerente não exibir esses diários de bordo deveria ser interpretado como prova de que o conteúdo desses documentos negaria a tese das requerentes sobre os defeitos do motor ou comprovaria a ocorrência de um encalhamento do navio previamente ao problema técnico do motor. Contudo, avaliando as demais provas produzidas, especialmente o testemunho do capitão do navio, o tribunal arbitral concluiu ser mais provável que os diários de bordo favoreceriam a tese da requerente, o que foi utilizado como justificativa para a rejeição do requerimento da requerida de extração da inferência adversa.

Essa condição também é ilustrada pela decisão tomada no caso *Frederica Lincoln Riahi vs. Iran* (IUSCT – Sentença arbitral n. 600-485-1).[567] A arbi-

[562] ZYKOVA, Karina. *Drawing adverse inferences from non-production of documentary evidence in international arbitration.* Dissertação (Mestrado em Direito) – University of Oslo, Oslo, 2017, p. 35.
[563] KAZAZI, *op. cit.*, 1996, p. 320.
[564] ZYKOVA, *op. cit.*, 2017, p. 35.
[565] SOLIS, *op. cit.*, 2018, p. 92.
[566] ICC. Extracts form ICC Arbitral Awards on the Subsect of Adverse Interferences. *ICC International Court of Arbitration Bulletin*, Paris, v. 22, n. 2, 2011, p. 78 e ss.
[567] Sentença final no *IUSCT Case n. 485*, datada de 27.2.2003.

tragem teve por objeto a pretensão da autora de ser indenizada por alegados danos sofridos em decorrência da expropriação de sociedades em que ela alegadamente detinha alguma participação. A requerente pediu aos árbitros que extraíssem inferência adversa a partir do comportamento do requerido, que teria deixado de exibir documentos societários que comprovariam a participação da autora nas sociedades expropriadas. No entanto, o tribunal arbitral rejeitou esse requerimento por entender que, à luz das regras específicas aplicáveis aos registros societários no Irã, esses documentos não produzidos pelo requerido não serviriam de prova dessa participação.

Também para constatar essa relevância, o árbitro deve avaliar se a mesma conclusão a que ele chegaria mediante a extração da inferência adversa não seria alcançada pela valoração de outras provas já existentes nos autos. Se a resposta a esse questionamento for no sentido de que essa conclusão pode ser extraída das provas já produzidas, ou, ainda, que essa prova faltante não representa um reforço ou confirmação relevante para as provas já produzidas, a inferência adversa não se justificará.[568]

Essa condição é ilustrada pelo caso *Bilcon of Delaware et al vs. Government of Canada*,[569] em que, ao rejeitar um requerimento de extração de inferências adversas a partir do comportamento da parte acusada de omitir determinados documentos injustificadamente quando do cumprimento de uma decisão determinando sua exibição, o tribunal arbitral justificou essa recusa alegando ter analisado um grande volume de provas que já documentava suficientemente todos os aspectos do caso considerados relevantes para a tomada de decisão. Nesse sentido, os árbitros afirmaram estarem confortáveis para tomar uma decisão informada quanto à veracidade dos fatos, sendo desnecessário recorrer à extração de inferências adversas.

Vale destacar que incumbe à parte sobre quem recairia o ônus probatório que deixou de ser satisfeito em razão do comportamento de seu oponente comprovar que a prova que não pôde ser produzida era relevante para o cumprimento desse seu ônus probatório.[570]

Trata-se de um aspecto relevante na medida em que a parte só terá interesse em requerer a extração de uma inferência adversa se esta tiver o

568 Zykova, *op. cit.*, 2017, p. 40-41.

569 *PCA Case No. 2009-04*. Sentença sobre questões de jurisdição e responsabilidade, datada de 17.3.2015.

570 Luttrell, *op. cit.*, 2018, p. 287.

potencial de contribuir para ela própria se desincumbir de seu ônus probatório. Assumindo um cenário de distribuição estática do ônus da prova para fins de ilustrar essa afirmação, pode-se dizer que uma parte requerente não terá interesse em requerer a extração de uma inferência adversa para suprir a falta de prova quanto a (inexistência de) um fato extintivo de seu direito. Nesse caso, faltará necessidade a justificar a medida porque, na ausência dessa prova, o ônus da prova aplicado como regra de julgamento levará naturalmente à rejeição dessa alegação de defesa do requerido.[571]

Já na avaliação sobre a *materialidade* da prova não produzida – e, portanto, da inferência adversa que irá substituí-la – os árbitros deverão considerar se essa prova tem algum peso ou tendência de influenciar concretamente seu convencimento na solução da demanda.[572] Também incumbe à parte que se beneficiará da inferência adversa demonstrar os efeitos que a aplicação ou não dessa técnica poderão ter na solução da disputa.[573]

No caso *Glamis Gold, Ltd. vs. The United States of America, UNCITRAL*,[574] essa condição é ilustrada pela afirmação do tribunal arbitral no sentido de rejeitar o requerimento de extração da inferência adversa a partir do comportamento da parte que exibiu com trechos tarjados alguns documentos solicitados pela outra parte. No caso, a rejeição foi motivada pelos árbitros com a afirmação de que eles não estavam convencidos de que os trechos omitidos nesses documentos forneceriam prova suficiente para refutar o restante das provas produzidas sobre o mesmo tema.

Esse caso ilustra a conclusão de que não se trata simplesmente de constatar a existência de uma lacuna probatória. Pode ser, por exemplo, que o fato em discussão já tenha sido objeto de prova oral produzida pela parte que recusa a exibição de um documento sobre o mesmo tema. Nesse caso, não haverá uma lacuna absoluta de provas quanto àquele determinado fato, mas a recusa injustificada da parte em exibir esse documento pode indicar que seu teor negaria ou relativizaria o que foi dito por alguma testemunha sob seu controle. E essa prova que deixa de ser produzida seria relevante para a valoração completa do leque de provas, ainda que para a constatação de alguma contradição entre as provas já produzidas. Até

571 LUTTRELL, *op. cit.*, 2018, p. 286.

572 WAINCYMER, *op. cit.*, 2012, p. 859; HOUTTE, *op. cit.*, 2009, p. 202; e ZYKOVA, *op. cit.*, 2017, p. 35.

573 LUTTRELL, *op. cit.*, 2018, p. 294.

574 Sentença final proferida em 8.6.2009.

por isso, soa mais apropriado falar na existência de uma lacuna *quanto a uma prova específica*, e não em lacuna de provas quanto a um determinado fato.

Na mesma linha, a sentença proferida em arbitragem administrada pela ICC (*Final Award in Case 16695*[575]) ilustra essa condição ao rejeitar o pedido de extração de inferências adversas sob o fundamento de que, para aquele árbitro único, "as provas produzidas no caso seriam suficientes para determinas os fatos relevantes para as questões em disputas. A existência de um documento decisivo ou extremamente relevante que pudesse alterar seu entendimento ou mudar o desfecho da disputa seria altamente improvável" (tradução nossa).

Outro exemplo de decisão em que o tema da materialidade foi determinante para a decisão sobre a extração da inferência adversa é o caso *Gemplus S.A., SLP S.A., Gemplus Industrial S.A. de C.V. v. The United Mexican States.*[576] Naquele caso, a requerida pediu a extração de inferências adversas a partir do depoimento de uma testemunha dos requerentes sob a justificativa de que essa pessoa havia mentido sobre a identidade de uma pessoa a quem se referiu durante sua oitiva. O tribunal rejeitou o requerimento sob as justificativas de que, (i) ainda que a informação prestada pela testemunha fosse realmente falsa, tratar-se-ia de um equívoco escusável à luz do tempo transcorrido desde os fatos do caso até a oitiva da testemunha; e (ii) a solução do caso em nada dependeria da identidade dessa pessoa a quem a testemunha se referiu de forma equivocada.

Mais um exemplo desse racional pode ser verificado em sentença proferida na arbitragem administrada pela ICC (*Final Award in Case 12269*[577]). Naquele caso, em que o requerimento de extração de inferências adversas se baseava na demora da parte em trazer aos autos determinados documentos supostamente relevantes para a perícia, o tribunal arbitral fundamentou a rejeição desse requerimento, dentre outras razões, no argumento de que, ainda que essas inferências fossem extraídas, elas não fariam diferença para o desfecho do caso.

Por fim, vale destacar que, ainda que já eventualmente tenha feito uma avaliação preliminar sobre a relevância e a materialidade da prova no

[575] ICC – International Court of Arbitration Bulletin, n. 1/2016, p. 152 e ss.

[576] ICSID Case n. ARB(AF)/04/3. Sentença proferida em 16.6.2010.

[577] ICC, *op. cit.*, 2011, p. 69 e ss.

momento de ordenar sua produção,[578] o árbitro é instado a reavaliar esse critério quando decide sobre a extração da inferência adversa.[579] E, nessa segunda avaliação, ele o faz já à luz do conjunto probatório existente nos autos.[580] Trata-se de um aspecto relevante porque, para a avaliação dessas condições, o árbitro dependerá especialmente de seu conhecimento sobre o caso para aferir a presença desses elementos.

Na prática, pode ocorrer que uma prova tenha sido considerada relevante e material para o caso quando da decisão sobre o deferimento de um requerimento de exibição de documentos, por exemplo, mas, mesmo com o descumprimento injustificado dessa decisão, não haja relevância e materialidade que justifiquem a extração da inferência adversa. Isso ocorrerá se a parte que requereu a exibição desses documentos tenha conseguido se desincumbir de seu ônus probatório pela produção de outras provas. Ou, ainda, se o fato que se pretendia provar com a produção dessa prova tenha se tornado irrelevante para a solução da demanda (por exemplo, em razão do acolhimento de alguma questão prejudicial ao seu conhecimento).

Essa situação é bem ilustrada por uma decisão recente proferida em arbitragem administrada pela SCC (*Case n. 2018/072*). Naquele caso, em que se discutia o cumprimento de acordos referentes à operação de um *resort* na Rússia, o tribunal arbitral rejeitou a extração de inferência adversa a despeito do injustificado descumprimento de uma decisão determinando exibição de documentos dirigida à parte requerida. Para indeferir esse requerimento, o tribunal arbitral afirmou que, embora revestido da autoridade para a extração de inferências adversas, essa prerrogativa deveria ser exercida de forma criteriosa, somente quando necessário para se alcançar a solução para determinada questão em disputa. Naquela hipótese,

[578] Nas Regras da IBA sobre Produção de Provas, por exemplo, a parte que requer um pedido de exibição de documentos deve providenciar "a statement as to how the Documents requested are relevant to the case and material to its outcome" (artigo 3.3(b)). No mesmo sentido são os artigos 3.7 e 3.9. Na prova testemunhal, o artigo 4.9 exige que a parte que requer a oitiva de testemunha que não esteja sob seu controle deve indicar em que medida essa prova é relevante para a solução da disputa. A oitiva de testemunhas por ordem direta dos árbitros também está condicionada à relevância desse testemunho para a solução do caso (artigo 8.6).

[579] Ainda nas Regras da IBA sobre Produção de Provas, o árbitro deve, de ofício ou a requerimento da parte, excluir durante a avaliação de admissibilidade ou valoração, qualquer documento, declaração, testemunho oral ou inspeção, total ou parcialmente, caso verifique falta de relevância suficiente para o caso ou materialidade para sua solução (artigo 9.2.a).

[580] Zykova, *op. cit.*, 2017, p. 35.

contudo, a medida seria desnecessária porque – independentemente da aplicação dessa técnica – os árbitros já haviam decidido favoravelmente às requerentes no que diz respeito à sua pretensão de lucros cessantes, tema sobre o qual recairia a inferência adversa buscada por elas.

4.7.3. Inaptidão da parte que busca a extração da inferência adversa para produzir a prova faltante

Outro desdobramento do caráter excepcional das inferências adversas é a condição de que elas sejam extraídas apenas quando a parte a quem ela beneficiará não tenha condições de produzir a prova em questão.

Na prática, essa impossibilidade pode decorrer de múltiplos fatores, como a destruição de um documento comum em um incêndio ou o fato de determinada testemunha estar fora de sua esfera de controle e se recusar a comparecer espontaneamente para ser ouvida. O mais relevante é de que, verificada essa impossibilidade para uma parte, a impossibilidade de produção da prova decorra de uma conduta abusiva de seu oponente (que, por exemplo, mantenha cópia daquele documento ou tenha controle sobre aquela testemunha), e não de sua inércia na produção das provas que estejam sob seu controle.

Na doutrina, essa exigência também é justificada em razão do dever de diligência da parte na produção de todas as provas relevantes para o seu direito e do princípio da eficiência processual.[581] Afirma-se que a parte que se beneficia da extração da inferência adversa deve estar processualmente "de mãos limpas", ou seja, ela própria não pode ter se negado a cumprir alguma determinação de produção de prova dirigida contra si.[582]

Essa exigência é ilustrada por uma sentença arbitral proferida no âmbito do IUSCT (*Kathryn Faye Hilt vs. Iran*).[583] Naquele caso, em que se discutia a pretensão indenizatória de uma cidadã estadunidense que atuou como universitária no Irã, o tribunal arbitral não extraiu inferências adversas do comportamento da Universidade mesmo assumindo que ela teria controle sobre provas que permitiriam a fácil solução da controvérsia (documentos sobre o suposto aumento salarial devido à requerente). O entendimento dos árbitros foi o de que a requerente teria condições de produzir provas

[581] Zykova, *op. cit.*, 2017, p. 35-36.

[582] Sourgens; Duggal; Laird, *op. cit.*, 2018, p. 167.

[583] Sentença final no *IUSCT Case n. 10427*, datada de 16.3.1988, § 21.

a esse respeito independentemente da cooperação da Universidade, mas não havia se desincumbido desse ônus.

Outra decisão também proferida no âmbito do IUSCT ilustra essa condição. No caso *Levitt vs. Iran*,[584] em que se discutia o descumprimento de contrato de construção de sistema de irrigação, mesmo diante de uma série de descumprimentos injustificados de ordens de exibição de documentos direcionadas aos requeridos, o tribunal arbitral deixou de extrair inferências adversas desse comportamento. Ao justificar essa decisão, o tribunal afirmou que o descumprimento dessas ordens não eximia o autor de produzir as provas que dessem suporte ao seu caso, conforme a regra do ônus da prova aplicável. Em especial, o tribunal arbitral destacou a constatação de que as alegações do requerente estavam muito baseadas em informações recebidas por pessoas que – embora constituíssem fonte de prova relevante para o caso –, não foram arroladas como testemunhas pelo requerente.

É possível que esse critério já tenha sido objeto de avaliação pelo árbitro quando da prolação da decisão ordenando a produção da prova. No caso das Regras da IBA sobre Produção de Provas, a parte que requer a exibição de documentos deve alegar, dentre outros aspectos, que o documento em questão não está sob seu controle ou, ainda que esteja, sua produção lhe seria excessivamente onerosa (item 3.3.c.i).

No entanto, assim como se viu no item precedente (*supra*, n. 4.7.2), trata-se de uma condição a ser reavaliada pelo árbitro, porque, entre o momento em que foi deferida a produção da prova e a decisão sobre a extração da inferência adversa, pode acabar demonstrada a capacidade da parte que havia requerido a produção da prova de provar suficientemente o mesmo fato por outros meios.

Na prática, portanto, os árbitros devem considerar se a prova não produzida realmente estava inacessível para a parte que busca a extração da inferência adversa.[585] No caso da prova testemunhal, a legitimidade de uma parte para requerer a extração de inferência adversa a partir da não oitiva de determinada pessoa dependerá da demonstração de que ela fez esforços razoáveis para que essa oitiva – ainda que não estivesse sob seu controle – acontecesse. Seria razoável, nesse caso, que a parte sobre quem recai o ônus da prova tivesse requerido a intimação da testemunha para

584 Sentença final no *IUSCT Case n. 210*, datada de 29.8.1991, § 64, § 109.

585 Solis, *op. cit.*, 2018, p. 91-92.

sua oitiva, ainda que ela não estivesse sob sua esfera de influência.[586]-[587] Nesse caso, sem prejuízo da verificação da presença das demais condições, a avaliação quanto ao cabimento da inferência adversa se dará na análise da contribuição do comportamento da *outra parte* para que essa prova não tivesse sido produzida.

Por outro lado, não parece razoável, pelas razões já expostas (*supra*, n. 4.7.1) condicionar a aplicação dessa técnica à busca de medidas no Poder Judiciário para supressão dessa lacuna probatória. Mesmo no caso da lei brasileira, em que há previsão expressa quanto à possibilidade de busca desse apoio, seria suficiente exigir que a eventual extração da inferência adversa fosse acompanhada da ponderação – devidamente refletida nas razões de decidir – quanto à razoabilidade dessas medidas no caso concreto, sobretudo em termos de tempo e custo envolvido.

Assim, como observa Guilherme Rizzo Amaral, um *standard* que se concentra apenas na análise da disponibilidade da prova pode colocar um ônus muito pesado sobre a parte que requer a extração da inferência adversa. Em muitos casos, a prova pode estar teoricamente disponível a essa parte, mas sujeita a um custo alto em termos de tempo e dinheiro.[588]

4.7.4. Produção de prova *prima facie*

Uma condição comumente referida para a extração de inferências adversas é a de que a parte que se beneficia da aplicação dessa técnica deve produzir prova *prima facie* a respeito do fato que seria provado pelas provas que deixaram de ser produzidas por seu oponente.[589]

O primeiro esclarecimento que merece ser feito é o de que a ideia de prova *prima facie* aqui aplicada não se refere à noção de prova conclusiva e suficiente, que bastaria para que a parte que a produz se sagre vencedora em um caso em que sua pretensão não tenha sido contestada. Ao contrário: trata-se de prova inconclusiva a respeito de um fato controverso. São

586 Greenberg; Lautenschlager, *op. cit.*, 2011, p. 52.

587 "Se uma testemunha está sob o controle ou influência da outra parte, a parte deve primeiro tentar chamar ela mesma a testemunha antes de buscar a extração de uma inferência adversa" (tradução nossa). No original: "*If a witness is under the opposing side's control or influence, a party must first attempt to call that witness itself before it can seek adverse inferences*" (Greenberg; Lautenschlager, *op. cit.*, 2011, p. 53).

588 Amaral, *op. cit.*, 2018, p. 12.

589 Sharpe, *op. cit.*, 2006, p. 551; Luttrell, *op. cit.*, 2018, p. 285; e Kreindler, *op. cit.*, 2015, p. 180.

consequentemente inaplicáveis para esta análise as afirmações de que, uma vez que uma parte tenha estabelecido prova *prima facie* de seu caso, o ônus probatório inverteria para seu oponente.[590] No limite, como adiantado (*supra*, n. 4.3), pode-se dizer que nessa situação existe um *ônus de produção* da prova recaindo sobre o oponente da parte que já produziu prova *prima facie* de seu caso e pretende produzir provas cujas fontes estão sob controle desse oponente.[591]

Uma definição mais precisa do que seria prova *prima facie* para fins de análise das condições para extração de uma inferência adversa é a de que se trata de uma prova direta, porém fraca. É uma prova insuficiente para estabelecer a veracidade de um enunciado, mas que serve de pista para a direção correta.[592] Assim, trata-se da prova que fornece ao julgador um grau mínimo de convencimento que pode indicar que a veracidade de um enunciado é "mais provável que não". No entanto, no caso em que argumentos contrários são deduzidos contra essa esses fatos ou essa prova, ela não é suficiente para a solução da demanda a favor da parte que a produziu.[593]

No jogo de interesses da disputa, a parte interessada na extração da inferência adversa é estimulada a produzir a prova *prima facie* também porque, diante dessa exigência, a parte que tende a resistir à produção da prova pode se convencer de que, preenchida essa condição, as chances para extração de uma inferência adversa contra si acabam sendo maiores. Assim, essa opção de resistência à produção da prova se mostra tão mais arriscada quanto menos frágil ou limitada for a prova *prima facie* produzida pela parte.[594]

Jeremy Sharpe aprofunda essa análise sustentando que a prova *prima facie* deve ser razoavelmente consistente, completa e detalhada.[595]

A *consistência* da prova *prima facie* tem relação com a solidez e credibilidade da história contada pela parte que busca a extração da inferência adversa e com as demais provas produzidas por ela. Não se exige que essa consistência seja absoluta, já que alguma discrepância nas provas pode ser

[590] Um exemplo de afirmação nesse sentido é encontrada em Ali; Sainati, *op. cit.*, 2016, p. 312.

[591] Sharpe, *op. cit.*, 2006, p. 552-553.

[592] Greenberg; Lautenschlager, *op. cit.*, 2011, p. 54; e Amaral, *op. cit.*, 2018, p. 24.

[593] O'Malley, *op. cit.*, 2019, p. 223.

[594] Luttrell, *op. cit.*, 2018, p. 292-293.

[595] Sharpe, *op. cit.*, 2006, p. 564.

resolvida pelos árbitros, mas sim que não haja contradição relevante nas versões dos fatos trazidas por essa parte e que a prova produzida por ela também siga a mesma linha da inferência buscada.[596] A ideia é a de que a prova *prima facie* faça os fatos alegados parecerem plausíveis.[597]

A *completude* da prova *prima facie* está relacionada à capacidade da parte de, além de produzir todas as provas que estejam ao seu alcance, produzir provas que sejam razoavelmente completas dentro daquilo que se espera para determinada atividade ou situação. Significa que, para determinada relação contratual para a qual exista na prática uma troca constante de comunicações (sobre qualidade do produto em um contrato relacional de fornecimento, por exemplo), a parte que pretende se beneficiar da inferência adversa não produza um número muito limitado de documentos apresentando-os como se eles refletissem o total de registros existentes para aquela interação rotineira.[598]

O *detalhamento* da prova *prima facie* relaciona-se ao seu grau de formalização e minúcia. Para relações contratuais que exigem um nível maior de formalidade, como a transferência ou registro de bens, por exemplo, a prova *prima facie* pode ser considerada insuficiente se a parte pretender provar fatos que normalmente exigem provas mais formais ou detalhadas com elementos de prova que não atendam minimamente esses requisitos.[599]

O que justifica essa exigência? De um lado, a noção de que a inferência adversa deve servir para permitir que uma parte se desincumba de seu ônus probatório apenas quando já fez o que estava ao seu alcance, produzindo as provas que poderia produzir e agindo diligentemente para a produção das provas sob controle de seu oponente (solicitando a exibição de documentos, a oitiva de testemunhas etc.) (*supra*, n. 4.7.3). Trata-se da ideia de que a produção de provas na arbitragem é desenhada para auxiliar a parte a provar seu caso, não construir as bases para que a parte passe a "ter um caso".[600]

De outro lado, essa exigência se justifica pela própria natureza da inferência adversa que, como visto (*supra*, n. 4.3), resulta em uma prova indireta a ser valorada em conjunto com as demais provas produzidas. Nesse

[596] Sharpe, *op. cit.*, 2006, p. 564-565.
[597] Zykova, *op. cit.*, 2017, p. 39.
[598] Sharpe, *op. cit.*, 2006, p. 566-567.
[599] Sharpe, *op. cit.*, 2006, p. 567-568.
[600] Zykova, *op. cit.*, 2017, p. 39.

sentido, a prova *prima facie* acompanha, reforça e corrobora a prova indireta resultante da extração da inferência adversa, dando mais conforto ao julgador para considerar essa prova na sua tomada de decisão.

Assim, a prova *prima facie* se combina com a inferência adversa, conferindo a esta mais plausibilidade.[601] Essa combinação (inferência adversa e prova *prima facie*) será parte do conjunto probatório sujeito à avaliação final do julgador.[602]

Uma sentença proferida em arbitragem administrada pela ICC (*Final Award in ICC Case n. 11770*)[603] reforça a relevância dessa condição. Embora o extrato da decisão publicado pela câmara não informe se, ao final, a inferência adversa acabou ou não sendo extraída naquele caso, o racional desenvolvido pelo tribunal a respeito do tema é elucidativo. Após registrar seu entendimento sobre a autoridade dos árbitros para a prolação de ordens de produção de documentos e atribuir a relutância dos árbitros em extrair inferências adversas à diferença cultural no âmbito internacional a respeito da produção de provas na arbitragem, os árbitros elencam as condições gerais para a aplicação dessa técnica e destacam que a inferência extraída não é um substituto automático para todos os elementos do caso, em relação ao qual a parte que carrega o respectivo ônus da prova deve produzir prova suficiente e satisfatória.

Essa condição é ilustrada pela sentença arbitral proferida no caso *WNC Factoring Limited (United Kingdom) vs. The Czech Republic (PCA Case No. 2014-34)*. Naquele caso, a requerente alegava a existência de uma conspiração entre órgãos da requerida – especialmente o Ministério das Finanças – para diminuição do valor da companhia (uma empresa até então estatal, atuante no setor de energia) adquirida pela requerente. Após a audiência de instrução, a requerente requereu ao tribunal a extração de inferência adversa a partir da recusa do Ministro das Finanças em prestar depoimento (inclusive de forma remota). O requerimento foi rejeitado pelo tribunal arbitral sob a justificativa de que a requerente não havia produzido prova *prima facie* de suas alegações sobre o tema. Os árbitros destacaram que, a esse respeito, havia sido produzida prova testemunhal marcada por afirmações feitas com base em suposições, e a prova documental a que a

601 GOUVEIA, *op. cit.*, 2018, n. 2, p. 5.

602 HOUTTE, *op. cit.*, 2009, p. 197.

603 ICC, *op. cit.*, 2011, p. 66 e ss, §§ 41-42.

requerente havia se referido a esse respeito não indicava instruções do Ministério no sentido alegado pela requerente.

Do mesmo modo, na sentença proferida no caso *Reza Nemazee vs. Iran* (IUSCT – Sentença arbitral n. 575-4-3), em que se discutia a pretensão do requerente de receber indenização por suposta expropriação realizada pelo requerido, o tribunal arbitral, mesmo reconhecendo sua autoridade geral para extrair inferências adversas, deixou de fazê-lo no caso concreto sob a justificativa de que, naquele caso, embora o requerido tenha deixado de produzir prova documental relevante sobre a propriedade dos bens supostamente expropriados, era relevante o fato de que o requerente havia, de sua parte, deixado lacunas cruciais nas provas que havia produzido.

A íntegra da decisão sugere, contudo, que as provas que o requerido deixou de produzir serviriam como contraprova dos fatos alegados pela autora. Sugere, ainda, que o requerido cumpriu totalmente a determinação de produção de documentos que lhe havia sido dirigida pelos árbitros. Assim, pelas razões vistas (*supra*, n. 4.7.2), a inferência adversa, a rigor, não seria necessária para que a parte que buscava a produção desses documentos se desincumbisse desse ônus da prova. Nesse caso, como a requerente não se desincumbiu de seu ônus da prova (tampouco produziu prova *prima facie*), o fato de que o requerido também não produziu provas de fatos impeditivos, modificativos ou extintivos do direito da requerente em tese levaria à improcedência da demanda pela regra do ônus da prova, independentemente da discussão sobre o cabimento extração de uma inferência adversa.

A decisão do caso *Rockwell International Systems v. Iran* (IUSCT – Sentença arbitral n. 438-430-1) também ilustra a relevância da produção de prova *prima facie* e contribui para a compreensão do seu conceito. Naquele caso, a discussão se dá na análise do conjunto probatório a respeito de fato controvertido sobre a existência ou não de objeções do Ministro da Defesa Nacional do Irã às *invoices* (documentos de cobrança) submetidas pela requerente.

Na decisão, os árbitros afirmam que qualquer inferência a respeito da ausência dessa objeção dependeria da existência de prova de que o Ministro recebeu ou presume-se ter recebido referidas *invoices*. A partir da análise das provas produzidas, o tribunal concluiu que, ao menos em relação a um período específico, a parte requerente foi capaz de produzir prova "suficientemente fundamentada, razoavelmente documentada e conclusiva" (tradução nossa), o que foi entendido como o estabelecimento de prova *prima facie* para a cobrança das *invoices*. A decisão é especialmente interessante porque detalha o conceito de *prima facie* como sendo a base para o acolhimento de um pedido quando a prova dos fatos constitutivos do direito é extremamente difícil e uma inferência a partir da prova pode ser razoavelmente extraída.

Vale ressaltar, contudo, que a análise feita nessa decisão se dá menos sob a ótica de aplicação da técnica de extração de inferência adversa como resultado da valoração do comportamento de uma parte que impõe óbices à produção de provas na arbitragem, e mais sob a ótica geral de valoração das provas produzidas pelas partes.

As considerações feitas pelo tribunal arbitral na sentença do caso *Benjamin R. Isaiah vs. Bank Mellat* (IUSCT – Sentença arbitral n. 35-219-2) também contribuem para a compreensão do conceito de prova *prima facie*. Naquele caso, em que se discutia a posição do requerente de beneficiário de um cheque sacado no Banco Internacional do Irã, os árbitros concluíram que uma série de documentos produzidos no processo (dentre os quais o contrato entre as partes e comunicações trocadas entre elas a respeito do pagamento) seria suficiente para constituir uma prova *prima facie* em favor do requerente. Diante da ausência de prova em sentido contrário produzida pelo requerido, esses documentos acabaram sendo considerados decisivos para a solução dada ao caso a favor do requerente. Vale registrar, de todo modo, que a íntegra da decisão não indica que essa prova *prima facie* tenha sido somada a alguma inferência adversa a partir da valoração do comportamento do requerido. Os termos da decisão indicam que, na verdade, a decisão se deu com base na valoração das provas produzidas nos autos e a partir das regras sobre ônus da prova.

Por fim, vale o registro de que alguns autores se referem à decisão arbitral proferida no caso *Marvin Feldman vs. Mexico*[604] como um exemplo de caso que ilustra essa condição.[605] Naquele caso, em que se discutia tratamento discriminatório conferido à requerente em violação às regras do NAFTA, o tribunal concluiu que a existência de prova *prima facie* quanto à discriminação sofrida pela requerente, somada à ausência de provas pro-

[604] *ICSID Case n. ARB(AF)/99/1)*. Sentença proferida em 16.12.2002.

[605] SHARPE, *op. cit.*, 2006, p. 553-554; RAMOS, Ana Morales. La deducción de inferencias negativas de la no producción de prueba. La práctica en Litigios y Arbitrajes Internacionales y, en particular, la experiencia del Irán – U.S. Claims Tribunal. *Spain Arbitration Review – Revista del Club Español del Arbitraje*, Madri, n. 28, p. 29-43, 2017, p. 36-37.

duzidas pela parte requerida em sentido contrário (isto é, demonstrando não haver tratamento discriminatório) permitiria inferir a veracidade dos fatos alegados pela parte requerente.

No entanto, os termos da decisão chamam a atenção por dois motivos: primeiro, porque – tal como visto em decisões mencionadas acima neste item – indicam que o comportamento do requerido valorado para se alcançar essa inferência adversa não traduz uma recusa injustificada de cumprimento de uma decisão determinando a produção de alguma prova. Diferentemente disso, refletem apenas as ponderações dos árbitros que, por maioria, entenderam que, tivesse a parte requerida provas de que não houve referida discriminação, essas provas teriam sido produzidas. Nesse sentido, a justificativa dada pelo tribunal arbitral analisou a forma de apresentação do caso e das provas pela parte requerida, e não exatamente uma recusa injustificada ao cumprimento de uma decisão determinando a produção de prova.

Segundo, porque as provas que deixaram de ser produzidas pela parte requerida serviriam, a rigor, para atender ao seu próprio ônus da prova (demonstrar que não houve tratamento discriminatório), e não para contribuir para que a requerente pudesse se desincumbir de seu ônus da prova. A sentença arbitral chega a mencionar que, com o estabelecimento da prova *prima facie* pela requerente, teria havido uma inversão do ônus da prova para a parte requerida.

Assim, por refletir um racional atípico para a aplicação da técnica de extração de inferências adversas, essa decisão não parece ser uma boa referência para a verificação das condições sob as quais essa técnica deve ser aplicada. Cumpre fazer o registro de que a parte requerida buscou anular essa sentença arbitral no Judiciário inclusive sob a alegação de que as inferências adversas não poderiam ser extraídas sem uma decisão prévia determinando a produção de determinada prova. No entanto, a demanda para a anulação da sentença arbitral foi rejeitada.[606]

4.7.5. Razoabilidade e coerência da inferência adversa à luz do conjunto probatório

Outra condição para a extração das inferências adversas é a sua *razoabilidade* e *coerência*, no sentido de que a prova indireta que resulta da aplica-

[606] *Ontario Superior Court of Justice, Court File n. 03-CV-23500*, decisão proferida em 3.11.2003.

ção dessa técnica deve ser compatível com os fatos conhecidos, as demais provas produzidas e com a própria prova não produzida.[607]

Essa exigência decorre das especificidades do instituto, que compreende um raciocínio próprio do estabelecimento de presunções e tem como resultado o alcance de uma prova indireta (*supra*, n. 4.3). Ainda que estejam presentes todos os requisitos para a extração da inferência adversa, ainda assim ela consistirá na formação de convencimento a respeito da veracidade de um enunciado a partir de uma falta de informação (uma lacuna probatória). No mesmo sentido, como afirma Vera van Houtte,[608] essa condição busca reduzir o aspecto subjetivo que pode permear a extração da inferência adversa.

Como a descrição acima já indica, essa condição tem um duplo viés. Sob uma ótica *interna*, a inferência a ser extraída do comportamento da parte que resiste à produção de uma prova deve possuir uma relação lógica com a própria fonte de prova não trazida aos autos. Só assim se evitará uma especulação indevida sobre o teor da prova não produzida, o que poderia comprometer a qualidade e a legitimidade da decisão.

Assim, por exemplo, se a lei material aplicável impõe que o registro de propriedade de ações se dê em um determinado documento X, não seria razoável extrair uma conclusão sobre a propriedade de ações de uma das partes a partir de um documento Y, a não ser que as circunstâncias específicas da situação indiquem que, naquele caso, o registro teria se dado excepcionalmente no documento Y.

É do interesse da parte potencialmente beneficiada pela extração da inferência adversa demonstrar aos árbitros em que medida é possível estabelecer esse nexo entre a prova não produzida e a prova indireta que resulta da aplicação dessa técnica.[609] O estabelecimento dessa relação é certamente mais fácil nos casos em que a prova não produzida representa um documento, por exemplo: (i) comum entre as partes, mas que, por alguma razão, não está mais disponível apenas para uma das partes; (ii) cuja via original foi apresentada para confirmação de autenticidade, mas cujo teor

[607] Sharpe, *op. cit.*, 2006, p. 551 e 558; e Zykova, *op. cit.*, 2017, p. 42-44.

[608] Houtte, *op. cit.*, 2009, p. 206.

[609] No sentido de que esse seria um *ônus* da parte: Luttrell, *op. cit.*, 2018, p. 287. Vale apenas ressaltar que para os fins deste trabalho, contudo, considera-se que a extração da inferência adversa poderia se dar independentemente de requerimento da parte beneficiada pela medida.

foi transcrito em outro documento; ou (iii) cujo teor foi detalhadamente descrito por testemunhas.

Por outro lado, tratando-se de um documento desconhecido de uma das partes ou de uma prova testemunhal não produzida, essa tarefa se torna mais complexa. Nesse caso, será necessário concluir pelo provável teor de um documento ou uma oitiva sem transformar essa atividade em mera especulação.

No caso de produção da prova documental, o árbitro deve verificar se há suficientes indicativos do conteúdo *geral* do documento não exibido e do que seria possível extrair dele em termos de convencimento sobre os fatos em disputa. Os detalhes da prova documental que será objeto da inferência não poderão ser essenciais para a extração de conclusões sobre seu conteúdo, já que será normalmente impossível fazer especulações sobre os aspectos mais específicos dessa prova sem que se tenha acesso a ela e, como dito, não se deve admitir uma inferência adversa extraída de um raciocínio guiado por adivinhação.[610]

Por isso, a exigência dessa conexão lógica acaba impondo uma limitação à aplicação dessa técnica.[611] Caso a parte pretenda que seja extraída uma inferência adversa a partir da não produção de um documento pela parte contrária cujo teor supostamente traria o reconhecimento de uma determinada dívida, a aplicação da técnica ao caso dificilmente resultaria na prova quanto ao valor da dívida, a não ser que existissem outros elementos de prova especificamente a esse respeito.[612]

Sob uma ótica *externa*, por sua vez, a inferência a ser extraída do comportamento da parte que resiste à produção de uma prova deve guardar coerência com os fatos conhecidos e as demais provas já produzidas. Isso significa que o árbitro deve alcançar essa prova indireta apenas se constatar que ela seria compatível com o que já tiver sido demonstrado sobre os mesmos fatos que seriam provados por ela. Na hipótese de todo o contexto apontar para o contrário, o árbitro deve se abster de extrair a inferência adversa.[613]

A sentença proferida em uma arbitragem administrada pela ICC (*Final Award in Case 12369*[614]) ilustra essa exigência de que a inferência adversa

[610] HOUTTE, *op. cit.*, 2009, p. 202-206.
[611] ZYKOVA, *op. cit.*, 2017, p. 43.
[612] HOUTTE, *op. cit.*, 2009, p. 204-205.
[613] O'MALLEY, *op. cit.*, 2019, p. 225; e ZYKOVA, *op. cit.*, 2017, p. 43-44.
[614] ICC, *op. cit.*, 2011, p. 74 e ss.

cogitada pelos árbitros seja confrontada com as provas já produzidas nos autos. No caso, em que se discutia o cumprimento de um contrato sobre a entrega de maquinários, a parte requerente buscou a extração de inferências adversas no sentido de que o pedido formulado pela requerida para encomenda dessas máquinas teria sido feito antes de 1º de julho 2002, o que implicaria desconsiderar provas produzidas pela parte requerida em sentido contrário (isto é, o pedido do maquinário havia sido feito após 1º de julho 2002). O pedido acabou rejeitado após o tribunal analisar que, sobretudo frente às provas já existentes nos autos, a extração dessa inferência teria mais natureza de especulação que de valoração das provas produzidas nos autos.

Essa exigência também é ilustrada pela decisão proferida no caso *Cessna Finance Corporation vs. Gulf Jet LLC (ICC – Final Award in Case 18769*[615]*)*. O caso discutia o descumprimento, pelas requeridas devedoras, de um contrato de arrendamento de aeronave. Especificamente quanto à controvérsia instaurada a respeito de ter ou não um dos garantidores sido notificado quanto à intenção da requerente de, após ter reavido a posse da aeronave, vendê-la a terceiro, o tribunal arbitral extraiu uma inferência adversa a partir do não comparecimento do garantidor para ser ouvido em audiência, considerando assim estar suficientemente provado que ele também havia sido notificado pela credora a esse respeito. Ao fazê-lo, o tribunal arbitral levou em consideração outros elementos existentes nos autos, como (i) o fato de a credora ter produzido cópia da notificação supostamente enviada; (ii) a existência de prova testemunhal confirmando o envio da notificação; (iii) o fato de que o depoimento escrito apresentado por esse garantidor não havia sido assinado; e (iv) o fato de que o advogado dos devedores principais havia respondido essa notificação.

Na mesma linha, essa exigência é ilustrada pela sentença proferida no caso *Jacqueline M. Kiaie vs. Iran* (IUSCT – Sentença arbitral n. 570-164-3).[616] No caso, a requerente alegava que o requerido havia expropriado sua participação acionária em uma companhia atuante no desenvolvimento de uma cidade industrial no Irã. A despeito de constar no testamento da requerente o registro de seu entendimento à sua qualidade de titular dessas ações – o que seria insuficiente para a prova definitiva desse fato –, haveria uma

[615] Sentença proferida em 17.1.2014.

[616] Sentença final no *IUSCT Case n. 164*, datada de 15.5.1996.

série de inconsistências nas provas produzidas pela requerente acerca da titularidade das ações alegadamente detidas por ela na companhia. Essas inconsistências se refeririam, por exemplo, à fonte dos recursos utilizados para a aquisição dessas ações, a maneira como esses fundos teriam sido transferidos ao Irã, a data de aquisição dessas ações, o número de ações adquiridas e em nome de quem elas teriam sido registradas (uma vez que a prova oral teria demonstrado que esse registro não teria sido feito em nome da própria requerente). E essas inconsistências foram determinantes para que o tribunal arbitral deixasse de extrair inferências adversas a partir da recursa do requerido em apresentar o livro de registro de ações da companhia, mesmo estando esse documento disponível a ele.

Essa última decisão revela bem como essa exigência de razoabilidade e coerência se relaciona à exigência de produção de prova *prima facie* pela parte beneficiada pela extração da inferência adversa (*supra*, n. 4.7.4). De fato, essa razoabilidade e coerência em muitos casos será testada à luz da prova *prima facie* produzida pela parte.[617] Mas nada impede que esse teste se dê à luz de outros elementos dos autos, como provas produzidas pela parte contrária, por exemplo, e de fatos notórios que possam ser considerados pelo julgador.

Essa condição também dialoga com a exigência de que a extração da inferência adversa seja necessária (*supra*, n. 4.7.2). A sutil diferença, aqui, é que o julgador pode até constatar que existe uma lacuna probatória, confirmando a necessidade, em tese, da inferência adversa para supri-la, mas deixar de aplicar essa técnica por constatar que essa inferência específica não deve ser extraída porque seu conteúdo não seria razoável e coerente com outros elementos dos autos.

4.7.6. Controle sobre a fonte de prova pela parte contra quem a inferência recai

A inferência adversa deve ser extraída quando existe real possibilidade de produção da prova pela parte solicitada a fazê-lo. Isso significa que o árbitro não deverá extrair a inferência adversa se concluir que a parte prejudicada pela medida não teria acesso à prova porque, por exemplo, por circunstâncias legítimas, os documentos em questão não existem ou não estão na sua esfera de controle.[618]

[617] Greenberg; Lautenschlager, *op. cit.*, 2011, p. 53.

[618] Kazazi, *op. cit.*, 1996, p. 320; Houtte, *op. cit.*, 2009, p. 202; e Zykova, *op. cit.*, 2017, p. 37.

Como outras condições já vistas nos itens anteriores, essa condição se relaciona com a natureza excepcional da medida, com o viés punitivo que ela carrega e com o impacto relevante que sua aplicação pode ter sobre a esfera de interesses da parte cujo comportamento é negativamente valorado.

De fato, a inferência adversa deve ser extraída se – e somente se – for constatado comportamento injustificado da parte que deixa de produzir determinada prova relevante e necessária para o deslinde da disputa. E a possibilidade de produção dessa prova é um dos elementos essenciais para a verificação da ilegitimidade dessa conduta.

É verdade que essa condição está intrinsecamente ligada ao exame da falta de justificativa para a produção da prova, analisada adiante como uma condição autônoma (*infra*, n. 4.7.9). Afinal, uma justificativa legítima para a não produção da prova é o fato de a parte não ter controle sobre a fonte da prova.

Todavia, a análise desse caráter justificado ou injustificado da não produção da prova depende da premissa de que a fonte de prova em questão estaria ao alcance da parte instada a produzi-la. Assim, a análise dessa primeira condição em apartado se justifica porque, no caminho psicológico a ser seguido pelo julgador, essa questão deve ser verificada anteriormente, já que a resposta negativa à pergunta sobre a existência de controle da parte sobre a produção da prova já encerraria a discussão sobre a extração da inferência adversa.

Além disso, a verificação sobre o controle da parte sobre determinada fonte de prova suscita, por si só, múltiplas questões.

A primeira delas é a própria noção de *controle*. É preciso constatar se a parte tem posse direta, custódia (um de seus diretores tem posse direta do documento, por exemplo) ou controle sobre a fonte de prova (possibilidade se sua obtenção, ainda que com terceiros).[619]

Esse aspecto é ilustrado pela sentença do caso *George Edwards vs. Iran* (IUSCT – Sentença arbitral n. 451-251-2),[620] em que o requerente alegava que, em decorrência de atos praticados pelo governo iraniano, uma série de contratos mantidos por ele com companhias no Irã teriam sido inadimplidos. Além disso, ele alegava que equipamentos e itens pessoais seus teriam

[619] ZYKOVA, *op. cit.*, 2017, p. 37.

[620] Sentença final no *IUSCT Case n. 251*, datada de 5.12.1989.

sido objeto de expropriação pelo Irã. A sentença reconheceu a dificuldade do requerente para produzir provas dos fatos constitutivos de seu direito, justificada por ele com a alegação de que teria deixado no Irã praticamente toda a documentação referente aos seus negócios no país. Contudo, o tribunal arbitral deixou de extrair a inferência adversa a partir do comportamento do requerido sob a justificativa de que não teria ficado suficientemente provado que este teria ficado em posse desses documentos.

Embora ilustre a relevância do controle sob as fontes de prova para a aplicação dessa técnica, a decisão do tribunal também parece decorrer de uma insuficiência da prova *prima facie* produzida pelo requerente, o que também poderia ser considerada uma condição não atendida para a extração da inferência adversa (*supra*, n. 4.7.4). Vale também o registro de que, embora fale expressamente em "*inferences being drawn against*" (ou seja: extração de inferências contra) o requerido, a sentença sugere uma imprecisão técnica ao tratar como equivalente a aplicação dessa técnica e a técnica de "*shift the burden of proof*" (ou seja: inversão do ônus da prova).

No mesmo sentido, essa condição é ilustrada pela sentença proferida no caso *H.A Spalding vs. Iran* (IUSCT – Sentença arbitral n. 212-437-3).[621] Nesse caso, a requerente pleiteava a condenação do requerido a valores que lhes seriam devidos no âmbito de contratos pelos quais ela teria se obrigado a prestar serviços em três projetos para a construção de rodovias no Irã, mais especificamente reembolso de gastos e lucros cessantes.

Enquanto a requerente reconhecia sua dificuldade na prova dos fatos constitutivos do seu direito e atribuía essa dificuldade ao fato de que teria tido que deixar em Teerã os documentos relevantes sobre essa prestação de serviços, o requerido negava que tais contratos tenham sido celebrados e que teria acesso a esses documentos supostamente deixados para trás pela requerente. Analisando as especificidades do caso, o tribunal arbitral se negou a extrair inferências adversas contra o requerido por concluir que, embora fosse possível assumir que o governo iraniano manteve consigo documentos das companhias cujo controle assumiu na sequência da Revolução Iraniana, a mesma premissa não se aplicaria aos casos em que essa tomada de controle não ocorreu. Assim, como no caso em questão sequer havia alegação de expropriação de ativos, o fato de os documentos não estarem mais sob controle da requerente não autorizaria a conclusão automática de que eles estariam disponíveis ao requerido.

[621] Sentença final no *IUSCT Case n. 437*, datada de 24.2.1986.

Ainda sobre essa decisão, vale o registro de que, tal como no caso citado anteriormente, também nesse a conclusão de que a parte contra quem a inferência seria extraída não teria controle sobre a prova foi reforçada pela conclusão dos árbitros de que a requerente não teria produzido prova *prima facie* de seu caso. A sentença analisa em detalhes os documentos produzidos pela parte para provar a celebração dos contratos e a prestação de serviços, mas destaca lacunas e inconsistências relevantes nesse material, como a falta de documentos de cobrança e de comunicações reportando as atividades em território iraniano à base mantida nos Estados Unidos – o que contrariaria o que se poderia razoavelmente esperar pela natureza da operação.

No âmbito de discussões sobre esse conceito de *controle* sobre a fonte de prova, destacam-se as situações envolvendo terceiros.

De fato, enquanto é consideravelmente óbvia a esfera de influência de uma parte sobre documentos arquivados em sua sede ou mantidos em seu sistema eletrônico de arquivos, ou ainda sobre seus familiares, representantes legais e/ou funcionários, essa influência não pode ser assumida como sendo a mesma quando o acesso à fonte de prova depende de terceiros.

Por isso, os árbitros poderão deixar de extrair inferências adversas a partir da recusa de uma parte em produzir determinada prova se constatarem que, na verdade, essa fonte de prova está nas mãos de terceiros pouco dispostos a cooperar.[622]

É o caso de documentos cuja produção dependa de autorização de outras empresas do mesmo grupo econômico, por exemplo.[623] Nos casos em que a empresa instada a produzir a prova é controladora ou única sócia da empresa em cuja posse o documento se encontra, faz mais sentido assumir que existe controle sobre a fonte de prova, salvo demonstração em contrário. Do mesmo modo, ainda que o documento esteja sob posse de terceiro, mas a parte instada a produzir a prova tenha algum direito assegurado por lei ou por contrato para exigir acesso a ele, poderá ser razoável assumir que esse controle existe – sempre verificadas as especificidades do caso concreto, naturalmente.[624]

A esse respeito, o árbitro deverá fazer um juízo tanto sobre o grau da relação entre a parte instada a exibir eventual documento e o terceiro que

[622] Sharpe, *op. cit.*, 2006, p. 557.
[623] Sharpe, *op. cit.*, 2006, p. 558.
[624] Waincymer, *op. cit.*, 2012, p. 864.

o tem sob controle quanto sobre o empenho da parte em produzir a prova, adotando as medidas razoáveis ao seu alcance para solicitar acesso a esse documento, buscar autorização para sua exibição *etc.*[625]-[626]

Já no caso em que a parte instada a produzir a prova é controlada da empresa que tem a posse do documento, essa conclusão não é tão óbvia. A impossibilidade de produção da prova, neste caso, pode se dar por outras razões que não a intenção de ocultar a realidade refletida nos documentos, tida como desfavorável à posição da parte no processo, como entraves internos ao acesso ao documento e à obtenção de autorização de terceiros para a sua exibição. Nessas situações, sem prejuízo de considerar se a parte demonstrou suficientemente ser esse o motivo da não produção da prova, os árbitros devem agir com maior cautela, sob pena de valorar de forma inadequada e excessivamente rigorosa o comportamento da parte.

O mesmo raciocínio se aplica à prova testemunhal. Se a pessoa em questão for um diretor estatutário da parte instada a produzir a prova, a alegação de que essa fonte de prova está fora da esfera de influência da parte será pouco crível. Por outro lado, caso se trate de um funcionário de alguma empresa do mesmo grupo econômico, não necessariamente partilhando o mesmo controlador, essa premissa não poderá ser tomada como óbvia.

O meio de prova também pode impor maior ou menor dificuldade a esse juízo do árbitro, já que, como observa Jeffrey Waincymer, mesmo havendo, em tese, controle da parte sobre determinada testemunha, é possível que esta não compareça simplesmente porque resiste em viajar para ser ouvida. Nas palavras do autor, "seres humanos podem sempre dizer não; documentos não podem".[627]

Essa especificidade é ilustrada pela sentença proferida no caso *Copper Mesa Mining vs. Ecuador (PCA Case n. 2012-2).*[628] Naquele caso, a requerente alegava que o requerido havia indevidamente revogado concessões em três minas no país, impedido que a requerente recebesse o retorno pelo investimento feito e lhe impondo prejuízos substanciais. O tribunal arbitral deixou de extrair inferências adversas a partir do não comparecimento de testemunhas da requerente por concluir que essa cir-

[625] Khodykin, Roman Mikhailovich *et al. A Guide to the IBA Rules on the Taking of Evidence in International Arbitration*. Oxford: Oxford University Press, 2019, p. 164.

[626] Regras da IBA sobre Produção de Provas, item 3(9).

[627] Tradução nossa. Waincymer, *op. cit.*, 2012, p. 777.

[628] Sentença final, datada de 15.3.2016.

cunstância não seria atribuível a ela. Nos termos da decisão, "dada a dificuldade usual em se exigir que uma pessoa deponha como testemunha em uma arbitragem internacional, o tribunal não extrai nenhuma inferência contra a requerente por não ter apresentado seu testemunho na arbitragem".[629]

Outra questão suscitada por essa condição é a eventual alegação de que determinada prova documental não pode ser produzida porque tais documentos foram destruídos antes da prolação da decisão determinando sua produção como parte do curso normal das atividades da parte, e não para ocultação da verdade.

Nessa situação, os árbitros deverão verificar não só se, de fato, a destruição ou o extravio do documento estão suficientemente demonstrados, mas também se essa destruição se deu por uma razão legítima.[630]

Nesse caso, a inferência adversa deverá ser extraída apenas quando for possível concluir que não haveria outro motivo razoável para a perda do documento[631] que não o interesse da parte em ocultar seu conteúdo e impedir sua apresentação nos autos do processo.[632]

Isso significa dizer que, mesmo demonstrado que a perda do documento se deu por *negligência* da parte que deveria produzi-lo, a falta de exibição daí decorrente não autorizará a extração de uma inferência adversa.[633] Afinal, nesse caso não estará demonstrada a recusa injustificada caracterizadora da conduta abusiva da parte ao não cumprir a decisão determinando sua exibição.

Nessa verificação, caberá ao árbitro aferir, por exemplo: (i) a eventual incidência de regras de direito material que imponham à parte um dever específico de retenção de documentos; (ii) as circunstâncias específicas em que a destruição teria se dado no caso concreto, inclusive o momento de sua ocorrência (antes ou depois de estar clara a possibilidade de exigência de sua exibição no processo); (iii) as razões para tanto, incluindo, tratando-se de pessoa jurídica, a existência ou não de uma política pré-estabelecida de destruição de documentos no curso normal dos negócios e a compatibilidade da perda em questão com essa política; e (iv) a exten-

[629] Tradução nossa.

[630] GREENBERG; LAUTENSCHLAGER, *op. cit.*, 2011, p. 53.

[631] HOUTTE, *op. cit.*, 2009, p. 204.

[632] WAINCYMER, *op. cit.*, 2012, p. 865.

[633] WAINCYMER, *op. cit.*, 2012, p. 880-881.

são da destruição, que poderá indicar que outros documentos de mesma natureza não foram destruídos.[634]

Ainda, o árbitro deve levar em considerações fatores culturais que possam influenciar a guarda e a conservação de documentos. É sabido que, em algumas jurisdições de *common law*, as partes são obrigadas a adotar medidas para preservação de todos os documentos relevantes ou outros materiais que possam constituir provas a partir do momento em que uma disputa seja vislumbrada. Ainda que essas práticas (conhecidas como *litigation holds*) não se reflitam em obrigações formais impostas às partes e/ou aos advogados no âmbito da arbitragem internacional, as *IBA Guidelines on Party Representation in International Arbitration* (2013) contêm uma diretriz específica para que o advogado informe seu cliente sobre a necessidade de preservar, na medida do possível, documentos referentes à disputa sempre que esta envolver (ou indicar que envolverá) a produção de documentos.[635]-[636]

A partir do seu estudo empírico sobre sentenças proferidas em arbitragens administradas pela ICC, Simon Greenberg e Felix Lautenschlager citam um caso em que inferências adversas foram extraídas a partir da recusa de uma parte em exibir determinados e-mails, sob a justificativa de que esses documentos teriam se perdido com a substituição dos *hardwares* dos computadores da empresa. No caso, as inferências foram extraídas a despeito de os funcionários da parte se disporem a testemunhar confirmando essas circunstâncias da destruição, e a aplicação da técnica foi justificada apenas na observação de que, como regra, empresas não des-

[634] "Por exemplo, se um documento tivesse sido destruído antes do surgimento da disputa, de acordo com uma política de retenção de documentos corporativos bem estabelecida (e razoável), muitos tribunais arbitrais considerariam tal explicação razoável. No entanto, se um documento é destruído logo após a implementação de uma nova política de retenção de documentos, principalmente se a política foi elaborada após o surgimento da disputa, não seria surpreendente se o tribunal tivesse uma visão cética da explicação." (tradução nossa). No original: "*For example, if a document had been destroyed before the dispute arose, pursuant to a well-established (and reasonable) corporate document retention policy, many arbitral tribunals would consider such an explanation to be reasonable. However, if a document had been destroyed soon after a new document retention policy had been implemented, particularly if the policy was devised after the dispute arose, it would not be surprising if the tribunal were to take a sceptical view of the explanation*" (Blackaby *et al.*, *op. cit.*, 2015, p. 388).

[635] Born, *op. cit.*, 2021, p. 2543.

[636] *IBA Guidelines on Party Representation in International Arbitration* (2013), item 12.

cartam seus arquivos após um período relativamente curto.[637] Este seria, assim, um exemplo de caso em que os árbitros parecem não ter verificado propriamente a presença dessa condição antes de extrair as inferências adversas a partir do não cumprimento da decisão determinando a produção de documentos.[638]

Na sentença proferida em uma arbitragem administrada pela ICC (*Final Award in Case 13078*[639]) já citada (*supra*, n. 4.7.2), o tribunal arbitral também justificou a negativa para a extração da inferência adversa na constatação de que a parte requerente, que teria controle sobre a fonte de prova (no caso, diários de bordo de uma embarcação), não teria interesse na sua destruição porque, se essa prova fosse produzida, provavelmente contribuiria para a prova dos fatos constitutivos de seu direito. Assim, o tribunal arbitral se convenceu de que, como alegado, esses diários de bordo teriam sido destruídos acidentalmente em um incêndio que, por um infortúnio, atingiu a requerente.

Outra questão que se coloca a respeito dessa condição se refere às alternativas que restam ao julgador em uma situação em que a extração da inferência adversa se mostra inviável por se constatar que a parte não tem acesso à fonte de prova. Como dito, neste caso não seria possível extrair uma inferência adversa do comportamento da parte que deixa de produzir a prova.

De um modo geral, os árbitros devem considerar notificar diretamente o terceiro que têm a posse do documento a ser exibido ou que deva ser ouvido como testemunha para que colabore com o processo arbitral e voluntariamente produza a prova em questão.

Especificamente no caso da prova testemunhal, essa mera notificação – somada à possibilidade mesmo que teórica de colaboração do Judiciário – pode ser suficiente para que esse terceiro se sinta compelido a comparecer ou justifique seu comparecimento a seus empregadores, por exemplo.[640]

De todo modo, os árbitros não terão jurisdição sobre esse terceiro, dados os limites de sua jurisdição ditados pela convenção arbitral. Assim, não

[637] Greenberg; Lautenschlager, *op. cit.*, 2011, p. 53.

[638] A conclusão dependeria de confirmação à luz do inteiro teor da decisão, não disponibilizado pelos autores.

[639] ICC, *op. cit.*, 2011, p. 78 e ss.

[640] Waincymer, *op. cit.*, 2012, p. 929.

poderão impor sanções em decorrência da recusa deste em colaborar exibindo o documento ou testemunhando.[641]

Não sendo a medida suficiente para que a prova seja produzida, os árbitros poderão contar com o apoio do Poder Judiciário para a produção da prova, seja para a exibição de documento em posse de terceiro, seja para a obtenção do testemunho forçado de uma testemunha (Lei Brasileira de Arbitragem, artigo 22-C). No caso da prova testemunhal, os árbitros também poderão desconsiderar eventual depoimento escrito anteriormente prestado por essa testemunha no processo.[642]-[643]

Vale o registro de que, nessa hipótese, o juízo estatal não reexaminará o mérito da decisão arbitral que deferir a produção da prova e tratar da expedição da carta arbitral. Nos termos da lei, o Poder Judiciário, confirmando a jurisdição dos árbitros sobre a demanda e verificando a presença dos requisitos formais para a cooperação solicitada, deve apenas praticar ou ordenar o cumprimento das medidas para a produção da prova, valendo-se do poder de império que falta aos árbitros (Lei Brasileira de Arbitragem, artigo 22-C).

Por fim, se mesmo com a cooperação do Poder Judiciário não puderem ser produzidas as provas que não estejam sob o controle da parte, não restará alternativa ao julgador senão julgar a demanda com base nas regras sobre ônus da prova.[644]

4.7.7. Intimação da parte para produção da prova

Não existe consenso sobre a existência de uma decisão intimando a parte a produzir determinada prova ser ou não uma condição para a extração de uma inferência adversa no sentido de que a prova não produzida pela parte seria desfavorável à sua posição processual.

Pelas razões detalhadas neste item, defende-se que a existência de uma decisão prévia do árbitro determinando a produção de uma prova deve ser considerada uma condição para a extração da inferência adversa.[645]

[641] BORCHARDT; OHLROGGE, *op. cit.*, 2021, p. 65-66.

[642] ABBUD, *op. cit.*, 2014, p. 155.

[643] Nesse sentido, Regras da IBA sobre Produção de Provas, item 4.9.

[644] RAESCHKE-KESSLER, *op. cit.*, 2002, p. 426.

[645] No sentido contrário, isto é, defendendo que a inferência adversa pode ser extraída na falha inexplicada da parte em trazer aos autos provas que seriam úteis para o esclarecimento dos fatos, cf.: KAZAZI, *op. cit.*, 1996, p. 317.

Isso significa, na prática, que um requerimento de produção da prova feito por uma das partes não seria suficiente para a valoração do comportamento de seu oponente de modo a concluir que o teor da prova não produzida seria contrário aos seus interesses – mesmo que a recusa seja injustificada. Isso significa, ainda, que o fato de uma parte não produzir espontaneamente determinada prova que supostamente estivesse sob seu controle também não autorizará a aplicação dessa técnica.

Como visto no caso *Marvin Feldman vs. Mexico*[646], acima citado, essa condição foi ignorada pelos árbitros que proferiram referida sentença, já que a inferência adversa foi extraída a partir da conclusão de que, do ponto de vista racional, se as provas sob controle da requerida indicassem que não houve a prática ilícita discutida, elas teriam sido produzidas.

De todo modo, essa exigência se justifica por múltiplas razões. Como visto (*supra*, n. 4.3), o raciocínio que leva à extração da inferência adversa é próprio das presunções, e tem como ponto de partida um fato conhecido e certo (o indício ou fato indiciário). No caso, esse fato conhecido é o comportamento da parte caracterizador do descumprimento de uma decisão do árbitro.

Por mais que o requerimento da parte para a produção daquela prova possa dar ensejo à sua produção pela parte contrária, o fato de a parte instada a produzir a prova não a voluntariar a seu oponente em atendimento a esse requerimento não poderia ser por si só caracterizado como abusivo. Como visto (*supra*, n. 3.5.1), mesmo à luz dos deveres de cooperação e boa-fé na arbitragem, a penalização de uma parte que não atende a essa solicitação direta de seu oponente não seria automaticamente caracterizável como contrária a esses deveres, salvo se as partes tiverem convencionado a admissibilidade de um procedimento semelhante à *discovery* ou se essa recusa se manifesta com a apresentação de objeções manifestamente infundadas (com base em alegações falsas sobre a existência do documento ou a possibilidade de sua produção), por exemplo.

Essa condição se alinha aos princípios do contraditório e do devido processo legal, especialmente na sua expressão de vedação à decisão surpresa. É preciso seja dada à parte a oportunidade de avaliar, com plena consciência, as consequências potenciais de seus atos, tomando assim uma decisão informada. Dado o caráter excepcional e potencialmente gravoso

[646] *ICSID Case n. ARB(AF)/99/1)*. Sentença proferida em 16.12.2002.

dessa medida, a parte contra a qual pesará a inferência adversa não pode ter dúvidas quanto à sua obrigação de produzir aquela prova.[647]

Na prática, essa oportunidade inequívoca dependerá de uma decisão do tribunal arbitral deferindo um requerimento de produção de prova formulado pela outra parte ou determinando, de ofício, a produção de determinada prova.[648] É esse comando que, descumprido sem justificativa, caracterizará a violação dos deveres processuais da parte e a abusividade do seu comportamento, abrindo a possibilidade para a extração da inferência adversa caso presentes as demais condições para tanto.

Não é suficiente, portanto, que apenas se espere da parte que ela produza aquela prova porque ela mesma teria condições de saber de sua relevância para a solução da demanda, como Jeremy Sharpe sugere ao afirmar que as partes não podem depender dos árbitros para ditarem a elas como defender suas posições, podendo os árbitros assumirem que elas produzirão todas as provas relevantes para o caso e extraírem inferências adversas ainda que as partes não tenham sido advertidas sobre as consequências da não produção de determinadas provas.[649]

No caso da prova documental, essa decisão impondo a produção da prova comumente decorrerá do deferimento de um pedido de exibição de documentos feito pela parte contrária. É possível, ainda, que o árbitro ordene de ofício à parte que exiba determinado documento considerado relevante para a solução da demanda. Em muitos casos, essa decisão é proferida quando documentos que ainda não foram levados aos autos são mencionados durante a audiência de instrução.

No caso da prova testemunhal, essa decisão pode ser o mero deferimento da oitiva de uma testemunha ou a intimação de uma testemunha de ofício pelos árbitros. Decisão nesse sentido pode, ainda, decorrer da resistência injustificada da parte em compartilhar documentos relevantes para a conclusão de uma prova pericial (*supra*, n. 4.4).

[647] *"An adverse inference is not permissible if the party alleged to have failed to produce evidence was not made aware of its duty to produce that evidence"* (O'Malley, *op. cit.*, 2019, p. 229).

[648] *"In marshalling evidence, the tribunal must order, or accept a request to order, a party to produce evidence. The tribunal must consider whether the party at whom the request is directed has had sufficient opportunity to produce the evidence pursuant to the tribunal's order. Only if the tribunal has previously directed the party to produce the specific document or witness information at issue, and the latter afforded an adequate opportunity to meet the request, can that party be in non-compliance"* (Solis, *op. cit.*, 2018, p. 91).

[649] Sharpe, *op. cit.*, 2006, p. 570.

No entanto, a medida não se aplicaria, em princípio, pelo simples fato de uma parte desistir da oitiva de uma testemunha sob seu controle inicialmente arrolada por ela mesma, ainda que essa pessoa tenha anteriormente apresentado depoimento escrito – que o árbitro poderá desconsiderar ou valorar de forma a ele atribuir menor peso. A extração de inferência adversa pelo não comparecimento de uma testemunha só teria cabimento quando a parte com controle sobre a testemunha impõe resistência à sua oitiva, especialmente quando essa oitiva é expressamente requerida pelo seu oponente e determinada pelos árbitros em atendimento a esse requerimento ou de ofício.[650]

Alguns instrumentos normativos que contemplam previsão expressa do poder dos árbitros de extraírem inferência adversa confirmam essa condição.

O *Arbitration Act 1996* (Inglaterra, País de Gales e Irlanda do Norte), por exemplo, prevê que a inferência pode ser extraída quando a parte deixa de cumprir uma "ordem peremptória" emitida pelo árbitro (artigo 41(7)(b)). Na mesma linha, a lei de arbitragem de Hong Kong (*Hong Kong Arbitration Ordinance*) prevê que a inferência adversa pode ser extraída quando a parte deixa, sem justificativa, de cumprir uma decisão ou diretiva do tribunal arbitral (artigo 53(4)(b)).

Nos regulamentos de instituições arbitrais que contêm essa previsão, destacam-se as Regras de Arbitragem Comercial da AAA, que preveem que as inferências adversas podem ser extraídas no caso de descumprimento intencional de uma decisão emitida pelo árbitro (*Rule 23(d)*).

Nas Regras de Praga, o artigo 10 também prevê claramente que a inferência adversa pode ser extraída "se uma das Partes não respeitar uma ordem ou as instruções do Tribunal Arbitral sem uma razão válida".

Em outros instrumentos, essa exigência não é tão clara. No regulamento de arbitragem do SCC, por exemplo, a extração de inferências adversas é prevista para a hipótese de a parte descumprir qualquer regra prevista naquele instrumento ou ordem processual emitida pelo tribunal arbitral (artigo 35(3)).

As disposições das Regras da IBA sobre Produção de Provas também despertam debate a respeito. Como visto, para a hipótese de prova docu-

650 *"In our experience, the tribunal may also draw adverse inferences against the party who submitted the statement of a witness who then declined a request or order to appear for examination on his or her statement."* (Ali *et al.*, *op. cit.*, 2019, p. 393-394).

mental, as regras tratam da hipótese de a parte não produzir, sem justificativa, "Documento requerido em um Requerimento de Produção de Prova ao qual ela não tenha objetado tempestivamente, ou deixar de produzir qualquer Documento cuja exibição tenha sido determinada pelo Tribunal Arbitral" (artigo 9(6)).

Nesse mesmo sentido, para a hipótese de prova testemunhal, as regras tratam de hipótese de "uma Parte deixar, sem explicação satisfatória, de fornecer qualquer outra prova relevante, incluindo depoimentos, requerida por uma Parte, a que a Parte a quem o pedido foi dirigido não tenha objetado tempestivamente, ou deixe de fornecer qualquer prova, incluindo depoimentos, cuja produção tenha sido determinada pelo Tribunal Arbitral" (artigo 9(7)).

A interpretação dessas regras é frequentemente discutida pela doutrina.

Vera van Houtte propõe que os dispositivos das Regras da IBA sejam interpretados de forma sistemática com as demais regras previstas no documento, especialmente os artigos 3.3 e 4.10. Essa interpretação levaria à conclusão de que uma parte só está realmente obrigada a produzir determinada prova requerida pela outra parte após uma decisão do tribunal arbitral nesse sentido. Consequentemente, uma inferência adversa só poderia ser extraída com fundamento nos artigos 9.4 e 9.5 caso uma decisão do tribunal arbitral tenha sido desrespeitada.[651]-[652]

Simon Greenberg e Felix Lautenschlager defendem que essa determinação de produção da prova poderia ser extraída de forma implícita da ordem processual em que comumente os árbitros estabelecem um cronograma para que a parte (a quem a produção da prova é solicitada) apresente oposição a esse requerimento ou produza a prova. Nessa hipótese, a falta de objeção ao requerimento seria entendida como uma concordância com a solicitação, tornando menos necessária uma decisão determinando a produção de documentos emitida pelo tribunal arbitral. Os autores também entendem que, como as decisões que fixam esse cronograma normalmente contêm uma data para produção da prova, elas pressuporiam uma decisão determinando a produção dos documentos.[653]

[651] Houtte, *op. cit.*, 2009, p. 202.

[652] *"In this way, two important limitations apply where the IBA Rules are applicable. The first is that there must have been an order of the arbitral tribunal for production of the documents or other testimony concerned"* (Blackaby *et al.*, *op. cit.*, 2015, p. 388).

[653] Greenberg; Lautenschlager, *op. cit.*, 2011, p. 48.

De fato, a análise da sistemática imposta pelas Regras da IBA sobre Produção de Provas dá suporte a esse entendimento. Primeiro porque, por essas regras, seguindo-se ao pedido de produção da prova, há a previsão de uma decisão do tribunal arbitral determinando a produção da prova dos documentos em relação aos quais não haja nenhuma objeção. Nos termos do artigo 3.4, a produção desses documentos se dará "no prazo fixado pelo Tribunal Arbitral". Nesse primeiro momento, pressupõe-se que já tenha havido um mínimo juízo do árbitro sobre a presença dos requisitos formais para esse pedido (ex. descrição dos documentos), conforme estabelecido pelo artigo anterior (artigo 3.3).

A rigor, portanto, ainda que a parte deixe de apresentar objeção ao pedido de produção de prova, eventual recusa sua em produzir essa prova violará uma decisão emitida pelos árbitros, a quem caberá valorar esse comportamento. E isso já mostraria o equívoco de se considerar que a mera existência de um pedido de produção de provas não atendido bastaria para a extração da inferência adversa nos termos dos artigos 9.6 e 9.7 das Regras da IBA sobre Produção de Provas.

Segundo, porque, mesmo que a parte não tenha apresentado objeção ao pedido de produção de prova, isso não impediria o árbitro de concluir que a prova não precisa ser produzida. Nos termos do artigo 3.7(ii), a falta de razões para a objeção ao pedido de produção de prova é apenas um dos requisitos avaliados pelo árbitro nesse segundo momento.

Outro desses requisitos é a relevância e a materialidade da prova (artigo 3.7(i)), que, como visto, é um item essencial para a avaliação sobre a extração da inferência adversa. Também nesse momento, o árbitro pode constatar que os requisitos para o pedido de produção da prova não estariam presentes (artigo 3.7(iii)).

Nessa situação, portanto, mesmo uma solicitação não impugnada pela parte pode tornar injustificada a extração de uma inferência adversa quando houver a constatação, por outros motivos, de que a parte não estaria mesmo obrigada a produzir aquela prova.

Nos últimos anos, o debate sobre o tema se intensificou à luz de uma relevante decisão proferida pela *Cour d'Appel* de Paris rejeitando pedido de anulação de uma sentença proferida em arbitragem administrada pela ICC, na qual haviam sido extraídas inferências negativas com fundamento nas Regras da IBA sobre Produção de Provas.[654]

[654] *Grupo Guascor vs. Dresser-Rand*; Pôle 1, Chambre 1, 28 de fevereiro de 2017, caso n. 15/06036.

No caso de fundo, duas empresas espanholas levaram à arbitragem disputa envolvendo a compra e venda de uma sociedade, tendo a disputa surgido a partir da descoberta de um passivo na empresa adquirida a respeito do qual as compradoras afirmaram não terem sido informadas no momento do negócio.

No curso do processo arbitral, as partes solicitaram umas às outras a exibição de certos documentos, tendo as vendedoras solicitado às compradoras a exibição dos relatórios de auditoria contábil elaborados para fins de formação do preço de compra. As compradoras aceitaram entregar tais informações, mas não o fizeram. As vendedoras, que haviam solicitado a exibição de tais documentos, não insistiram nessa solicitação após a recusa das compradoras.

Na sentença, o tribunal arbitral entendeu haver elementos suficientes para inferir que as compradoras tinham conhecimento do passivo no momento da venda. Tendo sido estabelecida desde a primeira ordem processual a utilização das Regras da IBA sobre Produção de Provas, o tribunal arbitral aplicou o racional de seu artigo 9(6) (então sob a numeração 9(5)), segundo o qual, caso uma parte não produza certo documento solicitado pela parte, o tribunal arbitral poderá inferir que o teor desse documento é contrário aos interesses da parte que deveria exibi-lo. Assim, os árbitros concluíram que o conteúdo de tais relatórios de auditoria contábil seria prejudicial aos interesses das compradoras.

No pedido de anulação, as compradoras questionaram o fato de o tribunal arbitral ter feito inferências negativas sem antes consultar previamente as partes sobre a forma como as Regras da IBA sobre Produção de Provas seriam aplicadas, e alegaram violação aos princípios do contraditório e da ampla defesa ao extrair essa inferência adversa sem antes ordenar a exibição dos relatórios ou ao menos exigir uma explicação para o fato de que os relatórios não foram entregues. As compradoras também ressaltaram o fato de as vendedoras não terem solicitado ao tribunal arbitral a realização dessas inferências negativas.

Contudo, a *Cour d'Appel* entendeu que, ao aceitaram a aplicação das Regras da IBA sobre Produção de Provas, as partes automaticamente aceitaram a possibilidade de o tribunal arbitral extrair inferências negativas a partir do comportamento da parte. Além disso, entendeu que a solicitação de exibição de tais documentos era suficientemente clara e precisa, tendo as compradoras tido a oportunidade de comentá-la ou impugná-la, mas não o fizeram. Logo, segundo essa decisão, não seria necessário que o tribunal arbitral tivesse determinado diretamente a produção dessa prova.

Ao mesmo tempo em que essa decisão – inédita na jurisprudência francesa[655] – representou o endosso das cortes estatais francesas quanto à utilização dessa técnica,[656] tornando mais tangível o poder dos árbitros para extrair inferências negativas e encorajando o uso dessa ferramenta em outros casos, sua divulgação estimulou o debate sobre as condições sob as quais os árbitros estão autorizados a fazê-lo sem violação das garantias processuais das partes.

Nesse sentido, foi alvo de críticas o fato de essa decisão ter chancelado a extração de inferências negativas por um tribunal arbitral que não havia ordenado expressamente a produção de prova pela parte ou a alertado diante de sua recusa sobre o risco de esse comportamento dar ensejo a uma inferência adversa na sentença.

Nessa linha, houve quem defendeu que, a despeito de a pretensão de anulação da sentença ter fracassado, seria recomendável sempre preceder a extração de inferências negativas da devida advertência às partes, protegendo a sentença de acusações de quebra do devido processo legal.[657] Recomendações como essa são analisadas no item seguinte (*infra*, n. 4.7.8).

Pelo que se extrai da decisão, foram relevantes para esse desfecho circunstâncias específicas do caso, especialmente o fato de que as partes já haviam concordado de antemão com a aplicação das Regras da IBA sobre Produção de Provas, que preveem expressamente a possibilidade dessa medida. Como será detalhado a seguir (*infra*, n. 4.7.8), essa circunstância

[655] BARYSHEVA, Nataliya; CHESSA, Valentine. *Société Dresser-Rand Group, Inc et Société Dresser-Rand Holdings Spain, S.LU. vol. Société Diana Capital I, F.C.R. et autres, Court of Appeal of Paris, 28 February 2017.* Nova York: Kluwer Law International, [s.d.].

[656] WESTGAVER, Claire Morel de; ZINATULLINA; Ellina. Will Adverse Inferences Help Make Document Production in International Arbitration More Efficient? *Kluwer Arbitration Blog*, Nova York, 2 de agosto de 2017; e POLKINGHORNE, Michael; GILL, Benjamin Ainsley. Due Process Paranoia: Need We Be Cruel to Be Kind? *Journal of International Arbitration*, Nova York, v. 34, n. 6, p. 935-946, 2017, p. 943.

[657] *"A lesson to be drawn perhaps from this case, is that the use of the power to draw adverse inferences by the arbitrators, even if they are of the improper kind, should always be preceded by due notification to the parties in order to protect the award from ulterior claims, although ineffective, for breach of due process"* (ORTEGA, Elsa. France: The Recent Decision by the Paris Court of Appeal in the Dresser Rand Case: an Endorsement of the Use of Adverse Inferences in International Arbitration. *ICC Dispute Resolution Bulletin*, Paris, n. 3, 2017 (*online* e não paginado)).

pode mesmo dispensar um aviso expresso dos árbitros sobre a possibilidade de extração de inferências adversas. De todo modo, prevalecem sempre as circunstâncias do caso, que podem sugerir a necessidade de alguma advertência mais clara.

Além disso, naquele caso, tudo indica que houve alguma decisão do tribunal arbitral abrindo a oportunidade para que a parte produzisse a prova, já que há menção ao fato de que ela apresentou impugnação em relação a outros documentos solicitados.

Não está claro, no entanto, se houve alguma outra decisão específica do tribunal arbitral avaliando as objeções apresentadas e determinando a produção dos documentos considerados relevantes e materiais para o caso e em relação aos quais não houvesse sido apresentada alguma objeção válida. Inclusive, embora os comentários a essa decisão partam da premissa de que não teria havido oposição das compradoras quanto à exibição do documento, o trecho da manifestação delas a esse respeito transcrito pela decisão judicial indica que ela se comprometeu a apresentar os documentos "que estivessem em sua posse, guarda ou controle" (tradução nossa).[658] Assim, a falta de uma decisão clara do tribunal arbitral determinando a produção desses documentos pode ter inclusive impedido um debate mais profundo sobre o controle das compradoras sobre aqueles documentos.

4.7.8. Respeito ao contraditório

A inferência adversa deve ser extraída apenas quando observado o contraditório, de modo a assegurar que a parte a quem se impõe a produção de determinada prova tenha prévia oportunidade de se manifestar sobre a possibilidade de aplicação dessa técnica e, assim, influenciar no convencimento do árbitro a esse respeito.

A exigência se alinha a princípios processuais fundamentais, amplamente difundidos. Trata-se da garantia basilar que assegura aos litigantes o direito de serem ouvidos (para apresentar seu caso ou se defender) (*right to be heard*) e de conhecerem, a tempo e com a oportunidade de se manifestar a respeito, os argumentos e as provas produzidas por seu oponente (*audi alteram partem*).[659]-[660]

658 "*D-R fournira les documents répondant à la requête et qui sont en sa possession, sa garde ou son contrôle*".

659 MAYER, Pierre. Comparative Analysis of Power of Arbitrators to Determine Procedures in Civil and Common Law Systems. In: BERG, Albert Jan van den (Org.). *Planning Efficient*

Na arbitragem, a garantia do contraditório é uma das expressões mais claras da noção de devido processo legal (*due process*), também fortemente atrelada à garantia de imparcialidade dos árbitros.[661]

Como visto (*supra*, n. 2.2.2), essa garantia funciona também como um limite à discricionariedade do árbitro na definição do procedimento. Os artigos 18 e 19 da Lei Modelo da UNCITRAL ilustram bem esse papel limitador ao estabelecer que, ausente o consenso das partes sobre as regras procedimentais da arbitragem, o árbitro pode conduzir o processo conforme entender apropriado, incluindo o que se refere às questões de produção e valoração da prova, desde que preservado o direito das partes de serem tratadas de forma equânime e de terem uma oportunidade razoável de apresentar seu caso.

No Brasil, a percepção do contraditório como um princípio fundamental do processo arbitral está expressamente prevista na lei de arbitragem, cujo artigo 21, § 2º, dispõe que serão, "sempre, respeitados no procedimento arbitral os princípios do contraditório, da igualdade das partes, da imparcialidade do árbitro e de seu livre convencimento.". Confirmando a relevância desse princípio, sua violação é elencada como uma das hipóteses de anulação da sentença arbitral (artigo 32, inciso VIII) e de rejeição de pedido de homologação de sentença arbitral estrangeira (artigo 38, inciso III).

Essa última regra corresponde ao que prevê o artigo V(1)(b) da Convenção de Nova York (Decreto 4.311/2002), que prevê a recusa da homologação nos casos em que "a parte contra a qual a sentença é invocada não recebeu notificação apropriada acerca da designação do árbitro ou do processo de arbitragem, ou lhe foi impossível, por outras razões, apresentar seus argumentos". Ainda que assim não fosse, o princípio seria

Arbitration Proceedings: The Law Applicable in International Arbitration. Nova York: Kluwer Law International, 1996, p. 31; e Waincymer, *op. cit.*, 2012, p. 83.

660 "Contraditório é participação, e a sua garantia, imposta pela Constituição com relação a todo e qualquer processo – civil, penal, trabalhista ou mesmo não jurisdicional (art. 5º, inc. LV) – significa, em primeiro lugar que a lei deve instituir meios para a participação dos litigantes no processo e o juiz deve franquear-lhes esses meios. Mas significa também que o próprio juiz deve participar da preparação do julgamento a ser feito, exercendo ele próprio o contraditório. A garantia deste resolve-se portanto em um direito das partes e em deveres do juiz. É do passado a afirmação do contraditório exclusivamente como abertura para as partes, desconsiderada a participação do juiz" (Dinamarco; Lopes, *op. cit.*, 2016, p. 61).

661 Park, *op. cit.*, 2006, p. 144-145.

extraído da regra constitucional (CF, artigo 5º, inciso LV) e da teoria geral do processo,[662] aplicável à arbitragem (*supra*, n. 2.2.2).

Uma das principais expressões do princípio do contraditório é a exigência de que o julgador não tome decisões sobre questões fundamentais da disputa sem que antes seja oportunizado às partes debater essa questão. Só assim as partes terão a chance de influenciar no resultado do julgamento. Como observa Carlos Alberto Carmona, essa ideia representa a feição moderna do princípio do contraditório, presente tanto no processo arbitral quanto no processo estatal.[663]

Assim, esse princípio impõe ao árbitro a observância da "audiência bilateral", sempre ouvindo as partes antes de tomar sua decisão sobre determinadas as questões, o que inclui assegurar a estas a oportunidade para se manifestar sobre as questões suscitadas e as provas produzidas pela outra parte.[664]

Comumente, essa expressão específica do contraditório é traduzida como uma "vedação à decisão surpresa". Essa proibição se aplica igualmente às questões procedimentais. Não obstante (e especialmente tendo em vista) a flexibilidade própria da arbitragem, os árbitros devem manter um canal constante de comunicação com as partes sobre questões procedimentais. Nesse sentido, Carlos Alberto Carmona observa que esse dever dos árbitros de evitar surpresas às partes vale também para a hipótese de utilização de meios não convencionados (ou não convencionais) de prova.[665]

No tema específico da valoração do comportamento da parte e da extração de inferências adversas, a aplicação prática desse princípio tem desdobramentos relevantes.

De um lado, como visto, defende-se neste trabalho que a parte cujo comportamento se valora negativamente deve ter tido clara oportunidade de produzir a prova em questão e, mais que isso, deve ter sido intimada a produzir essa prova.

De outro lado, essa parte deve ter a chance de se manifestar prévia e especificamente sobre a inferência adversa que se pretende extrair contra si. Concretamente, isso significa que essa parte deve ter a chance de con-

662 Dinamarco, *op. cit.*, 2013, p. 55-56.
663 Carmona, *op. cit.*, 2009, p. 295.
664 Lemes, *op. cit.*, 1999, p. 98-99.
665 Carmona, *op. cit.*, 2010, p. 180.

testar o conteúdo da prova indireta resultante da aplicação dessa técnica e a presença dos requisitos para sua aplicação.

Vale observar que a parte só poderá exercer plenamente o contraditório se tiver informação minimante detalhada quanto ao conteúdo da prova indireta que resultaria da extração da inferência adversa. É dizer: uma premissa desse debate deve ser a clareza das partes quanto ao resultado que seria alcançado pelo julgador na valoração do comportamento da parte.

Deve estar claro qual enunciado será considerado verdadeiro com a prova indireta que resultar da extração da inferência adversa. Só assim ela poderá, por exemplo, apontar eventual excesso na medida ou a ausência de alguma condição específica para sua aplicação, demonstrando com clareza as razões pelas quais a prova não foi produzida. Logo, esse exercício pode resultar na correta limitação da abrangência da prova indireta aos fatos em relação aos quais efetivamente há uma lacuna probatória e que sejam relevantes para a solução da disputa. Ainda, esse exercício pode permitir que se discuta a razoabilidade e a coerência da inferência.

Além disso, por pressupor uma recusa injustificada da parte na produção da prova (*infra*, n. 4.7.9), a inferência adversa deve ser extraída apenas quando se pode dar à parte a chance de justificar a recusa no cumprimento dessa decisão, assumindo ter havido uma decisão determinando a produção de prova (*supra*, n. 4.7.7).

As Regras da IBA sobre Produção de Provas tratam do tema tanto (i) ao prever que a parte contra a qual é dirigida a decisão determinando a produção de documentos deve ter a chance de apresentar sua objeção a esse requerimento (artigo 3(5)) como (ii) ao prever que as inferências adversas só serão extraídas quando a recusa na produção da prova se der "sem justificativa satisfatória" (artigos 9(6) e 9(7)).

Como a inferência adversa é normalmente extraída no momento de prolação da sentença, a observância do contraditório oportunizando à parte manifestar-se previamente sobre o tema é especialmente relevante, sobretudo nos casos em que, como na lei brasileira, não se admite recurso contra a sentença arbitral e as hipóteses de pedido de esclarecimento são limitadas (Lei Brasileira de Arbitragem, artigos 18 e 30).

Tendo tudo isso em mente, ao tratar do respeito ao contraditório na extração de inferências adversas, a doutrina frequentemente discute a necessidade de que, antes da aplicação dessa técnica, o árbitro advirta a parte sobre essa possibilidade, abrindo uma janela de debate sobre o tema.

Ao comentar a inferência adversa extraída em sentença de arbitragem administrada pela ICC (*ICC Case n. 8694*), Teresa Giovannini e Alexis Mourre destacam que (i) além de ser amplamente admitido o poder do árbitro, diante de uma recusa injustificada da parte em cumprir uma decisão determinando a produção documentos, de tirar como consequência dessa recusa a conclusão de que os documentos não exibidos confirmariam as alegações da outra parte, (ii) no caso concreto, as partes haviam sido prévia e expressamente advertidas sobre essa possibilidade pelo tribunal arbitral.[666]

Vera van Houtte justifica essa advertência à luz do devido processo legal lembrando a natureza específica da inferência adversa e do papel dos árbitros ao extraí-la. A autora afirma que essa advertência poderia ser exigida no caso dessa técnica, mesmo sendo dispensável para eventual conclusão dos árbitros no sentido de insuficiência da prova, porque, ao extrair uma inferência adversa, o julgador age "ativamente" na *produção* da prova (alcançando por raciocínio inferencial uma prova indireta), diferentemente da postura adotada quando apenas *valora* as provas já produzidas pelas partes e apresentadas a ele.[667]

Mais que isso, no entanto, a advertência faz sentido à luz do contraditório pela própria natureza excepcional dessa técnica e pelas consequências potencialmente gravosas de sua aplicação para a parte contra quem a inferência é extraída (*supra*, n. 4.7.1).

No mais, não se pode desprezar o efeito persuasivo que essa advertência pode ter sobre a parte. Mesmo presentes todas as condições para a extração da inferência adversa, será sempre preferível a produção da própria prova (direta). Assim, a abertura de contraditório sobre o tema é oportunidade para que a parte que vem resistindo injustificadamente à produção da prova reflita detidamente sobre as consequências desse comportamento e eventualmente ceda à pressão daí decorrente viabilizando a produção da prova.

Parte da doutrina defende de forma mais assertiva que os árbitros devem: (i) fazer essa advertência à parte sempre que considerarem extrair uma inferência adversa, de forma que essa parte incumbida de produzir determinada prova fique absolutamente ciente, antecipadamente, das consequências de sua não produção; e (ii) assegurar a essa parte a opor-

666 Giovannini, Teresa; Mourre, Alexis. X vol. Y, ICC Award No. 8694, 1996. In: ICC, *op. cit.*, 2009, p. 228.

667 Houtte, *op. cit.*, 2009, p. 209.

tunidade de se manifestar especificamente a esse respeito, inclusive para debater o modo como a prova indireta resultante da aplicação dessa técnica se encaixaria no conjunto probatório como um todo.[668]

Outros autores reconhecem a relevância dessa advertência, mas a descrevem como medida de prudência, e não como uma exigência insuperável. Nesse sentido, Jeremy Sharpe afirma que "o tribunal deve, sempre que possível, emitir uma decisão informando aquela parte sobre as consequências do não cumprimento, incluindo a possibilidade de uma inferência adversa ser extraída contra essa parte".[669]-[670]

Jeffrey Waincymer, por sua vez, destaca que, mesmo não sendo uma exigência legal para a extração de inferências adversas, essa advertência contribui para o próprio peso da prova indireta a ser valorada pelos árbitros. Se a parte deixa injustificadamente de produzir a prova mesmo mediante clara indicação das consequências para essa recusa, os árbitros terão mais confiança na conclusão de que o uso dessa técnica é apropriado.[671]

Na doutrina brasileira, Felipe Sebhastian Caldas Véras afirma que "é prudente conferir à parte oportunidade para que apresente, com calma, justificativa plausível para a não apresentação da prova solicitada, e que tenha tempo para compreender as consequências do descumprimento da decisão do tribunal arbitral. Isso não significa, contudo, que somente o fato de não ser alertada da consequência da não produção de determinada prova seja argumento de defesa suficiente para impedir a retirada de inferências negativas pelos árbitros".[672]

A posição que parece atender melhor à lógica dessa condição é aquela que olha para seu objetivo. O que se pretende ao advertir a parte sobre a possibilidade de extração de uma inferência adversa é essencialmente deixar essa parte plenamente ciente das consequências de seu comportamento, evitando uma decisão surpresa e permitindo-lhe agir para evitar ou minimizar esse resultado, seja produzindo a prova, seja convencendo o

668 Nesse sentido: Greenberg; Lautenschlager, *op. cit.*, 2011, p. 47-48, p. 54-56; Kreindler, *op. cit.*, 2015, p. 167.

669 Tradução nossa. Sharpe, *op. cit.*, 2006, p. 568-569.

670 Na mesma linha: Schwartz; Derains, *op. cit.*, 2005, p. 283; Zykova, *op. cit.*, 2017, p. 41; e Deluiggi, *op. cit.*, 2010, p. 149.

671 Waincymer, *op. cit.*, 2012, p. 777.

672 Véras, Felipe Sebhastian Caldas. *Arbitragem e Corrupção*: um estudo sob a perspectiva do direito brasileiro. Dissertação (Mestrado em Direito) – Faculdade de Direito da Universidade Federal de Minas Gerais, Belo Horizonte, 2020, p. 96-97.

julgador de que as condições para o uso dessa técnica não estão presentes ou, no limite, de que a prova indireta resultante da extração da inferência adversa deve observar determinados limites.

Por isso, as circunstâncias específicas do caso concreto tornarão essa advertência mais ou menos necessária para colocar as partes nessa posição de plena ciência. A depender das regras aplicáveis ao caso específico e do teor do debate travado nos autos sobre a produção da prova, por exemplo, uma advertência quanto à possível valoração do comportamento da parte com a extração de inferências adversas pode soar dispensável ou, em vez disso, de extrema relevância.

E isso é importante porque, partindo da premissa de que sempre será preferível que essa advertência seja feita, há casos em que a sua não realização não maculará em nada a legitimidade de uma decisão que extraia inferência adversa, já que, mesmo sem esse aviso expresso, a parte já teria plena consciência dessa possibilidade.

Nesse sentido, a regulação procedimental do caso concreto tem grande relevância. Em um caso em que as partes tenham convencionado expressamente (por exemplo, na cláusula compromissória, no termo de arbitragem ou na escolha de um regulamento de câmara arbitral) pela possibilidade de extração de inferência adversa no caso da recusa injustificada de uma parte em produzir determinada prova, essa advertência pode se mostrar desnecessária. Nesse caso, ao ser chamada a produzir a prova (*supra*, n. 4.7.7), a parte já terá plenas condições de saber de antemão que a extração de uma inferência adversa é uma consequência possível para uma eventual resistência injustificada na produção dessa prova.

Da mesma forma, em um caso em que as partes tenham convencionado expressamente pela possibilidade de aplicação das Regras da IBA sobre Produção de Provas – com força vinculante ou como referência – ou o próprio tribunal arbitral tenha definido a aplicação dessas regras em decisão proferida no início do processo (o que comumente ocorre na primeira “ordem processual”),[673] uma advertência sobre a possibilidade de extração de inferência adversa, ainda que aconselhável, pode ser dispensada sem prejuízo ao contraditório.[674]

673 Para uma recomendação de redação para esse registro, cf.: Derains, *op. cit.*, 2006, p. 90.

674 “*The notification principle is not that important in the situation when parties agreed on the application of the IBA Rules because in this case the consequences of non-production are expressly set forth in Art. 9.5*” (Zykova, *op. cit.*, 2017, p. 42).

Uma decisão recente das cortes estatais francesas ilustra essa situação. No caso, julgado pela *Cour d'appel* de Paris em 1º de dezembro de 2020,[675] discutia-se a pretensão de anulação de uma sentença arbitral proferida em arbitragem administrada pela Corte Permanente de Arbitragem (caso *Sterling vs. Algeria*). A decisão registra que, na primeira ordem processual emitida pelo tribunal, foi estabelecido que os árbitros poderiam ordenar de ofício a produção de documentos e que os árbitros poderiam utilizar, como "linhas diretivas complementares", as Regras da IBA sobre Produção de Provas. Assim, a decisão conclui expressamente não ter havido violação ao contraditório porque as partes haviam concordado com a eventual extração de inferências adversas e, ainda assim, a Algeria teria deixado de produzir provas sem apresentar justificativa satisfatória para essa recursa. Ao final, houve anulação parcial da sentença arbitral, mas por outro fundamento não atrelado à alegação de violação ao contraditório.

Na mesma linha, a já mencionada decisão da *Cour d'appel* de Paris no caso *Dresser-Rand vs. Diana Capital* (*supra*, n. 4.7.7)[676] considerou não haver razões para anulação da sentença arbitral destacando que (i) após consulta às partes, o tribunal arbitral havia feito constar na primeira ordem processual emitida no processo a possibilidade de se reportar às Regras da IBA sobre Produção de Provas, e que (ii) essas regras contêm em seu artigo 9(5) a possibilidade expressa de extração de inferência adversa no caso de recusa injustificada de produção de documentos. Na decisão, a *Cour d'appel* de Paris concluiu que o mecanismo de extração de inferências adversas estava necessariamente inserido nos debates do processo, mesmo que, antes de extrair a inferência, o tribunal não tenhá chamado as partes a se manifestarem especificamente sobre esse ponto.

Nos casos em que a possibilidade de extração de inferências adversas não consta em nenhum instrumento regulando diretamente o processo arbitral, a utilização dessa técnica merece maior cautela, tornando essa advertência – e a possibilidade de manifestação sobre o tema – uma medida importante para prevenir qualquer violação ao contraditório e, consequentemente, proteger a sentença arbitral.

Essa maior cautela não contradiz a constatação de que os árbitros podem aplicar a técnica de extração de inferências adversas mesmo em um caso

[675] Cour d'appel de Paris, Pôle 5 – chambre 16, 1er décembre 2020, nº 19/09347.

[676] *Grupo Guascor vs. Dresser-Rand*; Cour d'appel de Paris, Pôle 1 – chambre 1, 28 fevrier 2017, nº 15/06036.

em que a regulação procedimental da arbitragem não contemple nenhuma regra expressa sobre o tema (*supra*, n. 4.5 e n. 4.6). Ao contrário: é precisamente a clareza sobre as condições em que o instituto tem aplicação que permitirá seu uso seguro mesmo em situações em que não haja clareza nas regras aplicáveis.

Mesmo nesses casos, porém, parece dispensável que o tribunal faça essa advertência ou abra essa janela de manifestação quando já tenha havido amplo debate (provocado pela parte interessada na extração da inferência) sobre o tema. É dizer: se a parte potencialmente prejudicada pela inferência teve a chance de se manifestar sobre a presença das condições para uso da técnica, podendo antecipar que essa questão cujo debate foi colocado seria objeto de decisão pelo árbitro, a exigência de uma advertência seria redundante.

As circunstâncias em que a parte se vê obrigada a produzir determinada prova também influenciam a relevância dessa advertência. Na hipótese em que a produção da prova decorre de um requerimento da outra parte, e não de uma ordem emitida pelo árbitro de ofício, são maiores as chances de que a parte tenha ciência da abrangência de eventual inferência adversa, já que a própria parte interessada na produção dessa prova terá provavelmente defendido a relevância dessa prova para a solução de alguma questão controversa.

No caso em que a decisão ordenando a produção da prova é emitida de ofício pelos árbitros, o debate sobre os enunciados que seriam considerados verdadeiros em caso de descumprimento dessa decisão pode não existir ou ser mais superficial. Essa situação aumentaria a relevância de uma advertência específica dos árbitros quanto à possibilidade de extração da inferência adversa,[677] especialmente nos casos em que o uso dessa técnica não constar expressamente nas regras procedimentais estabelecidas para o caso concreto.

Por mais que os árbitros possam se mostrar receosos de fazer essa advertência, uma linguagem objetiva deve ser suficiente para evitar qualquer interpretação no sentido de que essa comunicação seria um pré-julgamento da demanda.[678]

No mais, a medida será relevante para que, no caso de essa iniciativa não ter se dado por provocação da parte que seria beneficiada pela infe-

677 Kreindler, *op. cit.*, 2015, p. 180-181.
678 Waincymer, *op. cit.*, 2012, p. 403-404.

rência adversa, essa parte também possa atuar no convencimento do árbitro quanto às razões para a extração da inferência adversa, respondendo à provável objeção apresentada por seu oponente.

Assim, conclui-se que a garantia do contraditório pode ser exigida e atendida de diversas formas relacionadas à extração de inferências adversas. As circunstâncias concretas do caso guiarão o julgador sobre as medidas a serem adotadas na prática, sempre orientadas pela preocupação de se evitar que eventual aplicação dessa técnica chegue para as partes como uma surpresa, ou seja, uma deliberação sobre a qual elas não tiveram a chance de exercer influência.

Justamente porque as exigências de cada caso podem variar substancialmente, tanto mais protegida contra eventuais questionamentos estará a sentença arbitral quanto mais os árbitros forem cautelosos no registro das circunstâncias em que uma decisão sobre a extração de inferência adversa foi proferida. Nesse sentido, é recomendável que a sentença arbitral registre as oportunidades concedidas à parte para se manifestar sobre o tema.

4.7.9. Resistência injustificada da parte à produção da prova

Uma inferência adversa não deve ser extraída automaticamente a partir do descumprimento de uma decisão determinando a produção da prova, mas apenas quando se puder constatar que esse descumprimento foi injustificado.

Como vem sendo defendido neste trabalho, para que a inferência adversa seja extraída, o árbitro deve ter condições de se convencer de que a prova está disponível, mas não foi apresentada por ter conteúdo desfavorável à parte instada a fazê-lo.

É a natureza injustificada da recusa da parte em produzir a prova que permitirá que se tome o fato consistente no descumprimento da determinação de produção da prova como um indício apto a ser considerado no raciocínio presuntivo que levará à extração da inferência adversa. Essa falta de justificativa permitirá descartar a hipótese de esse fato indiciário decorrer de outro fato (uma razão legítima para o descumprimento) que não o que se pretende provar. Enfim, é a falta de razão legítima para essa conduta da parte que permitirá a incidência da máxima da experiência no sentido de que *se a prova fosse favorável, a parte capaz de produzi-la não resistiria à sua produção.*

Nesse sentido, o árbitro deverá considerar se a recusa está amparada em alegações legítimas, como a falta de controle sobre determinada testemunha ou a existência de impeditivo legítimo à exibição de determinado documento.[679]

Se a prova se perdeu por mera negligência, a extração de uma inferência adversa para estabelecer conclusões sobre seu conteúdo pode não representar uma aplicação válida dessa técnica.[680] Do mesmo modo, se determinado documento foi alegadamente destruído ainda antes do surgimento da disputa no contexto de uma política institucional razoável de descarte de materiais, por exemplo, é possível que muitos tribunais arbitrais considerem essa escusa razoável. Por outro lado, se a explicação dada pela parte está baseada na alegação de que tal documento foi destruído logo após a criação de uma política institucional de tal natureza desenvolvida após o surgimento da disputa, não seria de se estranhar que os árbitros apresentassem uma visão cética sobre tal justificativa.[681]

Essa condição é ilustrada pela sentença proferida no caso *Europe Cement Investment & Trade S.A. vs. Republic of Turkey*.[682] Na disputa, a parte requerida alegava que a recusa dos requerentes em exibir as vias originais de documentos comprobatórios de uma condição que justificaria a jurisdição arbitral (a participação acionária em determinadas companhias) indicaria a falsidade das cópias desses documentos anteriormente exibidas, o que permitiria a extração de uma inferência adversa.

O tribunal acatou esse requerimento concluindo que a participação acionária em questão nunca existiu, de modo que o processo foi iniciado pela parte requerente com base na falsa alegação de que ela mantinha investimentos na Turquia. Ao justificar a extração da inferência adversa, o tribunal destacou que a requerente "poderia ter rebatido essa inferência. Poderia ter produzido os originais dos contratos sobre as ações. Poderia ter produzido os certificados das ações que ela alegou que possuía. De fato, em sua resposta à Ordem Processual n. 3, ela indicou que não tinha objeções à produção de certos documentos e, naquele passo, o tribunal

679 "Quanto mais uma parte tem uma razão defensável para recusar a produção, menos legítima seria uma inferência adversa." (tradução nossa). No original: "*The more a party has a tenable reason for refusing production, the less legitimate an adverse inference would be.*" (Waincymer, *op. cit.*, 2012, p. 776-777).

680 Waincymer, *op. cit.*, 2012, p. 880-881.

681 Blackaby *et al.*, *op. cit.*, 2015, p. 388.

682 ICSID Case n. ARB(AF)/07/2. Sentença proferida em 13 de agosto de 2009.

arbitral não tinha razões para acreditar que ela não o faria. No entanto, ela nunca produziu quaisquer documentos".[683]

Especificamente sobre a falta de justificativa para a produção desses documentos, a sentença destacou que "em 12 de maio de 2008, a requerente afirmou que tinha os certificados de ações em sua posse, mas, ainda assim, deixou de exibir esses certificados duas semanas depois, quando intimada pelo tribunal a fazê-lo".[684] Como a requerente havia tentado justificar seu comportamento alegando dificuldade na substituição de seu advogado, a sentença também observou que "o tribunal concedeu à requerente mais de 5 meses de extensões de prazo de modo a lhe permitir contratar um advogado. Nenhuma explicação foi dada para essa sua incapacidade em constituir um advogado, e sequer foi sugerido que isso decorreria de uma falta de recursos financeiros. Certamente, um requerente de boa-fé teria conseguido um advogado nesse período".[685]

É interessante notar que o ônus de prova desse fato (investimento na Turquia no período relevante para o estabelecimento da jurisdição arbitral) recairia sobre os próprios requerentes, e não sobre a requerida.[686] Logo, a rigor a medida seria até *desnecessária*, já que essa inferência era buscada para reforçar a prova de um fato cujo ônus da prova não recaía sobre a parte que a buscava (a requerida), e sim sobre a parte que deixou de produzir a prova (a requerente). Nesse caso, a improcedência da demanda poderia decorrer da aplicação do ônus da prova como regra de julgamento.

683 Tradução nossa. No original: "*The Claimant could have rebutted this inference. It could have produced the originals of the share agreements. It could have produced the share certificates that it claimed it owned. Indeed, its response to Procedural Order No. 3 indicated that it had no objection to the production of certain documents and at that stage the Tribunal had no reason to believe that it would not do so. But, it never produced any documents*".

684 Tradução nossa. No original: "*On 15 May 2008 the Claimant asserted that it had the share certificates in its possession, yet it failed to produce those certificates some two weeks later when ordered to do so by the Tribunal*".

685 Tradução nossa. No original: "*Moreover, the Tribunal granted the Claimant more than 5 months of extensions in order to hire counsel. No explanation was ever provided for this inability to hire counsel and there was no suggestion that this was due to a lack of resources. Surely a claimant with a bona fide claim could have retained counsel within such a period of time*".

686 "O ônus da prova quanto à titularidade das ações no período relevante recaia sobre a Requerente. Ela falhou completamente em se desincumbir desse ônus" (tradução nossa). No original: "*The burden to prove ownership of the shares at the relevant time was on the Claimant. It failed completely to discharge this burden*".

Outro caso que ilustra essa condição é o *INA Corporation vs. Iran* (IUSCT – Sentença arbitral n. 184-161-1),[687] em que a requerente buscava reparação de danos que alegadamente sofreu em razão da expropriação, pelo governo iraniano, de companhia de seguros em que ela detinha participação acionária. Tendo a nacionalização da companhia restado incontroversa, a discussão se limitou aos critérios de quantificação de danos. Com base em relatório emitido por uma empresa pública iraniana de auditoria (Amin & Co.), o requerido alegava que a companhia teria um "valor negativo". O tribunal arbitral determinou que os requerentes exibissem o material que teria sido disponibilizado à Amin & Co., mas essa decisão não foi cumprida.

Ao extrair inferências adversas a partir do descumprimento dessa determinação (para concluir que esse relatório não refletiria o valor da companhia), o tribunal destacou não aceitar a justificativa dada pelo requerido para essa recusa na produção da prova, consistente na afirmação de que o material seria "muito volumoso". Os árbitros também destacaram o fato de o requerido só ter suscitado essa alegação na audiência, muito depois de expirado o prazo para a exibição desses documentos, e, mesmo nessa oportunidade, não ter sequer indicado o real volume desse material ou detalhado os problemas que impediriam sua exibição.

De todo modo, essa decisão ilustra bem que a avaliação da suficiência da explicação dada pela parte para justificar sua recusa na produção daquela prova fica sujeita à interpretação dos árbitros e variará conforme as circunstâncias do caso. Para essa avaliação, o exercício do contraditório (*supra*, n. 4.7.8) é fundamental, já que permite que os árbitros tenham condições de avaliar a legitimidade dessa recusa. Quanto mais sólidas as informações que o tribunal arbitral conseguir reunir a esse respeito, mais legítima será a decisão sobre a extração ou não da inferência adversa.

Por isso, são recomendáveis iniciativas que busquem esclarecer essas razões. Mesmo nos casos em que o tribunal tenha que se fiar nas declarações das partes ou de terceiros sobre a suposta impossibilidade de produção da prova, a exigência de declarações específicas sobre a veracidade dessas circunstâncias[688] pode exercer alguma pressão positiva e externar a seriedade com a qual o tribunal pretende analisar a questão.

[687] Sentença final no *IUSCT Case n. 161*, datada de 13.8.1985.

[688] McDougall; Bouchardie, *op. cit.*, 2008, p. 517.

Na generalidade dos casos, a análise feita pelos árbitros a respeito da legitimidade da recusa na produção da prova não se guiará por um rol previamente estabelecido de situações caracterizadoras de uma recusa legítima ou ilegítima. Mesmo nos instrumentos que preveem expressamente o poder dos árbitros de extraírem inferências adversas, a regra é a ausência desse detalhamento.

Uma exceção é encontrada nas Regras da IBA sobre Produção de Provas, em que potenciais justificativas para a recusa na produção da prova podem ser extraídas tanto do artigo 3(3),[689] que lista os requisitos a serem observados no pedido de produção da prova, quanto do artigo 9(2), que lista as seguintes hipóteses para não admissão da prova: (i) ausência de relevância para o caso e sua solução; (ii) impedimento legal ou sigilo profissional sob as regras legais ou éticas determinadas pelo tribunal arbitral como aplicáveis; (iii) ônus desarrazoado para produzir a prova requerida; (iv) perda ou destruição do documento, cuja ocorrência tenha sido demonstrada com probabilidade razoável; (v) motivos de confidencialidade comercial ou técnica que o tribunal arbitral determine serem convincentes; (vi) motivos de especial sensibilidade política ou institucional (incluindo provas que tenham sido classificadas como secretas por um governo ou uma instituição pública internacional) que o tribunal arbitral determine serem convincentes; ou (vii) considerações de economia processual, proporcionalidade, justiça ou igualdade das partes que o tribunal arbitral determine serem convincentes.

Outra exceção no mesmo sentido pode ser extraída das Regras de Praga, que em seu artigo 4.5 estabelecem que uma parte pode requerer ao tribu-

[689] "O Requerimento de Produção de Prova conterá: (a) (i) descrição de cada Documento requerido suficiente para identificá-lo, ou (ii) descrição suficientemente detalhada (incluindo assunto) de uma categoria restrita e específica de Documentos que a Parte solicitante razoavelmente acredite existir; no caso de Documentos mantidos eletronicamente, a Parte solicitante poderá, ou o Tribunal Arbitral poderá determinar que ela seja obrigada a, identificar os arquivos específicos, termos de busca, indivíduos ou outros meios de busca por tais Documentos de forma eficiente e econômica. (b) declaração sobre como os Documentos requeridos são relevantes para o caso e essenciais para o seu resultado; e (c) (i) declaração de que os Documentos requeridos não estão na posse, custódia ou controle da Parte solicitante ou declaração das razões pelas quais seria excessivamente oneroso para a Parte solicitante produzir esses Documentos; e (ii) declaração das razões pelas quais a Parte solicitante assume que os Documentos requeridos estão na posse, custódia ou controle da outra Parte".

nal arbitral a exibição de documento que (a) seja relevante e material para a resolução do litígio, (b) não seja de domínio público e (c) esteja na posse ou no controle da outra parte.

Embora, em princípio, essas disposições devam ser consideradas pelo árbitro logo no momento da prolação da decisão com ordem de produção da prova, as mesmas hipóteses podem guiar a avaliação do árbitro sobre a legitimidade de eventual recusa da parte em produzir a prova.[690]

Isso faz sentido especialmente quando a decisão ordenando a produção da prova é proferida antes de qualquer manifestação da parte chamada a produzi-la ou quando essa primeira decisão é tomada apenas com base na verificação da presença de requisitos formais para o requerimento de exibição de documentos. É o caso da dinâmica estabelecida pelas Regras da IBA sobre Produção de Provas, em que a parte é chamada a, em uma mesma oportunidade, produzir os documentos solicitados pela outra parte e/ou apresentar suas objeções ao requerimento, as quais tanto podem estar fundadas no artigo 3(3) como no artigo 9(2) (artigo 9(5)).[691]

Sendo assim, mesmo que tenha sido proferida uma decisão determinando a produção da prova, essa determinação não impede que, ao final, se conclua pela legitimidade da recusa no cumprimento dessa decisão ou, no caso de uma análise feita com o específico propósito de decidir pela extração ou não de uma inferência adversa, pelo descabimento da medida. Nesse último caso, é possível vislumbrar a hipótese – já mencionada acima (*supra*, n. 4.7.2) – em que o avanço da instrução probatória torna *irrelevante* ou *imaterial* a prova não produzida.

O árbitro tem uma margem considerável de discricionariedade na avaliação da legitimidade dessa recusa. Mesmo nas Regras da IBA sobre Produção de Provas, que buscam justamente ser exceção à prática de pouco detalhamento do tema, há referência a expressões mais vagas como "expli-

[690] "Presumivelmente, uma 'explicação satisfatória' se sobreporia aos fundamentos de objeção à produção de provas ou recusa de admissão de provas resumidas no art. 9(2) das Regras da IBA, mas isso não é de forma alguma exclusivo ou limitador" (tradução nossa). No original: "*Presumably a "satisfactory explanation" would overlap with the grounds for objecting to production of evidence or refusal to admit evidence summarized in Art. 9(2) of the IBA Rules, but this is by no means exclusive or limitative*" (KREINDLER, *op. cit.*, 2015, p. 180).

[691] Nos termos do artigo 3(5), a objeção também pode se fundar na regra do artigo 9(3), segundo a qual "[o]Tribunal Arbitral pode, a pedido de uma Parte ou de ofício, excluir provas obtidas ilegalmente".

cação satisfatória" (artigos 9(6) e 9(7))[692] e "considerações de economia processual, proporcionalidade, justiça ou igualdade" (artigo 9(2)g).[693]-[694]

Por um lado, alinhada à flexibilidade própria do processo arbitral, essa margem permite que a recusa seja avaliada pelos árbitros à luz das especificidades de cada caso.

Por outro lado, essa circunstância é uma fonte de insegurança para as partes, que podem não conseguir antecipar as razões que possivelmente seriam consideradas como recusa ilegítima em determinado caso concreto. Daí a relevância do contraditório e do detalhamento das razões sobre a legitimidade ou ilegitimidade da recusa nos fundamentos da decisão sobre a extração da inferência adversa. Além disso, essa circunstância cria dificuldades para os próprios árbitros, que têm o desafio de buscar parâmetros racionais para a avaliação sobre a legitimidade dessa recusa. Ao fazê-lo, podem naturalmente recorrer a múltiplas fontes normativas, levando em consideração instrumentos de *soft law* e, se entenderem necessário, a teoria geral do processo.[695]

Cabe aos árbitros também levarem em consideração as expectativas das partes e eventuais diferenças culturais entre elas e/ou os árbitros.[696] No caso da prova documental, a origem e experiência prévia da parte pode influenciar inclusive suas práticas de guarda e conservação de documentos, circunstância relevante para a definição sobre a existência de controle da parte sobre a fonte da prova (*supra*, n. 4.7.6) e, consequentemente, o caráter injustificado de eventual recusa na sua produção.[697]

[692] WEBSTER, Thomas H. Obtaining Documents from Adverse Parties in International Arbitration. *Arbitration International*, Oxford, v. 17, n. 1, p. 41-58, 2001, p. 50-51

[693] "Article 9.2(g) is a catch-all provision, intended to assure procedural economy, proportionality, fairness and equality in the case" (IBA. *Commentary on the revised text of the 2020 IBA Rules on the Taking of Evidence in International Arbitration*. Londres, 2021, p. 30).

[694] ASHFORD, *op. cit.*, 2013, p. 146.

[695] Mesmo não aplicando o CPC à arbitragem, é de se esperar que profissionais (árbitros e advogados) habituados à prática brasileira tenham como referência as regras aplicáveis ao processo judicial, que tratam expressamente de hipóteses de recusa legítima e ilegítima no cumprimento de decisões ordenando a exibição de documentos (artigos 399 e 404).

[696] "Ao apreciar um pedido de produção de documentos, o tribunal arbitral também deverá ter em conta as legítimas expectativas das partes, considerando suas respectivas experiências e as de seus advogados" (tradução nossa)". No original: "*In considering a request for the production of documents, the Arbitral Tribunal can also be expected to have due regard for the legitimate expectations of the parties, given their respective backgrounds and those of the counsel representing them*" (SCHWARTZ; DERAINS, *op. cit.*, 2005, p. 283).

[697] "Enquanto empresas originárias de países de Common Law já antecipam o procedimento de *discovery*, chegando inclusive a arquivar rascunhos e minutas de documentos, a maioria das

Questões de direito material também podem influenciar o tema. Como já mencionado (*supra*, n. 2.2.1), havendo uma obrigação contratual expressa de compartilhamento de documentos, por exemplo, as justificativas da parte que recusa a produção dessa prova se tornam mais limitadas. O mesmo racional se aplica aos casos em que a lei material imponha uma obrigação de exibição do documento (no âmbito de uma relação societária, por exemplo).

A depender do meio de prova em questão, também podem surgir questões específicas a serem consideradas pelos árbitros. Ao passo que a prova documental comumente suscita questões relacionadas aos requisitos para a exibição de documentos e temas sobre confidencialidade e informações privilegiadas, a prova testemunhal concentra discussões sobre o controle da parte sobre a fonte de prova (*supra*, n. 4.7.6) e questões específicas de ordem prática como a regularidade da intimação da testemunha.[698]

Voltando às hipóteses listadas pelas Regras da IBA sobre Produção de Provas, algumas considerações merecem ser feitas em relação a hipóteses que despertam maior discussão e que ainda não foram mencionadas em outros itens deste trabalho.

Em relação ao *impedimento legal ou sigilo profissional*,[699] trata-se de tema especialmente complexo e discutido, característica atribuída à diferença de tratamento da questão nos sistemas de tradição de *civil law* e *common law* e à ausência de regras claras de conflito de leis para a determinação da regulação do tema na arbitragem internacional.[700]

O *impedimento legal ou sigilo profissional* estão abrangidos pela noção de "privilégio", definido como o direito reconhecido de uma parte deixar de produzir determinada prova documental ou testemunhal, incluindo

empresas de países de direito continental nem sequer sabe da existência do procedimento de *discovery* e não tem, via de regra, o receio de ter que apresentar documentos que lhe são prejudiciais" (DELUIGGI, *op. cit.*, 2010, p. 149).

698 "Se intimações foram utilizadas e uma testemunha não comparecer, o tribunal pode precisar considerar a validade da intimação e se essa intimação foi apropriada antes de considerar se inferências adversas podem ser extraídas" (tradução nossa) No original: "*If subpoenas have been utilised and a witness does not attend, a tribunal may need to consider the validity of the subpoena and whether service has been appropriate before considering whether adverse inferences may be drawn*" (WAINCYMER, *op. cit.*, 2012, p. 929).

699 Regras da IBA sobre Produção de Provas, artigo 9(2)(b).

700 BERGER, Klaus Peter. Evidentiary Privileges: Best Practice Standards versus/and Arbitral Discretion. *Arbitration International*, Oxford, v. 22, n. 4, p. 501-520, 2006, p. 501-502.

o direito de impedir que outros revelem essas informações.[701]-[702]-[703] Os principais privilégios são os profissionais, como o legal (cliente-advogado), o sigilo médico e a proteção do sigilo da fonte no âmbito jornalístico. A noção de privilégio é ainda mais ampla e abrange a proteção de segredos de negócio e informações governamentais estratégicas.[704]

Especificamente no tema da recusa injustificada da parte na produção de determinada prova, a definição sobre a existência ou não dessa condição eximindo a parte de cumprir essa determinação é relevante porque determinará qual risco corre a parte que manifesta essa recusa na produção da prova. A depender da conclusão, haverá ou não a atribuição de um valor probatório ao comportamento da parte mediante a extração de uma inferência adversa a respeito do teor da prova não produzida.

Embora se trate de tema pouco regulado e com tratamento diverso conforme cada jurisdição, é possível afirmar a existência de um consenso quanto à necessidade de proteção desses privilégios.[705] Nos Princípios ALI/UNIDROIT sobre Processo Civil Transnacional, há previsão expressa no sentido de que esses privilégios devem ser respeitados.[706] Ainda, seriam princípios gerais aplicáveis ao tema: (i) os tribunais devem acatar objeções à produção de provas legitimamente suscitadas com base em regras reconhecidas sobre privilégio; (ii) os tribunais devem prevenir surpresas à parte que tenha se baseado legitimamente em uma regra de privilégio; e (iii) o dever geral do árbitro de assegurar igualdade de tratamento entre as partes também deve ser aplicar à condução do tema.[707]

Alguns instrumentos de *soft law* também contêm diretrizes sobre o tema. As Regras da IBA sobre Produção de Provas preveem em seu artigo 9(4) que, ao considerar essas questões, o tribunal arbitral deve levar em conta: (a) qualquer necessidade de proteger a confidencialidade de um documento criado ou declaração ou comunicação oral feita em relação e com vistas ao fornecimento ou à obtenção de aconselhamento jurídico;

[701] Berger, *op. cit.*, 2006, p. 501-503.

[702] Rosenfeld, Friedrich. The Law Applicable to Legal Privilege in International Commercial Arbitration. In: Ferrari; Kröll, *op. cit.*, 2019, p. 217.

[703] Kaufmann-Kohler, *op. cit.*, 2004, p. 19.

[704] Kaufmann-Kohler, *op. cit.*, 2004, p. 19.

[705] Kaufmann-Kohler, *op. cit.*, 2004, p. 19; e Berger, *op. cit.*, 2006, p. 503.

[706] Artigos 16.1, 16.2 e 18.

[707] O'Malley, *op. cit.*, 2019, p. 289.

(b) qualquer necessidade de proteger a confidencialidade de um documento criado ou declaração ou comunicação oral feita em relação e com vistas a negociações de acordo; (c) as expectativas das partes e de seus assessores no momento em que o impedimento legal ou sigilo profissional teria surgido; (d) qualquer possível renúncia de qualquer impedimento legal ou sigilo profissional aplicável, em virtude de consentimento, divulgação anterior, uso afirmativo do documento, da declaração, da comunicação oral ou do aconselhamento neles contidos, ou de outra forma; e (e) a necessidade de manter a justiça e a igualdade entre as partes, particularmente se elas estiverem sujeitas a diferentes regras legais ou éticas.

O Protocolo sobre Produção de Documentos e Apresentação de Testemunhas em Arbitragem Comercial divulgado pelo CPR também indica que o tribunal arbitral deve aplicar as disposições da lei aplicável que assegurem a maior proteção às comunicações entre cliente e advogado e aos documentos que constituam "produto de trabalho".[708]

Ocorre que esses instrumentos não resolvem a maior dificuldade dos árbitros ao enfrentarem uma discussão sobre o tema: os critérios para definição da lei aplicável sobre a matéria. A decisão tomada a esse respeito pode fazer uma grande diferença. De um modo geral, a extensão e a sofisticação das regras de privilégio acompanham a tradição de permissibilidade maior ou menor de procedimentos de disponibilização de documentos (*disclosure*). Na tradição dos sistemas de *common law*, habituados à ideia de uma obrigação mais extensa de disponibilização de documentos, as regras sobre privilégio tendem a ser mais robustas. Ao revés, o tema tende a ser menos regulado nos países de *civil law*, em que os procedimentos para disponibilização de documentos são tradicionalmente mais limitados.[709]

A diferença de tratamento do tema é ilustrada pela proteção das comunicações envolvendo os advogados internos (usualmente atuantes no departamento jurídico) da parte.[710] Enquanto em alguns países – como Estados Unidos e Inglaterra – é reconhecido o sigilo dessas comunicações desde que elas tenham relação com aconselhamento jurídico (e não com questões comerciais), em outros países o tratamento é diverso e nada uniforme.[711]-[712]

708 Section 1(b).

709 Rosenfeld, *op. cit.*, 2019, p. 219.

710 Waincymer, *op. cit.*, 2012, p. 751-752; e Mcdougall; Bouchardie, *op. cit.*, 2008, p. 515.

711 Berger, *op. cit.*, 2006, p. 504.

712 Rosenfeld, *op. cit.*, 2019, p. 219.

Na identificação da lei de regência do tema, os árbitros passam pela análise sobre a natureza desses privilégios. Enquanto a conclusão no sentido de que o tema teria natureza processual tende a levar à aplicação da lei da sede da arbitragem (*lex arbitri*), a conclusão no sentido de que o tema tem natureza substancial tende a levar à aplicação da regra material identificada a partir das regras de conflito de leis.[713] Nessa tarefa, cabe ao árbitro fazer uma pesquisa sobre as leis potencialmente aplicáveis para regulação do tema no caso concreto.

A prática consagrou métodos para realização dessa pesquisa que consideram a busca da lei que: (i) tem mais conexão com o caso concreto, à luz de elementos como o domicílio das partes, o local de prática de seus advogados (no caso das comunicações cliente-advogado), o local em que a comunicação ocorreu (idem) ("*closest connection test*" ou "*centre of gravity test*");[714]-[715] ou (ii) se mostra mais protetiva, especialmente nos casos em que as partes se encontram em jurisdições diferentes, evitando assim um tratamento desigual e injusto às partes.[716]

Nesse último caso, o problema surgiria quando o tribunal conclui que as fontes de prova sobre controle de cada uma das partes seriam reguladas por legislações diferentes e uma dessas legislações assegura uma proteção maior que a outra. Nesse caso, a noção de "*most favourable priviledge rule*" levaria o tribunal arbitral a aplicar a todas as partes o critério que se assegure a maior proteção.[717]-[718]

Por fim, vale lembrar que o tribunal arbitral tem um papel relevante na busca de uma solução que equilibre os interesses em jogo. Se, de um lado, deve-se impedir a violação de impedimento legal ou sigilo profissional, de outro lado, deve-se cuidar para que a proteção desses interesses não prejudique exageradamente o direito da parte que carrega o ônus da prova em relação aos fatos que poderiam ser esclarecidos com a produção daquela prova.

[713] KAUFMANN-KOHLER, *op. cit.*, 2004, p. 19; BERGER, *op. cit.*, 2006, p. 508.

[714] BERGER, *op. cit.*, 2006, p. 511-512.

[715] "O *closest connection test* ou *centre of gravity test*, dada sua ampla aceitação na lei comercial internacional, pode ser visto como um método confiável para estabelecer a legítima expectativa das partes" (tradução nossa). No original: "*The closest connection or centre of gravity test, because of its wide acceptance within international commercial law, may be seen as a reliable method for establishing the legitimate expectations of the parties*" (O'MALLEY, *op. cit.*, 2019, p. 298).

[716] ROSENFELD, *op. cit.*, 2019, p. 237.

[717] O'MALLEY, *op. cit.*, 2019, p. 304.

[718] SERAGLINI, *op. cit.*, 2020, p. 147-148.

Nesse sentido, o artigo 9(5) das Regras da IBA sobre Produção de Provas estabelece que o "Tribunal Arbitral poderá, se for o caso, tomar as providências necessárias para permitir que Documentos sejam produzidos, e que a prova seja apresentada ou valorada de forma sujeita a adequada proteção de confidencialidade". Na prática, caberá ao árbitro considerar a possibilidade de produção da prova mediante a assinatura de um termo de confidencialidade específico, a exibição de documentos com tarjas sobre os trechos protegidos, caso em que os próprios árbitros ou um terceiro neutro poderiam analisar o conteúdo tarjado a fim de atestar a legitimidade da medida.[719]

Em relação ao *ônus desarrazoado para produzir a prova,*[720] o exemplo do caso *INA Corporation vs. Iran*, citado acima, ilustra que uma justificativa nesse sentido deve incluir elementos concretos que permitam aos árbitros terem a dimensão do ônus imposto à parte com a produção dessa prova e o sopesarem com as vantagens que seriam obtidas caso mantida a ordem de produção da prova.

Um dado concreto útil para esse exercício é o custo estimado de produção dessa prova,[721] passível de ser apurado sem maior dificuldade nos casos em que a produção da prova demandar a contratação de terceiros.[722] Outro dado útil é o tempo que seria necessário para a conclusão da produção dessa prova. Uma produção de prova que se mostre muito onerosa à parte pode se mostrar injustificada sobretudo tiver por objetivo a demonstração de um fato de menor relevância para a solução do caso.[723]

Enfim, tudo isso deverá ser considerado pelos árbitros a fim de verificar se há um ônus excessivo e desproporcional decorrente da determinação de produção dessa prova. Por isso, o tema também se relaciona às *considerações de economia processual, proporcionalidade, justiça ou igualdade das partes.*[724]

4.8. Desafios e limitações da técnica de extração de inferências adversas

A análise realizada nos itens anteriores demonstra a relevância da técnica de extração de inferências adversas no processo arbitral. Encerrando a

[719] KAUFMANN-KOHLER, *op. Cit.*, 2004, p. 20; e PINTO, *op. cit.*, 2010.

[720] Regras da IBA sobre Produção de Provas, artigo 9(2)(c).

[721] O'MALLEY, *op. cit.*, 2009, p. 66.

[722] Nos casos de cumprimento de determinação de exibição de documentos que demande um trabalho de investigação em servidores de e-mails, por exemplo.

[723] O'MALLEY, *op. cit.*, 2009, p. 64.

[724] Regras da IBA sobre Produção de Provas, artigo 9(2)(g).

proposta de sistematização do tema realizada neste capítulo 4, este item se dedica a registrar algumas conclusões parciais sobre os desafios e limitações intrínsecos à utilização dessa ferramenta. A ideia é permitir um balanço crítico sobre o instituto, importante para sua aplicação consciente, i.e., sem excessos ou frustrações quanto ao seu alcance.

Em primeiro lugar, há casos em que esses desafios e limitações impedem a própria extração da inferência adversa, ou seja, impossibilitam a aplicação dessa técnica em situações em que o comportamento da parte com controle sobre a fonte de prova de fato impõe obstáculos à instrução do processo.

Um exemplo – e o mais elementar deles – é a situação em que a parte interessada na extração da inferência adversa não tem ciência da existência de uma fonte de prova sobre o controle de seu oponente.[725] Essa parte interessada sobre quem recai o ônus de provar determinado fato pode simplesmente não conseguir dele se desincumbir porque não tem razões para imaginar que seu oponente tem sob seu controle algum documento que registre esse fato, por exemplo. Em um cenário como esse, a aplicação da técnica de extração de inferências adversas será especialmente difícil porque – por desconhecimento – essa situação pode impedir mesmo a existência de uma decisão ordenando a produção dessa prova.

Ainda que esse desconhecimento da parte interessada na extração da inferência adversa não seja absoluto, poderá tornar essa parte incapaz de descrever de forma minimamente individualizada e detalhada os documentos que pretende ver exibidos por seu oponente, minimizando as chances de que seja proferida uma decisão ordenando a sua exibição. Seja como for, portanto, o resultado seria a impossibilidade de utilização dessa ferramenta.

Outro exemplo é a situação em que a prova não produzida pela parte tenha potencial, ao menos em tese, de demonstrar mais de um fato. Nesse caso, a recusa na produção da prova pode ser motivada pela intenção de não revelar a fragilidade da posição da parte em relação a apenas um desses fatos, já que, em relação aos demais, o teor da prova não lhe seria desfavorável. Nesse caso, caberá ao tribunal arbitral avaliar com cuidado a

[725] "Inferências adversas podem ser impraticáveis quando a outra parte e o tribunal não têm ciência sobre a existência de um documento" (tradução nossa). No original: "*Adverse inferences may also be impractical where the other party and the tribunal are unaware of the existence of a document.*". (Waincymer, *op. cit.*, 2012, p. 881).

conduta da parte e identificar de forma específica quais seriam os fatos tomados como verdadeiros diante da recusa na exibição.

É certo que a parte que resiste ao cumprimento dessa determinação de produção da prova assume o risco de que todos os fatos potencialmente demonstráveis por essa prova sejam interpretados de forma desfavorável à sua posição.

De todo modo, os árbitros devem ficar atentos a essa circunstância e, sempre que possível, devem limitar o escopo da inferência adversa aos temas que sejam decisivos e em relação aos quais a conduta da parte se mostre especialmente injustificada. Um exemplo: se a parte deixa de exibir um determinado relatório gerencial que aponte contingências não divulgadas à parte contrária durante as negociações para compra e venda de uma participação acionária, a inferência que eventualmente se extraia sobre o conteúdo desse documento deve se liminar à seção específica do relatório que dizer respeito às contingências objeto de discussão naquele processo ou, preferencialmente, às contingências específicas a respeito das quais recaia a discussão.

Embora o enfrentamento do tema seja de fato desafiador para o árbitro, medidas como autorizar à parte a exibição tarjada de determinado documento também podem contribuir para limitar o exame sobre a natureza eventualmente injustificada da recusa somente aos trechos não exibidos.

A mesma situação tomada acima como exemplo sugere outra limitação a ser levada em consideração pelos árbitros. Em princípio, a inferência adversa recairá sempre sobre a veracidade de um enunciado de *fato*, e não sobre um argumento jurídico suscitado pelas partes no processo.

No exemplo mencionado acima, portanto, a aplicação dessa técnica não serviria para esclarecer a qualificação da omissão, pelo vendedor, de determinadas informações sobre o bem objeto da compra e venda. Nesses casos, a inferência estará limitada ao alcance de uma conclusão sobre a existência de uma omissão e/ou dos fatos omitidos, mas não permitirá concluir, por exemplo, se essa omissão foi ou não dolosa.[726] E esse tema – que pode ser absolutamente relevante para a definição de limites da indenização devida por uma parte à outra, por exemplo – deverá ser definido com base em outros elementos dos autos.[727]

726 Nilsson, *op. cit.*, 2010, p. 365.

727 A utilização dessa técnica para a extração de uma inferência sobre eventual omissão dolosa da parte, por exemplo, só parece possível em casos muito limitados e específicos,

Ainda sobre as hipóteses em que esses desafios e limitações impedem a própria extração das inferências adversas, destaca-se a dificuldade que o julgador pode enfrentar quando a análise das condições para a aplicação do instituto não permite resultados conclusivos.

Há os casos em que a análise dessas condições permite a constatação de que, na hipótese concreta, a inferência adversa não deve ser extraída porque exigiria que, para cumprir a decisão impondo a produção da prova, a parte coloque em risco segredos de negócio, por exemplo. Do mesmo modo, há casos em que a análise dessas condições permite a conclusão de que a parte não tem efetivamente controle sobre a fonte de prova, porque, por exemplo, os documentos em questão foram destruídos em um incêndio em sua sede, o que teria sido possível confirmar por documentação idônea.

Mas há casos em que essa conclusão não é facilmente alcançada. Os árbitros podem não ser capazes de constatar, nos exemplos acima, que a exibição do documento realmente colocaria em risco a violação de segredos de negócio ou estaria inviabilizada pela destruição dessa fonte de prova. Basta imaginar a situação em que a parte chamada a produzir a prova consiga demonstrar a ocorrência do incêndio, mas não consiga demonstrar com clareza que aquele documento específico estava armazenado na área destruída pelo fogo. Nessas situações, dado o caráter excepcional da técnica de extração de inferências adversas, o árbitro pode justificadamente hesitar em aplicá-la. E o resultado pode beneficiar uma parte que esteja se valendo dessas condições para ocultar uma prova contrária aos seus interesses, frustrando as chances da contraparte de se desincumbir de seu ônus probatório.

Por mais frustrante que esse desfecho possa ser na prática, esse desafio não infirma a conclusão de que essas condições são essenciais para a assegurar a legitimidade da decisão que se baseia na extração de inferências adversas.

Em segundo lugar, há casos em que esses desafios e limitações, ainda que não impeçam a extração da inferência adversa no caso concreto, podem reduzir sua eficácia.

como na hipótese de se poder inferir com segurança que a prova não produzida refletiria essa intenção da parte. Para ilustrar, pense-se no exemplo de uma comunicação enviada pela parte registrando expressamente seu reconhecimento no sentido de que essa omissão seria proposital e teria a intenção de evitar a desistência da parte em relação ao negócio.

É o caso da extração da inferência adversa a partir do comportamento da parte que se recusa injustificadamente a produzir determinada prova relevante e material, mas limitada em relação ao todo discutido no processo. Nessa hipótese, a inferência adversa pode ser útil para preencher uma peça relevante do quebra-cabeças, e de fato contribuir para a construção do caso da parte sobre quem recai o ônus de provar o fato cuja veracidade se pretendia demonstrar com a produção dessa prova, mas, ainda assim, não assegurar a vitória dessa parte beneficiada pela inferência adversa. Daí se dizer que "a inferência adversa é tão poderosa quanto a fonte de prova ocultada".[728]

Na mesma linha, a eficácia da inferência adversa pode acabar comprometida por especificidades da valoração da prova.[729] Assim como a presença dos requisitos autorizadores para a extração da inferência adversa não cria para a parte potencialmente beneficiada um direito ao seu uso (permanecendo a decisão de extrair ou não a inferência adversa na discricionariedade do árbitro), a extração da inferência adversa não encerra a atividade do árbitro a esse respeito, já que ainda lhe caberá valorar o resultado da aplicação dessa técnica à luz do conjunto probatório, dando maior ou menor peso à inferência adversa eventualmente extraída do comportamento da parte.

Parte da doutrina defende que as inferências adversas não podem representar o único elemento de convicção dos árbitros em relação à verdade dos fatos em disputa. Nesse sentido, Vera van Houtte defende que, ainda que a caracterização das inferências adversas como provas indiretas ou circunstanciais não tenham um impacto na sua admissão, essa natureza conferiria às inferências adversas um "peso probatório reduzido".[730]

Consequentemente, a inferência adversa só poderia ser determinante para o convencimento do árbitro se valorada em conjunto com outros elementos dos autos.[731]

[728] Tradução nossa. No original: "*Hence, the adverse inference is only as powerful as the undisclosed piece of evidence itself. This would support the statement that the adverse inference should not be overestimated*". (Hosang, *op. cit.*, 2011, p. 804).

[729] "A valoração da prova consiste em determinar o valor probatório de cada elemento de prova em relação a um fato específico, tendo por objeto o estabelecimento de quando, e em que grau, com base nas provas relevantes, o enunciado que afirma a sua ocorrência possa ser considerado verdadeiro" (Taruffo, *op. cit.*, 2014, p. 137).

[730] Houtte, *op. cit.*, 2009, p. 198-199. No mesmo sentido: Greenberg; Lautenschlager, *op. cit.*, 2011, p. 56; SOLIS, *op. cit.*, 2018, p. 102.

[731] Houtte, *op. cit.*, 2009, p. 206 e 214; e Dubovský; Trchalíková, *op. cit.*, 2019, p. 29.

Expressando essa mesma visão de que as inferências teriam um peso menor que as provas diretas, duas decisões da *Cour d'appel* de Paris analisadas nos itens anteriores incluíram como fundamentos para rejeitar pedidos de anulação de sentença arbitral a afirmação de que, naqueles casos concretos, o convencimento dos árbitros não teria se dado apenas com base na inferência adversa extraída por eles.[732-733]

A mera existência desse entendimento pode ser considerada uma limitação à aplicação desse instituto, já que pode dar margem ao questionamento de decisões nas quais os árbitros tenham formado sua convicção com base preponderantemente na inferência adversa extraída do comportamento processual de uma das partes, ou não tenham deixado claro na decisão quais foram os outros fatores levados em consideração em seu convencimento.

E é o que basta para tornar recomendável que os árbitros evitem se basear exclusivamente nas inferências adversas e sempre registrem na motivação da sentença arbitral os demais elementos probatórios levados em con-

[732] "Considerando que, ao contrário do que sustentam os Apelantes ao se valer do voto divergente do árbitro, a maioria do tribunal arbitral não considerou que as referências à dívida da Eletrobras nos documentos fornecidos ao cessionário e nas AICs estavam 'dispersos, incompletos e desatualizados', de modo que o mecanismo de inferência adversa teria sido 'central' para a resolução da disputa; [considerando] que os árbitros na decisão por maioria na realidade basearam sua decisão nos documentos apresentados para auditoria e apenas fizeram referência à falha da Dresser-Rand em produzir os relatórios do UBS e da KPMG por redundância" (tradução nossa). No original: "*Considérant qu'il en résulte que, contrairement à ce que soutiennent les recourantes en s'appuyant sur l'opinion dissidente de l'arbitre minoritaire, la majorité du tribunal arbitral n'a pas estimé que les références à la dette Eletrobras dans les documents fournis au cessionnaire et dans les AIC étaient 'éparpillées, incomplètes et anciennes', de sorte que le mécanisme de déduction défavorable aurait été 'central' pour la résolution du litige; que les arbitres majoritaires ont, en réalité, fondé leur décision sur les pièces soumises à l'audit et ne se sont référés au défaut de production par Dresser-Rand des rapports d'UBS et de KPMG que de manière surabondante*" (*Grupo Guascor vs. Dresser-Rand; Cour d'appel* de Paris, Pôle 1 – chambre 1, 28 fevrier 2017, n° 15/06036).

[733] "Por outro lado, que o tribunal considerou que a recusa do requerido em apresentar determinados documentos não se baseava em 'razão satisfatória' e que, por fim, este tribunal não se baseou apenas nesse mecanismo para deferir os pedidos do autor, uma vez que para se pronunciar neste sentido também se baseou em documentos efetivamente produzidos e juntados ao processo" (tradução nossa). No original: "*d'autre part que le tribunal a constaté que le refus du défendeur de produire certains documents n'était fondé sur "aucune raison satisfaisante" et qu'enfin ce tribunal ne s'est pas uniquement fondé sur ce mécanisme pour faire droit aux demandes du demandeur puisqu'il s'est aussi appuyé sur les documents effectivement produits et versés aux débats pour statuer en ce sens*" (*Algeria vs. Sterling. Cour d'appel* de Paris, Pôle 5 – chambre 16, 1er décembre 2020, n° 19/09347).

sideração. Na verdade, o exercício do dever de motivação é especialmente importante nas situações em que o tribunal arbitral atribui valor probatório ao comportamento da parte com a extração de inferências adversas.[734] Nesse contexto, a exposição dessas questões complementa o necessário detalhamento das razões de decidir quanto aos elementos que compõem o raciocínio presuntivo que levam à extração da inferência adversa e à presença das condições para a aplicação dessa técnica.

Ainda assim, a questão merece algumas ponderações. De um lado, cumpre lembrar que a extração da inferência adversa *pressupõe* a consideração dos demais elementos dos autos, tanto ao exigir que a parte a quem a medida beneficiará tenha produzido prova *prima facie* (*supra*, n. 4.7.4) quanto ao exigir que o árbitro verifique a razoabilidade e a coerência da inferência à luz dos demais elementos dos autos (*supra*, n. 4.7.5). Como visto (*supra*, n. 4.7.4), o árbitro "combina" a inferência adversa com a prova *prima facie* e considera ambas conjuntamente na valoração das provas. Portanto, em um caso em que a inferência adversa tenha sido corretamente extraída, dificilmente se poderá concluir que o árbitro teria se baseado apenas naquela inferência adversa para formar seu convencimento.[735]

[734] "As inferências estabelecidas pelo juiz devem, então, ser testadas e verificadas por modelos e standards que permitam submetê-las, no âmbito do contraditório, a um juízo crítico comum, garantindo a cientificidade da decisão jurídica. Dito de outra forma, o emprego dos modelos de constatação ou standards permite que se traga ao debate, regrado e inteligível, critérios decisionais importantes (p. ex., o optar o juiz por um indício a outro, o entender 'subjetivamente' insuficiente a prova produzida, o pretender a parte a prevalência de determinada interpretação ou inferência etc.), que, até então, não possuíam um código comum e, de certo modo, ficavam à margem de uma discussão crítica" (Knijnik, *op. cit.*, 2001).

[735] "Como já observado, a possibilidade de tirar tais inferências negativas pode ser estipulada expressa ou indiretamente por referência ao Regras do IBA. Sobretudo, as discussões do grupo de trabalho revelaram que, na prática, os tribunais evitavam recorrer a elas e que, quando a elas aludiram ou expressamente recorreram, foi porque uma série de outros elementos à disposição dos árbitros e constantes dos autos possibilitaram corroborar essa dedução, que veio então a reforçar o raciocínio, como presunção que se soma a outros elementos probatórios" (tradução nossa). No original: "*Comme déjà relevé, la possibilité de tirer de telles déductions négatives peut être stipulée de manière expresse ou bien indirectement par le biais du renvoi aux Règles de l'IBA. Surtout, les discussions du groupe de travail ont fait apparaître qu'en pratique, les tribunaux évitaient d'y avoir recours et que lorsqu'il y était fait allusion ou directement appel c'est parce qu'une série d'autres éléments à la disposition des arbitres et figurant au dossier permettaient de corroborer cette déduction, laquelle venait alors en renforcement de la motivation, comme une présomption qui s'ajoute à d'autres éléments probatoires*" (Caprasse, Olivier. Les documents en arbitrage, *Revue de l'Arbitrage*, Paris, n. 3, p. 513-538, 2018, p. 534).

De outro lado, a natureza de prova indireta atribuída ao resultado do raciocínio presuntivo desenvolvido pelo árbitro na extração da inferência adversa não deveria por si só impor um valor menor a esse elemento, vinculando o árbitro à ideia de que o peso da inferência adversa deve ser sempre inferior ao das provas diretas produzidas no curso do processo.

Isso não implica negar, naturalmente, que o árbitro deve sempre que possível preferir a produção das provas diretas,[736] reservando para as inferências adversas um cabimento *excepcional*. Essa ponderação busca apenas lembrar que o valor da prova indireta é dado essencialmente pela qualidade dos indícios sobre os quais ela se baseia e pela credibilidade da máxima da experiência usada pelo árbitro,[737] que tornam *mais próxima* a relação lógica entre o fato em relação ao qual não foi produzida a prova e a inferência extraída do comportamento da parte, e *mais provável* a ocorrência do fato a respeito do qual a inferência recai.[738]

Especificamente no caso da inferência adversa extraída do comportamento da parte que deixa de cumprir uma decisão com ordem de produção da prova, a qualidade da prova indireta pode ser verificada a partir desses critérios confirmando-se que (i) a parte se recusou a cumprir essa decisão – conduta que servirá de indício no raciocínio presuntivo – e (ii) que a conclusão sobre o teor da prova não produzida se baseia em uma máxima da experiência bem estabelecida e largamente aplicada em situações análogas – em alguns casos até refletida no direito positivo –, resumida na ideia de que *se a prova lhe fosse favorável, ela não resistiria à sua produção.*

Essa qualidade deve ser verificada, ainda, para se confirmar que o fato secundário (descumprimento da ordem de produção da prova) não resulta de outro fato que não o fato principal. Em outras palavras, é preciso verificar se o descumprimento dessa decisão não decorre de outra razão (por exemplo: a parte não tem controle sobre a prova, há razão válida para a recusa na exibição do documento) que não o fato principal (a prova é contrária aos seus interesses). Esse último exercício é feito, como visto, na verificação sobre o caráter injustificado da resistência na produção da prova (*supra*, n. 4.7.9).[739]

736 "Quanto à maneira de introduzir no processo os elementos de prova, o ideal, naturalmente, é que tenha contacto direto com as fontes o juiz a quem competirá valorá-los para julgar a causa." (Moreira, *op. cit.*, 1989 (*online* e não paginado).

737 Taruffo, *op. cit.*, 2014, p. 137.

738 Solis, *op. cit.*, 2018, p. 87.

739 "Finalmente, releva ponderar que o valor da presunção assenta-se na sua capacidade de satisfazer os seus aspectos intensivo e extensivo. O critério extensivo pergunta se a presunção

A isso, soma-se a lembrança de que não existe proibição *a priori* para que uma única presunção, rigorosamente valorada, seja suficiente para formação de um juízo definitivo sobre a procedência ou improcedência de uma demanda.[740] Assim, a cautela recomendada para a valoração da inferência adversa não deve prejudicar a formação da livre convicção pelo árbitro. Mais que qualquer ideia preconcebida no sentido de que a prova indireta merece sempre um valor menor e é insuficiente para servir à formação do convencimento do julgador,[741] o árbitro deve se atentar para a *racionalidade* do processo que resultou na extração da inferência adversa.[742]

Afinal, na lição de Michele Taruffo, os resultados positivos das inferências poderão ser considerados *prova*, caso em que a "verdade judicial" dos fatos significará que os enunciados a respeito desses fatos estão apoiados em inferências racionais baseadas em elementos de prova relevantes e admissíveis.[743]

Não por outro motivo, também é expressiva a doutrina no sentido que, sendo a inferência adversa conclusiva, seu efeito para fins de ônus da prova é semelhante ao da prova direta.[744]

No plano internacional, um marco relevante para o reconhecimento das provas circunstanciais foi o caso *Corfu Channel (United Kingdom of Great Britain and Northern Ireland vs. Albania)*, que teve o mérito julgado em 1949 pela *International Court of Justice* (ICJ), disputa que teve origem quando

é apta para demonstrar a totalidade do fato probando (isto é, o fato principal, que se pretende provar). Para o critério intensivo, importa saber se do fato indiciário pode decorrer outro fato que não o que se pretende provar. Sucede, então, que a demonstração, pela parte contrária, de que o indício não cobre a totalidade do fato probando, ou ainda de que do fato secundário podem advir outros fatos que não apenas o fato principal, é elemento suficiente para abalar a credibilidade da presunção formada – e quanto mais forte se torna essa demonstração, menos razoável se apresenta a presunção" (Marinoni; Arenhart, *op. cit.*, 2015, p. 162).

740 Marinoni; Arenhart, *op. cit.*, 2015, p. 162.

741 Righi, *op. cit.*, 1981, p. 9; e CAMBI, *op. cit.*, 2014, p. 275.

742 "Em verdade, as provas circunstanciais não se ajustam facilmente a regras analíticas e a restrições formais, motivo pelo qual as garantias necessárias de equidade e credibilidade devem fundar-se, com maior razão, na racionalidade das inferências extraídas pelo julgador. Dessa maneira, quando confiável, as provas circunstanciais poderão ter o mesmo valor probatório que qualquer outro tipo de provas" (Taruffo, *op. cit.*, 2014, p. 105).

743 Taruffo, *op. cit.*, 2014, p. 30.

744 Kazazi, *op. cit.*, 1996, p. 273-274. No mesmo sentido: Nilsson, *op. cit.*, 2010, p. 363; e Sinicropi, Anthony V.; Hill Junior., Marvin. *Evidence in arbitration*. Washington: BNA, 1980, p. 10-13.

explosões em minas causaram mortes e danos em navios de guerra ingleses que passavam em águas albanesas no Canal de Corfu. A decisão nesse caso reconheceu que o controle exercido por uma parte sobre seu território pode tornar impossível a produção de provas diretas a respeito de sua responsabilidade no plano internacional. O Estado vítima deve, nesse caso, ser autorizado a se valer de forma mais liberal de inferências de fato e a provas circunstanciais, e essas provas indiretas devem receber um peso especial quando baseadas em uma série de fatos ligados e que levem de forma lógica a uma única conclusão.

Por fim, um último aspecto que merece destaque em relação à valoração probatória no caso da extração de inferências adversas é a análise sobre eventuais *contraprovas* produzidas pela parte cujo comportamento é negativamente valorado. Parte dessa análise será feita para a própria extração da inferência adversa, já que uma das condições para tanto é a razoabilidade e coerência da inferência à luz do conjunto probatório dos autos (*supra*, n. 4.7.5).

De todo modo, como existe a chance – ainda que não seja essa a prática – de a inferência adversa ser extraída em momento anterior ao do momento final de valoração das provas na prolação da sentença, é preciso que os árbitros se atentem para o eventual surgimento de alguma prova contrária à inferência adversa antes da prolação da decisão definitiva[745]. Nesse sentido, Mojtaba Kazazi lembra que "como toda inferência é refutável, a parte oposta pode refutá-la apresentando provas diretas ou se baseando em outra inferência".[746]

[745] "Infirma-se a presunção pela prova do contrário ou pela contraprova do fato presumido, não se exigindo para tanto, um meio de prova específico." (Borges, *op. cit.*, 2016, p. 456).

[746] Tradução nossa. No original: "*Since all inferences are rebuttable, the opposing party can contradict an inference by presenting direct evidence or relying on another inference.*" (Kazazi, *op. cit.*, 1996, p. 266). No mesmo sentido: Solis, *op. cit.*, 2018, p. 95.

CONCLUSÕES

Este trabalho partiu da premissa de que se justifica a análise detalhada e sistematizada do tema da atribuição de valor probatório ao comportamento das partes mediante a extração de inferências adversas nas arbitragens sujeitas à regulação pela lei brasileira. As principais conclusões extraídas dessa análise são apresentadas a seguir.

Como visto ao longo do trabalho, essa técnica processual consiste no estabelecimento, pelo julgador, de uma conclusão negativa a respeito do teor da prova injustificadamente não produzida pela parte que a tem sob seu controle. Em outras palavras, trata-se da inferência feita pelo julgador, a partir desse comportamento processual da parte, de que o conteúdo da prova não produzida seria adverso em relação aos seus interesses.

A aplicação dessa técnica se dá como remédio para uma situação que causa inquietação e frustração: a dificuldade ou impossibilidade de uma parte se desincumbir satisfatoriamente de seu ônus probatório quando não tem acesso a fontes de prova sob o controle da outra parte, quando esta injustificadamente se recusa a permitir o acesso a essas fontes de prova, mesmo quando intimada pelo julgador a fazê-lo.

No processo arbitral, a aplicação dessa técnica tem contornos e desafios próprios.

De um lado, seu uso parece ainda mais relevante para superar a falta do poder de império dos árbitros. Na arbitragem internacional, essa limitação pode ter um impacto ainda maior quando a fonte se encontra fora da sede da arbitragem, já que, mesmo contando com a cooperação do juízo estatal da sede, a complexidade e o tempo exigidos para esses atos de cooperação judiciária (entre árbitro e Poder Judiciário, e entre jurisdições diferentes) pode representar um obstáculo adicional para a parte que depende do acesso a essas fontes para se desincumbir de seu ônus da prova. O impacto da extração da inferência adversa no convencimento do árbitro e, portanto, na solução da disputa, corrobora a relevância dessa ferramenta em um cenário em que as sanções à disposição do árbitro podem não suprir os efeitos da resistência da parte na produção da prova.

De outro lado, a esparsa regulação do tema no quadro regulatório da arbitragem suscita discussões importantes sobre os critérios para essa utilização. Por isso, o trabalho toma como objetivo a sistematização do tema.

Essa detida e sistematizada análise da matéria confirma a constatação de que a autoridade para extração de inferências negativas a partir de um comportamento processual como o acima descrito é uma ferramenta importante a ser utilizada pelos árbitros.

Na prática, a relevância dessa técnica revela-se nas duas principais funções que ela desempenha.

A primeira sequer envolve diretamente o uso "completo" dessa ferramenta. Trata-se do efeito persuasivo e preventivo sobre as partes, que, diante da possibilidade concreta de terem seu comportamento valorado com a extração de inferências adversas, são desestimuladas a resistirem injustificadamente ao cumprimento de uma ordem de produção de prova.

A segunda, relacionada à efetiva aplicação dessa técnica, consiste na possibilidade de superação das consequências danosas desse comportamento em relação ao direito da parte sobre quem recai o ônus da prova. Isso ocorre porque, com o preenchimento da lacuna probatória deixada pela resistência injustificada à produção da prova, a extração da inferência adversa impede que a parte que não consegue se desincumbir de seu ônus probatório com a produção de uma prova por seu oponente seja indevidamente prejudicada.

A circunstância de a técnica de extração de inferências a partir do comportamento processual da parte desempenhar mais de uma função relevante é uma das causas da divergência vista na classificação do instituto, por vezes confundido com a técnica de inversão do ônus da prova ou com uma pura sanção processual. O exame mais detalhado do tema demonstra, no entanto, que a aplicação dessa técnica envolve, a partir de um raciocínio próprio da construção de presunções simples, a obtenção de uma prova indireta.

Este trabalho buscou demonstrar que todos os elementos típicos desse raciocínio presuntivo estão presentes na valoração probatória do comportamento da parte. Em primeiro lugar, há o *fato conhecido* ou *auxiliar* que serve de ponto de partida para que o árbitro possa trilhar, seguindo um caminho psicológico lógico, rumo ao fato a ser provado. Esse fato *conhecido* ou *auxiliar* consiste no comportamento processual da parte que se recusa a produzir uma prova sob seu controle, cumprindo a função de *indício*.

Em segundo lugar, existe uma *premissa maior* que permite o estabelecimento de um silogismo até o fato desconhecido e consiste na *regra da experiência* segundo a qual, *se a prova lhe fosse favorável, a parte não resistiria à sua produção*.

No caso da extração das inferências adversas, a aplicação dessa máxima segue algumas condições específicas cuja observância busca conferir maior segurança ao árbitro no caminho percorrido por ele até o fato desconhecido. Em especial, busca-se descartar a chance de o descumprimento da ordem de produção da prova decorrer de alguma razão legítima que não tenha relação com um suposto conteúdo desfavorável da prova (falta de controle sobre a prova, necessária proteção de sigilo profissional, ônus desproporcional para produção da prova *etc*). Assim, o fato auxiliar (comportamento da parte que se recusa a cumprir a determinação de produção da prova) só será tomado como indício para as próximas etapas do raciocínio presuntivo caso possa ser qualificado como *injustificado*.

Em terceiro lugar, há a relação entre o fato conhecido (fato auxiliar, indício) e a regra da experiência, fazendo a ponte que leva ao fato desconhecido. A força dessa conexão entre (a) o comportamento processual da parte que, de forma injustificada, se recusa a cumprir uma decisão de produção da prova; e (b) a ideia de que, se uma parte deixa de produzir determinada prova mesmo quando obrigada a tanto, é porque tal prova lhe seria desfavorável; também determinará a qualidade da inferência adversa.

Nesse passo, as condições específicas para a aplicação dessa técnica contribuem para a identificação dos elementos comuns entre a premissa menor (o fato auxiliar) e a premissa maior (a máxima da experiência), conferindo maior segurança ao julgador no alcance de uma conclusão sobre o fato desconhecido, etapa que se conclui com a *inferência* de que, no caso concreto, a parte resistente assim se comportou porque o conteúdo daquela prova lhe seria desfavorável.

Em quarto lugar, há o estabelecimento, a partir de um raciocínio inferencial, de uma *presunção sobre o fato desconhecido* (fato principal ou fato probando). Essa presunção recai sobre o conteúdo da fonte de prova não trazida ao processo, inferido como prejudicial ao interesse da parte que a tem sob controle.

Em quinto lugar, o resultado desse raciocínio tem *valor probatório* (daí se falar em valoração probatória do comportamento da parte, como no título deste livro). Essa conclusão se fundamenta especialmente na constatação de que a extração de uma inferência adversa a partir desse comportamento permite o preenchimento de uma lacuna quanto a uma prova específica, já que o fato que seria refletido na prova não produzida é considerado provado pelo árbitro. E há, nessa etapa, o elemento essencial ao conceito de prova, que é o alcance de uma convicção do julgador sobre a veracidade de um enunciado de fato. O ponto de chegada desse caminho mental percorrido pelo julgador até chegar à inferência adversa é equivalente ao racional de obtenção de provas indiretas ou circunstanciais, já que o fato submetido à percepção do julgador (comportamento da parte) é diferente do *objeto* da prova (conteúdo da fonte da prova) e serve como um meio para se chegar ao conhecimento – pela via indireta, portanto – desse objeto.

Essa compreensão permite a diferenciação entre tal técnica e outros fenômenos com os quais ela é frequentemente confundida. A esse respeito, o trabalho também procurou demonstrar que, embora a extração da inferência adversa tenha um inegável impacto negativo na esfera de interesses da parte cujo comportamento é valorado (verdadeiro efeito sancionatório), a técnica não deve ser definida como uma simples sanção. Demonstrou-se, ainda, que a extração de uma inferência adversa também não se confunde com a técnica de inversão do ônus da prova ou distribuição dinâmica do ônus da prova. Por fim, o trabalho demonstrou que a técnica de extração de inferências adversas também não se confunde com a redução do *standard* de prova ou com o instituto da ficção jurídica.

O trabalho também procurou delimitar a aplicação dessa técnica no âmbito do processo arbitral, tratando dos questionamentos que mais provavelmente devem surgir a esse respeito. Demonstrou-se, para tanto, a irrelevância do polo a que pertence a parte contra quem será extraída a inferência adversa; esclareceu-se que as inferências adversas não estão limitadas às questões de mérito, podendo ser aplicadas diante de eventual recusa injustificada de uma das partes em produzir provas de fatos relacionados a questões processuais; e esclareceu-se que não existe uma restrição que limite a utilização dessa ferramenta ao âmbito da prova documental.

A sistematização do tema também passa pela identificação da fonte do poder dos árbitros na extração de inferências adversas. Nesse passo, este trabalho demonstrou que esse poder pode emanar concomitantemente de mais de uma fonte, como uma escolha das partes em relação às regras procedimentais que serão observadas no processo ou regra expressa contida na lei da sede – o que não é o caso da Lei Brasileira de Arbitragem.

Mesmo nos casos em que não há esse respaldo expresso, esse poder pode decorrer implicitamente de poderes dos árbitros tradicionalmente estabelecidos e de outras regras processuais aplicáveis à arbitragem. Nesse sentido, essa autoridade pode ser extraída especialmente do poder específico dos árbitros para condução e instrução do processo, e valoração das provas. A análise da fonte desse poder revela a relevância da regulação do tema em instrumentos de *soft law* aplicáveis à arbitragem, em um cenário de muita escassez de seu tratamento pelas legislações nacionais.

Assentadas essas premissas, o trabalho também demonstra a compatibilidade da técnica de extração de inferências adversas à lei brasileira, especialmente ao quadro regulatório estabelecido pela Lei Brasileira de Arbitragem.

Essa conformidade legitima a aplicação dessa técnica, a despeito da ausência de previsão expressa de lei estabelecendo os parâmetros para sua aplicação, o que se extrai de pelo menos cinco fatores: (i) a inexistência, na Lei Brasileira de Arbitragem, de qualquer vedação à aplicação do instituto; (ii) a constatação de que a Lei Brasileira de Arbitragem não apenas não inclui nenhuma vedação à aplicação dessa técnica como contempla previsões que favorecem a conclusão pela compatibilidade de sua utilização com o sistema traçado por essa regulação (especialmente os artigos 21 e 22); (iii) a interpretação desse sistema de mínima regulação traçado pela Lei Brasileira de Arbitragem, no sentido de se confirmarem os poderes instrutórios do árbitro e sua discricionariedade na condução do processo em busca da verdade e na valoração das provas; (iv) a inexistência, *a priori*, de qualquer incompatibilidade entre as especificidades da instrução probatória nos sistemas de *civil law* e a ideia de que uma parte tem o dever de produzir determinada prova em cumprimento a uma determinação do árbitro, tampouco algum óbice decorrente do princípio da não autoincriminação que impeça essa imposição em uma situação em que o teor da prova é desfavorável à parte que a tem sob controle; e (v) a constatação, feita a partir da premissa de que o processo arbitral está inserido na teoria geral do processo, de que a técnica de valoração do comportamento da parte intrínseca à extração de inferências adversas não é completamente estranha ao sistema brasileiro e, portanto, aos atores que atuam na solução de disputas sob sua regência.

Todavia, a conclusão por essa compatibilidade não assegura aos árbitros e/ou às partes segurança suficiente para aplicação dessa técnica, que deve se orientar por parâmetros mais objetivos, tanto para conferir maior racionalidade ao caminho psicológico do julgador, quanto para minimizar a chance de violação de alguma garantia processual da parte. Por isso, o esforço de sistematização do tema neste livro também passa pela análise das condições para que o uso dessa ferramenta possa se dar à luz da lei brasileira.

Sem caminhar rumo a alguma sugestão de alteração da Lei Brasileira de Arbitragem, essas condições refletem requisitos já empregados na prática e/ou debatidos pela doutrina – aqui examinados especificamente à luz da lei brasileira – e que buscam contribuir para a consolidação de um cenário em que a adoção dessa técnica possa se desenvolver ainda mais e ter seu valioso potencial aproveitado tanto quanto possível pelos árbitros e pelas partes.

A justificativa para essa proposição é o entendimento de que uma maior clareza sobre as condições pelas quais a técnica de extração de inferências adversas deve ser aplicada contribuirá para diminuir a insegurança que os julgadores parecem ter quanto ao uso dessa técnica. Sob essa ótica, ao contrário de representar um desincentivo ao uso dessa técnica, essas condições podem implicar maior segurança para as partes e para o próprio julgador, incentivando sua maior aplicação.

As condições propostas com essa finalidade são, em suma: (i) excepcionalidade; (ii) relevância e materialidade; (iii) inaptidão da parte que busca a extração da inferência adversa para produzir a prova faltante; (iv) produção da prova *prima facie* pela parte beneficiada pela extração da inferência adversa; (v) razoabilidade e coerência da inferência adversa à luz do conjunto probatório; (vi) controle sobre a fonte de prova pela parte contra quem a inferência recai; (vii) idealmente, intimação da parte para produção da prova antes que, contra ela, seja extraída a inferência adversa; (viii) respeito ao contraditório; e (ix) resistência injustificada da parte à produção da prova. Na análise específica de cada uma dessas condições, foram citados exemplos práticos que ilustram sua incidência e aplicação.

Essas condições naturalmente se somam a: (i) exigências decorrentes da lei processual aplicável, como a exigência de motivação na sentença arbitral (Lei Brasileira de Arbitragem, artigo 26, inciso II); e (ii) quaisquer outras condições que possam decorrer da cláusula compromissória e/ou das regras da câmara arbitral, no caso das arbitragens institucionais, conforme o caso concreto. A proposta é que elas sejam vistas como cumulativas, de modo que não bastaria a observância de apenas uma delas para legitimar a extração da inferência adversa em um caso concreto. Mas isso não significa que a elas deva ser direcionado olhar excessivamente rígido, seja pela natureza dinâmica do tema, em plena evolução, seja porque a legitimidade da decisão que extrai uma inferência adversa só poderá ser aferida no caso concreto, à luz das circunstâncias específicas consideradas pelo árbitro.

Por fim, a sistematização do tema passa pela análise de alguns desafios e limitações que lhe são inerentes. Esse balanço crítico é importante para equilibrar as expectativas sobre a utilização dessa ferramenta, que, a despeito de sua relevância, não é um remédio para todos os males causados por um comportamento injustificado das partes na instrução probatória da arbitragem.

Em muitos casos concretos, a aplicação dessa técnica será inviabilizada por circunstâncias fáticas, como a falta de ciência da parte interessada e dos árbitros quanto à existência de uma fonte de prova controlada pela outra parte, ou situações em que não seja possível identificar, de antemão, quais seriam os fatos que seriam provados pela prova não produzida.

Em outros tantos casos, a aplicação da técnica será limitada pela impossibilidade de sua utilização para definição de questões puramente jurídicas que estejam controvertidas no processo. Há hipóteses, ainda, em que a insegurança sobre o preenchimento das condições para a aplicação do instituto – quando o árbitro não consegue checar, por exemplo, se a justificativa para a não produção da prova é legítima – pode desincentivar a extração da inferência adversa, potencialmente frustrando as expectativas da parte que carrega o ônus da prova e assim beneficiando um comportamento ilegítimo de quem tem controle sobre a fonte de prova.

Mesmo nos casos em que esses desafios não impedem a extração da inferência adversa, sua eficácia pode acabar limitada quando, embora relevante e material, a prova não produzida tenha um objeto limitado em relação ao todo discutido no processo (sendo útil para preencher uma peça relevante do "quebra-cabeças", mas não permitindo a formação do "desenho completo").

A eficácia da inferência adversa também pode acabar comprometida por especificidades da valoração da prova, sobretudo pela visão frequentemente defendida no sentido de que as inferências adversas não podem representar o único elemento de convicção dos árbitros em relação à verdade dos fatos em disputa. A esse respeito, esclarecido que o valor da inferência adversa é dado essencialmente pela qualidade dos indícios sobre os quais ela se baseia e pela credibilidade da máxima da experiência usada pelo árbitro, a motivação da decisão arbitral em que ficar registrada sua extração deve ser especialmente cuidadosa na exposição das razões de decidir quanto aos elementos que compõem o raciocínio presuntivo adotado e à presença das condições para a aplicação dessa técnica, incluindo a análise de eventual contraprova produzida pela parte contra quem a inferência adversa é extraída.

A partir dessas conclusões, espera-se que o trabalho contribua para a evolução do debate sobre o tema, estimulando o uso equilibrado – sem hesitações desnecessárias, mas também sem arbitrariedades e exageros – dessa importante ferramenta à disposição dos árbitros para a superação das graves consequências que pode ter o comportamento obstrutivo da parte na instrução probatória na arbitragem.

REFERÊNCIAS

ABBUD, André de Albuquerque Cavalcanti. Resenhas de Livros: A Arbitragem na Teoria Geral do Processo. Autor: Cândido Rangel Dinamarco. *Revista Brasileira de Arbitragem*, São Paulo, v. XI, n. 41, p. 231-235, 2014.

______. *Soft Law e Produção de Provas na Arbitragem Internacional*. São Paulo: Atlas, 2014.

______; ALVES, Rafael; Ruiz, Victor M. Taking Evidence in Latin America: Some Observations on Local Practices and Use of the IBA Rules. *ICC International Court of Arbitration Bulletin*, Paris, v. 23, n. 2, p. 13-20, 2012.

ABDO, Helena Najjar. *O Abuso do Processo*. São Paulo: Editora Revista dos Tribunais, 2007.

ACOSTA, Daniel Fernando. La conducta procesal de las partes como concepto atinente a la prueba. In: ACOSTA, Daniel Fernando (Org.). *Valoración judicial de la conducta procesal*. Santa Fé: Rubinzal-Culzoni, 2005.

AHMED, Masood. The Influence of the Delocalisation and Seat Theories upon Judicial Attitudes Towards International Commercial Arbitration. *Arbitration: The International Journal of Arbitration, Mediation and Dispute Management*, Nova York, v. 77, n. 4, p. 406-422, 2011.

ALBERTO, Misael E. Un aporte más para su consideración como indicio y otras cuestiones más.... In: ACOSTA, Daniel Fernando (Org.). *Valoración judicial de la conducta procesal*. Santa Fé: Rubinzal-Culzoni, 2005.

ALEXY, Robert. *Teoria dos Direitos Fundamentais*. São Paulo: Malheiros, 2008.

ALI, Arif Hyder; SAINATI, Tatiana E., Adverse Inferences: a Proposed Methodology in the Light of Investment Arbitrations Involving Middle Eastern States. *BCDR International Arbitration Review*, Nova York, v. 3, n. 2, p. 293-326, 2016.

______ *et al. The International Arbitration Rulebook*: A Guide to Arbitral Regimes. Nova York: Kluwer Law International, 2019.

ALVES, Rafael Francisco. O devido processo legal na arbitragem. In: JOBIM, Eduardo; MACHADO, Rafael Bicca (Orgs.). *Arbitragem no Brasil*: aspectos jurídicos relevantes. São Paulo: Quartier Latin, 2008, p. 381-413.

ALVIM, Arruda. Sobre a natureza jurisdicional da arbitragem. In: CAHALI, Francisco José; RODOVALHO, Thiago; FREIRE, Alexandre (Orgs.). *Arbitragem – Estudos sobre a lei n. 13.129, de 26-5-2015*. São Paulo: Saraiva: 2016, p. 133-144.

AMARAL, Guilherme Rizzo. Burden of Proof and Adverse Inferences in International

Arbitration: Proposal for an Inference Chart. *Journal of International Arbitration*, Nova York, v. 35, n. 1, p. 1-30, 2018.

______. Verdade, justiça e dignidade da legislação: breve ensaio sobre a efetividade do processo, inspirado no pensamento de John Rawls e de Jeremy Waldron. In: KNIJNIK, Danilo (Org.). *Prova judiciária*: estudos sobre o novo direito probatório. Porto Alegre: Livraria do Advogado, 2007.

APRIGLIANO, Ricardo de Carvalho. Jurisdição e Arbitragem no Novo Código de Processo Civil. In: MELO, Leonardo de Campos; BENEDUZI, Renato Resende (Orgs.). *A Reforma de Arbitragem*. Rio de Janeiro: Forense, 2016, p. 233-265.

______. O controle judicial sobre a limitação à produção probatória determinada pelos árbitros. Violação ao devido processo legal ou revisão indevida do mérito? *Revista Brasileira de Arbitragem*, São Paulo, v. 7, n. 45, p. 58-81, 2015.

ASHFORD, Peter. *IBA Rules on the Taking Evidence in International Arbitration*: a guide. Cambridge: Cambridge University, 2013.

ATAÍDE JUNIOR. Jaldemiro Rodrigues de; SILVA, Juliana Coelho Tavares da. Uma análise crítica do preceito cominatório, instituído no NCPC, para assegurar o cumprimento da ordem de exibição de documento. In: DIDIER JÚNIOR, Fredie (Org.). *Direito probatório*. Salvador: Juspodivm, 2012, p. 637-655.

BAGNARU, Alina Mioara Cobuz. Adverse inferences in ICSID arbitration. A practical approach. In: BĚLOHLAVEK, Alexander J.; ROZEHNALOVA, Naděžda (Orgs.). *Czech (& Central European) Yearbook of Arbitration*. Haia: Lex Lata, 2021, v. XI, p. 3-15.

BARROCAS, Manuel Pereira. A razão por que não são aplicáveis à arbitragem nem os princípios nem o regime legal do processo civil. *Separata da Revista da Ordem dos Advogados*, Lisboa, n. III/IV, p. 625-630, 2015.

BARYSHEVA, Nataliya; CHESSA, Valentine. *Société Dresser-Rand Group, Inc et Société Dresser-Rand Holdings Spain, S.L.U. vol. Société Diana Capital I, F.C.R. et autres, Court of Appeal of Paris, 28 February 2017*. Nova York: Kluwer Law International, [s.d.].

BASSO, Maristela. Mito e realidade do procedimento arbitral atual II. In: CAHALI, Francisco José; RODOVALHO, Thiago; FREIRE, Alexandre (Orgs.). *Arbitragem – Estudos sobre a lei n. 13.129, de 26-5-2015*. São Paulo: Saraiva, 2016.

BEDAQUE, José Roberto dos Santos. *Poderes instrutórios do juiz*. 7ª ed. São Paulo: Revista dos Tribunais, 2013.

BÉDARD, Julie; MARQUES, Ricardo Dalmaso. A conduta dos advogados e representantes de parte em geral na arbitragem internacional – as Diretrizes IBA para a Representação de Partes em Arbitragens Internacionais. *Revista Brasileira de Arbitragem*, São Paulo, v. 14, n. 53, p. 24-43, 2017.

BEDROSYAN, Alexander Sevan. Adverse inferences in international arbitration: toothless or terrifying? *University of Pennsylvania Journal of International Law*, Filadélfia, v. 38, n. 1, p. 241-273, 2016.

BERGER, Klaus Peter. Common Law vs. Civil Law in International Arbitration: The Beginning or the End? *Journal of International Arbitration*, Nova York, v. 36, n. 3, p. 295-314, 2019.

______. Evidentiary Privileges: Best Practice Standards versus/and Arbitral Discretion. *Arbitration International*, Oxford, v. 22, n. 4, p. 501-520, 2006.

BESSON, Sébastien. L'Importance du Siège de L'Arbitrage, *Revista Brasileira de Arbitragem*, vol. IV, issue 13, 2007, p. 107-115

BLACKABY, Nigel *et al. Redfern and Hunter on International Arbitration*. 6ª ed. Nova York; Oxford: Kluwer Law International; Oxford University, 2015.

BONIZZI, Marcelo José Magalhães. *Fundamentos da prova civil*: teoria geral da prova e provas em espécie segundo o novo CPC. São Paulo: Revista dos Tribunais, 2017.

BORCHARDT, Bernardo; OHLROGGE, Leonardo. Aspectos práticos sobre pedidos de exibição de documentos em arbitragens internacionais à luz das regras da IBA. *Revista Brasileira de Arbitragem*, São Paulo, v. 18, n. 70, p. 46-78, 2021.

BORGES, Ronaldo Souza. *A prova pela presunção na formação do convencimento judicial*. Belo Horizonte: D'Placido, 2016.

BORN, Gary. *International Commercial Arbitration*. 2ª ed. Nova York: Kluwer Law International, 2014.

______. *International Commercial Arbitration*. 3ª ed. Nova York: Kluwer Law International, 2021.

BRAGUETTA, Adriana. *A importância da sede da arbitragem*: visão a partir do Brasil. Rio de Janeiro: Renovar, 2010.

BROCK, Denis Gareth; FELDMAN, Laura. Recent Trends in the Conduct of Arbitrations. *Journal of International Arbitration*, Nova York, v. 30, n. 2, p. 177-193, 2013.

BROWER, Charles N. Evidence Before International Tribunals: The Need for Some Standard Rules. *International Lawyer*, Chicago, v. 28, p. 47-58, 1994.

______. The Anatomy of Fact-Finding Before International Tribunals: An Analysis and a Proposal Concerning the Evaluation of Evidence. In: LILICH, Richard B (Org.). *Fact-Finding Before International Tribunals*: Eleventh Sokol Colloquium. Nova York: Transnational, 1991, p. 147-151.

BUZAID, Alfredo. Processo e verdade no direito brasileiro. *Revista de Processo*, São Paulo, v.12, n. 47, p. 92-99, 1987.

CAHALI, Francisco José. *Curso de arbitragem*: mediação, conciliação, tribunal multiportas. 8ª ed. São Paulo: Revista dos Tribunais, 2020.

______; RODOVALHO, Thiago; FREIRE, Alexandre (coord.). *Arbitragem – Estudos sobre a lei n. 13.129, de 26-5-2015*. São Paulo: Saraiva, 2016.

CALAMANDREI, Piero. Conseguenze della mancata esibizione di documenti in giudizio. *Rivista di diritto processuale civile*, Padova, v. VII, n. II, p. 289-301, 1930.

CAM. *Estatísticas 2019*. São Paulo, 2019. Disponível em: <https://www.camaradomercado.com.br/assets/pt-BR/2019--Estatisticas-Camara-Mercado.pdf>. Acesso em: 15 set. 2021.

CÂMARA DE ARBITRAGEM DO MERCADO. *Ementário*. 4ª ed. São Paulo, 2021. Disponível em <https://www.camaradomercado.com.br/assets/pt-BR/4-edicao--ementario.pdf>. Acesso em: 6 mar. 2022.

CAMBI, Eduardo. *Curso de Direito Probatório*. Curitiba: Juruá, 2014.

______. Teoria das cargas probatórias dinâmicas (distribuição dinâmica do ônus da prova) – Exegese do art. 373, §§ 1º e 2º do NCPC. In: JOBIM, Marco Félix; FERREIRA, William Santos (Orgs.). *Direito Probatório*. Salvador: Juspodivm, 2015, p. 187-209.

CAM-CCBC. *Relatório Anual 2019*: Fatos e números. São Paulo, 2019. Disponível em: <https://ccbc.org.br/cam-ccbc-centro-arbitragem-mediacao/wp-content/uploads/sites/10/2020/07/CAM_AR--versa%CC%83o-final-PORT-040720.pdf>. Acesso em: 15 set. 2021.

CAPRASSE, Olivier. Les documents en arbitrage. *Revue de l'Arbitrage*, Paris, n. 3, p. 513-538, 2018.

CARBONE, Carlos Alberto. Interés de documentar el comportamiento procesal relevante de las partes em el proceso escrito. In: ACOSTA, Daniel Fernando (Org.). *Valoración judicial de la conducta procesal*. Santa Fé: Rubinzal-Culzoni, 2005.

CARMONA, Carlos Aberto. Flexibilização do procedimento arbitral. In: CENTRO DE ARBITRAGEM COMERCIAL (Org.). *III Congresso do Centro de Arbitragem da Câmara de Comércio e Indústria Portuguesa*: Intervenções. Coimbra: Almedina, 2010, p. 161-180.

______. *Arbitragem e processo*: um comentário à Lei nº 9.307/96. 3ª ed. São Paulo: Atlas, 2009.

______. Breves considerações críticas acerca das diretrizes da International Bar Association sobre a representação de parte na arbitragem internacional. *Revista UNIFESO – Humanas e Sociais*, Alto Teresópolis, v. 1, n. 1, p. 69-99, 2014.

______; LEMES, Selma Ferreira; MARTINS, Pedro Batista (Orgs.). *20 Anos da Lei de Arbitragem*: Homenagem a Petrônio R. Muniz. São Paulo: GEN-Atlas, 2017.

CARNELUTTI, Francesco. *A prova civil*. Campinas: Bookseller, 2001.

CARRETEIRO, Mateus Aimoré. Burden and Standard of Proof in International Arbitration: Proposed Guidelines For Promoting Predictability. *Revista Brasileira de Arbitragem*, São Paulo, n. 49, p. 82-109, 2016.

CBAR-IPSOS. *Arbitragem no Brasil (2016)*. São Paulo, 2016. Disponível em: <https://cbar.org.br/site/arbitragem-no-brasil-pesquisa-cbar-ipsos/>. Acesso em: 16 set. 2021.

______. *Arbitragem no Brasil (2021)*. São Paulo, 2021. Disponível em: <https://cbar.org.br/site/wp-content/uploads/2021/09/pesquisa-cbar-ipsos-2021-arbitragem-no-brasil.pdf>. Acesso em: 16 set. 2021.

CLERMONT, Kevin M. *Standards of Decision in Law*: Psychological and Logical Bases for the Standard of Proof, Here and Abroad. Durham: Carolina Academic, 2013.

______. Standards of Proof Revisited. *Vermont Law Review*, Royalton, v. 33, n. 3, p. 469-487, 2009.

COELHO, Eleonora. As Táticas de Guerrilha e a Ética na Arbitragem Internacional. Revista Brasileira da Advocacia (RBA), São Paulo, n. 5, p. 35-55, 2017.

CORNERO, Guillermina. Valor probatório de la conducta procesal. In: ACOSTA, Daniel Fernando (Org.). *Valoración judicial de la conducta procesal*. Santa Fé: Rubinzal-Culzoni, 2005.

COSTA, Guilherme Recena. Livre convencimento e standards de prova. In: ZUFELATO, Camilo; YARSHELL, Flávio Luiz (Orgs.). *40 anos da teoria geral do processo no Brasil*. São Paulo: Malheiros, 2013, p. 356-380.

CREMADES, Bernardo M. Powers of the Arbitrators to Decide on the Admissibility of Evidence and to Organize the Production of Evidence. *ICC International Court of Arbitration Bulletin*, Paris, n. 1, p. 40-56, 1999.

DAVID, René. *Os grandes sistemas do direito contemporâneo*. São Paulo: Martins Fontes, 2002.

DELUIGGI, Marco. O Conflito de culturas na produção de provas em arbitragens internacionais. In: FINKELSTEIN, Cláudio; VITA, Jonathan B.; CASADO FILHO, Napoleão (Orgs.). *Arbitragem Internacional*: UNIDROIT, CISG e Direito Brasileiro. São Paulo: Quartier Latin, 2010, p. 137-150.

DERAINS, Yves. Towards Greater Efficiency in Document Production Before Arbitral tribunals, a Continental Viewpoint. *Document Production in International Arbitration*, Paris, suplemento especial, p. 83-91, 2006.

DINAMARCO, Cândido Rangel. *A arbitragem na teoria geral do processo*. São Paulo: Malheiros, 2013.

______. *Instituições de direito processual civil*. 9ª ed. São Paulo: Malheiros, 2017, v. I.

______. *Instituições de direito processual civil*. 6ª ed. São Paulo: Malheiros, 2009, v. II.

______. *Instituições de direito processual civil*. 7ª ed., São Paulo: Malheiros, 2017, v. III.

______; LOPES, Bruno Vasconcelos Carrilho. *Teoria Geral do Novo Processo Civil*. São Paulo: Malheiros, 2016.

DUBOVSKÝ, Miroslav; TRCHALÍKOVÁ, Pavlína. Adverse inferences drawn in international arbitration under the Prague Rules. *Revista Română de Arbitraj*, Bucareste, n. 2, p. 22-37, 2019.

ECHANDÍA, Hernando Devis. *Teoria General de la Prueba Judicial*. Buenos Aires: Zavalia, 1988, t. I.

______. *Teoria General de la Prueba Judicial*. Buenos Aires: Zavalia, 1988, t. II.

FERRARI, Franco; KRÖLL, Stefan (Orgs.). *Conflict of Laws in International Commercial Arbitration*. Nova York: NYU, 2019.

FERREIRA, William Santos. *Princípios fundamentais da prova cível*. São Paulo: Revista dos Tribunais, 2014.

FLOROU, Aikaterini. Adverse Inferences and Penalty Default Rules in International Investment Arbitration: A Policy Approach to the Production of Evidence. *Journal of International Dispute Settlement*, Oxford, v. 10, n. 3, p. 423-442, 2019.

FOUCHARD, Philippe. La portée internationale de l'annulation de la sentence arbitrale dans son pays d'origine. *Revue de l'Arbitrage*, Paris, n. 3, p. 329-352, 1997.

______. Où va l'arbitrage international? *McGill Law Journal*, Montréal, v. 34, p. 435-456, 1989.

______. Suggestions pour accroître l'efficacité internationale des sentences arbitrales. *Revue de l'Arbitrage*, Paris, n. 4, p. 653-672, 1998.

GAILLARD, Emmanuel. Abuse of Process in International Arbitration, *ICSID Review – Foreign Investment Law Journal*, Oxford, v. 32, n. 1, p. 17-37, 2017.

______. *Aspects philosophiques du droit de l'arbitrage international*. Leiden; Boston: Martinus NIJHoff, 2008.

______; SAVAGE, John (Orgs.). *Fouchard Gaillard Goldman on International Commercial Arbitration*. Nova York: Kluwer Law International, 1999.

GARNER, Bryan A. *Black's Law Dictionary*. 9ª ed. Toronto: Thomson West, 2009.

GIOVANNINI, Teresa; MOURRE, Alexis. X vol. Y, ICC Award No. 8694, 1996. In: ICC (Org.). *Written Evidence and Discovery in International Arbitration*: New issues and Tendencies. Paris: ICC, 2009, p. 225-228.

GOODE, Roy. Role of the Lex Loci Arbitri in International Commercial Arbitration. *Arbitration International*, Oxford, v. 17, n. 1, p. 19-40, 2001.

GOUVEIA, Mariana França. Adverse Inferences: to draw or not to draw: (Cour d'appel de Paris, 28 Février 2017). *Revista PLMJ Arbitragem*, Lisboa, n. 2, p. 2-8, 2018.

GREENBERG, Simon. Le standard de la preuve en arbitrage international. *Revue de l'Arbitrage*, Paris, n. 1, p. 113-132, 2020.

______; LAUTENSCHLAGER, Felix. Adverse Inferences in International Arbitral Practice. *ICC International Court of Arbitration Bulletin*, Paris, v. 22, n. 2, p. 43-56, 2011.

GRINOVER, Ada Pellegrini. *Ensaio sobre a processualidade*. Brasília: Gazeta Jurídica, 2018.

GRITSCH, Andrea; RIEGLER, Stefan; ZOLLNER, Alexander. The Taking of Evidence. In: KLÄSENER, Amy C. (Org.). *The Guide to M&A Arbitration*. Londres: Global Arbitration Review, 2018. Disponível em: <https://globalarbitrationreview.com/guide/the-guide-ma-arbitration/2nd-edition/article/the-taking-of-evidence>. Acesso em: 17 mar. 2022.

HANOTIAU, Bernard. Document Production in International Arbitration: a Tentative Definition of Best Practices. *Document Production in International Arbitration*, Paris, suplemento especial, p. 113-119, 2006.

______. International Arbitration in a Global Economy: The Challenges of the Future. *Journal of International Arbitration*, Nova York, v. 28, n. 2, p. 89-103, 2011.

______. Quand l'arbitrage s'en va-t-en guerre: les pertubations par l'Etat de la procédure arbitrale. *Revue de l'arbitrage*, Paris, n. 3, p. 805-826, 2003.

______. The search for the truth in arbitration: is it possible to start from a definition of "truth"? In: DEMEYERE, Luc (Org.), *Do Arbitral Awards Reveal the Truth?* Nova York: Wolters Kluwer, 2019, p. 1-7.

HEÑIN, Fernando Adrián. Valoración judicial de la conducta procesal. *Revista de Processo*, São Paulo, v. 170, p. 59-93, 2009.

______; ROMERO, Eduardo Silva. La preuve dans l'arbitrage: Prague Rules v. IBA Rules. *Revue de l'Arbitrage*, Paris, n. 1, p. 71-87, 2020.

HOLTZMANN, Howard M.; NEUHAUS, Joseph. *A Guide to the UNCITRAL Model Law on International Commercial Arbitration*: Legislative History and Commentary. Nova York: Kluwer Law International, 1989.

HOOIJDONK, Marieke van; HERINCKX, Yves. The impact of IBA guidelines and rules on the search for the truth in arbitration. In: DEMEYERE, Luc (Org.). *Do Arbitral Awards Reveal the Truth?* Nova York: Wolters Kluwer, 2019, p. 93-120.

HOSANG, Alain F. Adverse Inferences as a Consequence of the Non-Production of Documents According to the 2010 IBA Rules of Evidence in International Commercial Arbitration. In: BÜCHLER, Andrea; MÜLLER-CHEN, Markus (Orgs.). *Private Law*: National, Global, Comparative: Festschrift Für Ingeborg Schwenzer Zum 60. Geburtstag. Bern: Intersentia, 2011, p. 791-805.

HOUTTE, Vera van. Adverse Inferences in International Arbitration. In: ICC (Org.). *Written Evidence and Discovery in International Arbitration*: New issues and Tendencies. Paris: ICC, 2009, p. 195-320.

HUCK, Hermes Marcelo. As Táticas de Guerrilha na Arbitragem. In: CARMONA, Carlos Alberto; LEMES, Selma Ferreira; MARTINS, Pedro Batista (Orgs.). *20 Anos da Lei de Arbitragem*: Homenagem a Petrônio R. Muniz. São Paulo: GEN-Atlas, 2017, p. 304-309.

HWANG, Michael. Why is There Still Resistance to Arbitration in Asia? *Table Talk. Luchtime addresses The International Arbitration Club*, Nova York, p. 4-15, 2007.

IBA. *Commentary on the revised text of the 2020 IBA Rules on the Taking of Evidence in International Arbitration*. Londres, 2021. Disponível em: <https://www.ibanet.org/MediaHandler?id=4F797338-693E-47C7-A92A-1509790ECC9D>. Acesso em: 28 fev. 2022.

______. The IBA Arbitration Guidelines and Rules Subcommittee. Report on the

Reception of the IBA Arbitration Soft Law Products. 2016.

ICC. 2000 Statistical Report. *ICC International Court of Arbitration Bulletin*, Paris, v. 12, n. 1, 2001.

______. Extracts form ICC Arbitral Awards on the Subsect of Adverse Interferences. *ICC International Court of Arbitration Bulletin*, Paris, v. 22, n. 2, 2011.

______. *ICC Commission Report. Controlling Time and Costs in Arbitration.* Paris, 2018. Disponível em: <https://iccwbo.org/content/uploads/sites/3/2018/03/icc-arbitration-commission-report-on-techniques-for-controlling-time-and-costs-in-arbitration-english-version.pdf>. Acesso em: 6 mar. 2022.

______. *ICC Dispute Resolution 2020 Statistics.* Paris, 2020. Disponível em: <https://iccwbo.org/publication/icc-dispute-resolution-statistics-2020/>. Acesso em: 15 set. 2021.

ICCA. *ICCA Task force on Standards of Practice in International Arbitration*: ICCA Guidelines on Standards of Practice in International Arbitration. Haia, 2021.

Júdice, José-Miguel. Inferencia adversa e inversión de la carga de la prueba en arbitraje internacional. In: SEMINARIO INTERNACIONAL DE ARBITRAJE, 1º, 2015, San Sebastián. *Anais do Seminario Internacional de Arbitraje* San Sebastián: Universidad del País Vasco, 2015. Disponível em: <http://www.josemigueljudice-arbitration.com>. Acesso em: 17 mar. 2022.

Kaufmann-Kohler, Gabrielle. Discovery in international arbitration: How much is too much? *Zeitschrift für Schiedsverfahren*, Bonn, v. 1, p. 13-21, 2004.

______. Globalization of Arbitral Procedure. *Vanderbilt Journal of Transnational Law*, Nashville, v. 36, n. 4, p. 1313-1334, 2003.

______. Identifying and Applying the Law Governing the Arbitration Procedure – The Role of the Law of the Place of Arbitration. In: BERG, Albert Jan van den (Org.). *Improving the Efficiency of Arbitration Agreements and Awards*: 40 Years of Application of the New York Convention. Nova York: Kluwer Law International, 1999, p. 336-365.

______. Soft Law in International Arbitration: Codification and Normativity. *Journal of International Dispute Settlement*, Oxford, v. 1, n. 2, p. 283-299, 2010.

Kazazi, Mojtaba. *Burden of Proof and Related issues*: A Study of Evidence Before International Tribunals. Nova York: Kluwer Law International, 1996.

Khodykin, Roman Mikhailovich *et al.* *A Guide to the IBA Rules on the Taking of Evidence in International Arbitration.* Oxford: Oxford University, 2019.

Knijnik, Danilo. *A prova nos juízos cível, penal e tributário.* Rio de Janeiro: Forense, 2007.

______. Os Standards do Convencimento Judicial: paradigmas para o seu possível controle. *Revista Forense*, Rio de Janeiro, v. 97, n.353, p. 15-52, 2001.

Kolo, Abba. Witness Intimidation, Tampering and Other Related Abuses of Process in Investment Arbitration: Possible Remedies Available to the Arbitral Tribunal. *Arbitration International*, Oxford, v. 26, n. 1, p. 43-86, 2010.

Kreindler, Richard. Practice and Procedure Regarding Proof: The Need for More Precision. In: Berg, Albert Jan van den (Org.). *Legitimacy*: Myths, Realities, Challenges. Nova York: Kluwer Law International, 2015, p. 156-182.

Lalive, Pierre. De la fureur réglementaire. *ASA Bulletin*, Nova York, v. 12, n. 2, p. 213-219, 1994.

Lemes, Selma Maria Ferreira. *Os princípios jurídicos da Lei de Arbitragem.* In: Martins,

Pedro A. Batista; LEMES, Selma Maria Ferreira; CARMONA, Carlos Alberto (Orgs.). *Aspectos fundamentas da Lei de Arbitragem*. Rio de Janeiro: Forense, 1999.

LEVINE, Judith. Can Arbitrators Choose Who to Call as Witnesses? (And What Can Be Done If They Don't Show Up?). In: BERG, Albert Jan van den (Org.). *Legitimacy*: Myths, Realities, Challenges. Nova York: Kluwer Law International, 2015, p. 315-356.

LEW, Julian David Mathew. Achieving the Dream: Autonomous Arbitration. *Arbitration International*, Oxford, v. 22, n. 2, p. 179-204, 2006.

______; MISTELIS, Loukas A.; KRÖLL, Stefan. *Comparative International Commercial Arbitration*. Nova York: Kluwer Law International, 2003.

LOPES, João Batista. *A prova no direito processual civil*. 3ª. ed. São Paulo: Editora Revista dos Tribunais, 2007.

______. Provas atípicas e efetividade do processo. *Revista Eletrônica de Direito Processual*, Rio de Janeiro, n. 5, p. 389-402, 2010.

LUTTRELL, Sam. An Introduction to Conflict of Laws in International Commercial Arbitration. *International Trade and Business Law Review*, Tucson, n. 14, p. 404-413, 2011.

______. Ten Things to Consider When Seeking Adverse Inferences in International Arbitration. In: GONZÁLEZ-BUENO, Carlos (Org.). *40 Under 40*: International Arbitration (2018). Madri: Dykinson, 2018, p. 281-295.

______; HARRIS, Peter. Reinventing the Redfern. *Journal of International Arbitration*, Nova York, v. 33, n. 4, p. 353-364, 2016.

LY, Filip de. Conflicts of Law in International Arbitration – an Overview. In: FERRARI, Franco; KRÖLL, Stefan (Orgs.). *Conflict of Laws in International Commercial Arbitration*. Nova York: NYU, 2019, p. 1-15.

MAGALHÃES, José Carlos de. *Arbitragem*: sociedade civil x Estado. São Paulo: Almedina, 2020.

MALUF, Carlos Alberto Dabus. As presunções na teoria da prova. *Revista da Faculdade de Direito da Universidade de São Paulo*, São Paulo, v. 79, p. 192-223, 1984.

MANGE, Flávia Fóz. *Processo arbitral*. São Paulo: Quartier Latin, 2014.

MANN, Francis. A. Lex Facit Arbitrum. *Arbitration International*, Oxford, v. 2, n. 3, p. 241-261, 1986.

MARGHITOLA, Reto. *Document production in international arbitration*. Nova York: Wolters Kluwer, 2015.

MARINONI, Luiz Guilherme; ARENHART, Sérgio Cruz. *Prova e convicção de acordo com o CPC de 2015*. 3ª ed., São Paulo: Revista dos Tribunais, 2015.

MAROSSI, Ali Z. Shifting the Burden of Proof in the Practice of the Iran-United States Claims Tribunal. *Journal of International Arbitration*, Nova York, v. 28, n. 5, p. 427-443, 2011.

MARTHA, Rutsel Silvestre J. Presumptions and Burden of Proof in World Trade Law, *Journal of International Arbitration*, 1997, vol. 14, issue 1, p. 67-98.

MAVROMATI, Chrysoula. The Laws Applicable to the Taking and Evaluation of Evidence in International Arbitration. In: FERRARI; KRÖLL, Stefan (Orgs.). *Conflict of Laws in International Commercial Arbitration*. Nova York: NYU, 2019.

MARTINS, Pedro A. Batista. Panorâmica sobre as provas na arbitragem. In: JOBIM, Eduardo; MACHADO, Rafael Bicca (Orgs.) *Arbitragem no Brasil*: aspectos jurídicos relevantes. São Paulo: Quartier Latin, 2008.

MAYER, Pierre. Comparative Analysis of Power of Arbitrators to Determine

Procedures in Civil and Common Law Systems. In: BERG, Albert Jan van den (Org.). *Planning Efficient Arbitration Proceedings*: The Law Applicable in International Arbitration. Nova York: Kluwer Law International, 1996, p. 24-38.

MCDOUGALL, Andrew de Lotbiniere; BOUCHARDIE, Nicolas. How International Arbitral Tribunals Establish the Facts of a Case through Documentary Evidence. *International Business Law Journal*, Mytholmroyd, n. 4, p. 509-522, 2008.

MEDINA, Paulo Roberto de Gouvêia. A prova das intenções no processo civil. *Revista de Processo*, São Paulo, v. 115, p. 74-86, 2004.

MEYER-FABRE, Nathalie. Les preuves détenues par l'autre partie. *Revue de l'Arbitrage*, Paris, n. 1, p. 89-99, 2020.

MONTESANO, L. Le prove atipiche nelle 'presunzioni' e negli 'argomenti' del Giudice civile. *Rivista di Diritto Processuale*, Padova, v. XXXV, p. 233-251, 1980.

MONTORO, Marcos André Franco. *Flexibilidade do procedimento arbitral*. Tese (Doutorado em Direito) – Faculdade de Direito, Universidade de São Paulo, São Paulo, 2010.

MOREIRA, José Carlos Barbosa. Alguns problemas atuais da prova civil. *Revista de Processo*, São Paulo, v. 14, n. 53, p. 122-133, 1989 (*online* e não paginado).

______. *Temas de direito processual*. São Paulo: Saraiva, 1977.

MOURRE, Alexis. About Procedural Soft Law, the IBA Guidelines on Party Representation and the Future of Arbitration. In: SHAUGHNESSY; Patricia Louise; TUNG, Sherlin (Orgs.). *The Powers and Duties of an Arbitrator*: Liber Amicorum Pierre A. Karrer. Nova York: Kluwer Law International 2017, p. 239-250.

MURIEL, Marcelo A. Produção de provas na arbitragem. In: CARMONA, Carlos Alberto; LEMES, Selma Ferreira; MARTINS, Pedro Batista (Orgs.). *20 Anos da Lei de Arbitragem*: Homenagem a Petrônio R. Muniz. São Paulo: GEN-Atlas, 2017.

NAÓN, Horacio A. Grigera. Document Production in International Commercial Arbitration: A Latin American Perspective. *Document Production in International Commercial*, Paris, suplemento especial, 2006 (*online* e não paginado).

NELSON, Timothy G.; HENIN, Paula F; NAIRN, Karyl. Evidentiary Inferences: do Choice of Law and Seat Make a Difference? In: KAPLAN, Neil; MOSER, Michael J. (Orgs.). *Jurisdiction, Admissibility and Choice of Law in International Arbitration*: Liber Amicorum Michael Pryles. Nova York: Wolters Kluwer, 2018, p. 151-174.

NILSSON, Bo G. H. Negative Inferences: an Arbitral Tribunal's Powers to Draw Adverse Conclusions from a Party's Failure to Comply with the Tribunal's Orders. In: HOBÉR, Kaj I.; MAGNUSSON, Annette; ÖHRSTRÖM, Marie (Orgs.). *Between East and West*: Essays in honour of Ulf Franke. Huntington: Juris, 2010, p. 351-366.

O'MALLEY, Nathan D. *Rules of evidence in international arbitration*: an annotated guide. 2ª ed. Londres: Informa, 2019.

______. The Procedural Rules Governing the Production of Documentary Evidence in International Arbitration – As Applied in Practice. *The Law & Practice of International Courts and Tribunals*, Leiden, v. 8, p. 27-90, 2009.

OLIVEIRA, Carlos Alberto Alvaro de. Presunções e ficções no direito probatório. *Revista de Processo*, São Paulo, v. 36, n. 196, p.13-20, 2011.

ONU. UNCITRAL. *Status*: Convention on the Recognition and Enforcement of

Foreign Arbitral Awards. Nova York, 1958. Disponível em: https://uncitral.un.org/en/texts/arbitration/conventions/foreign_arbitral_awards/status2%20. Acesso em: 16 mar. 2022.

______. *Status*: UNCITRAL Model Law on International Commercial Arbitration (1985), with amendments as adopted in 2006. Vienna, 2006. Disponível em: <https://uncitral.un.org/en/texts/arbitration/modellaw/commercial_arbitration/status>. Acesso em: 16 mar. 2022.

ORTEGA, Elsa. France: The Recent Decision by the Paris Court of Appeal in the Dresser Rand Case: an Endorsement of the Use of Adverse Inferences in International Arbitration. *ICC Dispute Resolution Bulletin*, Paris, n. 3, 2017 (*online* e não paginado).

PARENTE, Eduardo de Albuquerque. *Processo arbitral e sistema*. São Paulo: Atlas, 2012.

PARK, William W. The Procedural Soft Law of International Arbitration: Non-Governmental Instruments. In: MISTELIS, Loukas, LEW, Julian D. M. (Orgs.). *Pervasive problems in international arbitration*. Nova York: Kluwer Law International, 2006, p. 141-154.

______. Arbitrators and Accuracy. *Journal of International Dispute Settlement*, Oxford, v. 1, n. 1, p. 25-53, 2010.

______. The *Lex Loci Arbitri* and International Commercial Arbitration. *The International and Comparative Law Quarterly*, Cambridge, v. 32, n. 1, p. 21-52, 1983.

PAUKER, Saar A. Substance and procedure in international arbitration. *Arbitration International*, Oxford, v. 36, n. 1, p. 3-66, 2020.

PAULSSON, Jan. Arbitration in three dimensions. *LSE Legal Studies Working Paper*, Londres, n. 2/2010, 2010. Disponível em: <https://papers.ssrn.com/sol3/papers.cfm?abstract_id=1536093>. Acesso em: 17 mar. 2022.

______. Arbitration Unbound: Award Detached from the Law of Its Country of Origin. *The International and Comparative Law Quarterly*, Cambridge, v. 30, n. 2, p. 358-387, 1981.

______. Delocalisation of International Commercial Arbitration: When and Why it Matters. *The International and Comparative Law Quarterly*, Cambridge, v. 32, n. 1, p. 53-61, 1983.

______. Overview of Methods of Presenting Evidence in Different Legal Systems. In: BERG, Albert Jan van den (Org.). *Planning Efficient Arbitration Proceedings*: The Law Applicable in International Arbitration. Nova York: Kluwer Law International, 1996, p. 112-122.

PETTER, Eduardo Leardini. *A execução de sentença arbitral estrangeira anulada na sede*: uma análise da SEC nº 5.782 à luz da experiência internacional. São Paulo: CBAr, 2019. Disponível em: <https://cbar.org.br/site/concurso-de-monografias-2019/>. Acesso em: 25 set. 2021.

PINTO, José Emilio Nunes. Anotações Práticas sobre a Produção de Prova na Arbitragem. *Revista Brasileira de Arbitragem*, São Paulo, v. 7, n. 25, p. 7-28, 2010.

______. Anulação de sentença arbitral *infra petita*, *extra petita* ou *ultra petita*. In: FINKELSTEIN, Cláudio; VITA, Jonathan B.; CASADO FILHO, Napoleão (Orgs.). *Arbitragem Internacional*: UNIDROIT, CISG e Direito Brasileiro. São Paulo: Quartier Latin, 2010, p. 79-99.

POLKINGHORNE, Michael; GILL, Benjamin Ainsley. Due Process Paranoia: Need We Be Cruel to Be Kind? *Journal of International Arbitration*, Nova York, v. 34, n. 6, p. 935-946, 2017.

______; ROSENBERG, Charles. The Adverse Inference in ICSID Practice.

Foreign Investment Law Journal, Oxford, v. 30, n. 3, p. 741-751, 2015.

POUDRET, Jean-François; BESSON, Sébastien. *Comparative Law of International Arbitration*. Londres: Thomson-Sweet & Maxwell, 2007.

PUCCI, Adriana Noemi; GURGEL, Ana Carolina do Amaral. A Prova na arbitragem. In: DOURADO, Ruy Janoni *et al.* (Orgs.). *Atualidades da arbitragem comercial*: estudos dos membros da Comissão de Arbitragem e do Comitê de Coordenação da Câmara de Mediação, Conciliação e Arbitragem da OAB/SP. São Paulo: Quartier Latin, 2021. p. 21-36.

PUOLI, José Carlos Baptista. Jurisdição e a 'decisão' como fator distintivo em relação aos métodos consensuais de solução de controvérsia. In: TUCCI, José Rogério Cruz *et al.* (Orgs.). *Estudos em homenagem a Cândido Rangel Dinamarco*. São Paulo: Malheiros, 2022, p. 624-632.

______. O Ônus da Prova e sua Distribuição Dinâmica no Novo Código de Processo Civil. In: GRINOVER, Ada Pellegrini *et al.* (Orgs.). *O novo código de processo civil*: Questões controvertidas. São Paulo: Atlas, 2015, p. 231-251.

QUEEN MARY UNIVERSITY OF LONDON; WHITE & CASE LLP. *2015 International Arbitration Survey*: Improvements and Innovations in International Arbitration. Londres, 2015. Disponível em: <http://www.arbitration.qmul.ac.uk/research/2015/>. Acesso em: 15 set. 2021.

______; ______. *2018 International Arbitration Survey*: The Evolution of International Arbitration. Londres, 2018. Disponível em: http://www.arbitration.qmul.ac.uk/research/2018/. Acesso em: 15 set. 2021.

______; ______. *2012 International Arbitration Survey*: Current and Preferred Practices in the Arbitral Process. Londres, 2012. Disponível em: <http://www.arbitration.qmul.ac.uk/research/2012/>. Acesso em: 8 set. 2021.

RAESCHKE-KESSLER, Hilmar. The Production of Documents in International Arbitration: a Commentary on Article 3 of the New IBA Rules of Evidence. *Arbitration International*, Oxford, v. 18, n. 4, p. 411-430, 2002.

RAMOS, Ana Morales. La deducción de inferencias negativas de la no producción de prueba. La práctica en Litigios y Arbitrajes Internacionales y, en particular, la experiencia del Irán – U.S. Claims Tribunal. *Spain Arbitration Review – Revista del Club Español del Arbitraje*, Madri, n. 28, p. 29-43, 2017.

REDFERN, Allan *et al.* The Standards and Burden of Proof in International Arbitration. *Arbitration International*, Oxford, v. 10, n. 3, p. 317-364, 1994.

REICHELT, Luis Alberto. *A prova no direito processual civil*. Porto Alegre: Livraria do Advogado, 2009.

RICCI, Gian Franco. Prove e argomenti di prova. *Rivista Trimestrale di Diritto e Procedura Civile*, Milão, v. XLII, p. 1036-1104, 1988.

RIGHI, Ivan. Eficácia probatória do comportamento das partes, *Revista da Faculdade de Direito UFPR*, Curitiba, v. 20, p. 1-9, 1981.

ROSE, Cecily. Circumstantial Evidence, Adverse Inferences, and Findings of Corruption: Metal-Tech v. The Republic of Uzbekistan. *The Journal of World Investment and Trade*, Leiden, v. 15, p. 747-756, 2014.

ROSENFELD, Friedrich. The Law Applicable to Legal Privilege in International Commercial Arbitration. In: FERRARI, Franco; KRÖLL, Stefan (Orgs.). *Conflict of Laws in International Commer-*

cial Arbitration. Nova York: NYU, 2019, p. 213-237.

RUFFINI, Giuseppe. Argomenti di prova e fondamento della decisione del giudice civile. *Rivista Trimestrale di Diritto e Procedura Civile*, Milão, v. 58, n. 4, p. 1329-1357. 2004.

SANDIFER, Durward V. *Evidence before International Tribunals*. Chicago: Foundation, 1939.

SANTOS, Moacyr Amaral. *Prova Judiciária no cível e comercial*. 3ª ed. São Paulo: Max Limonad, 1961, v. I.

______. *Prova Judiciária no cível e comercial*. 2ª ed. São Paulo: Max Limonad, 1955, v. V.

SCHLAEPFER, Anne-Véronique. The Burden of Proof in International Arbitration In: BERG, Albert Jan van den (Org.). *Legitimacy*: Myths, Realities, Challenges. Nova York: Kluwer Law International, 2015, p. 127-33.

SCHWARTZ, Eric; DERAINS, Yves. *Guide to the ICC Rules of Arbitration*. 2ª ed. Nova York: Kluwer Law International, 2005.

SERAGLINI, Christophe. Les conflits de lois en matière de preuve dans l'arbitrage international. *Revue de l'Arbitrage*, Paris, n. 1, p. 133-148, 2020.

SEREC, Fernando Eduardo. Provas na arbitragem. In: CARMONA, Carlos Alberto; LEMES, Selma Ferreira; MARTINS, Pedro Batista (Orgs.). *20 Anos da Lei de Arbitragem*: Homenagem a Petrônio R. Muniz. São Paulo: GEN-Atlas, 2017, p. 286-303.

SHARPE, Jeremy K. Drawing Adverse Inferences from the Non-production of Evidence. *Arbitration International*, Oxford, v. 22, n. 4, p. 549-572, 2006.

SICARD-MIRABAL, Josefa; DERAINS, Yves. *Introduction to Investor-State Arbitration*. Nova York: Kluwer Law International, 2018.

SILVEIRA, Gustavo Scheffer da. Os efeitos da sentença arbitral anulada em seu país de origem em direito francês. *Revista Brasileira de Arbitragem*, São Paulo, v. VII, n. 26, p. 35-72, 2010.

SINICROPI, Anthony V.; HILL JUNIOR., Marvin. *Evidence in arbitration*. Washington: BNA, 1980.

SKONTZOS, Athanassios V. The Burden and Standard of Proof in Model International Procedural Law: Dealing with the Burden and Standard of Proof in International Disputes. *Uniform Law Review*, Oxford, v. 23, n. 3-4, p. 569-592, 2018.

SMITH, Jennifer M.; NADEAU-SÉGUIN, Sara. The Illusive Standard of Proof in International Commercial Arbitration. In: BERG, Albert Jan van den (Org.). *Legitimacy*: Myths, Realities, Challenges. Nova York: Kluwer Law International, 2015, p. 134-155.

SOLIS, Menalco. Adverse inferences in defense of good faith. *Kluwer Arbitration Blog*, Nova York, 23.4.2018. Disponível em: <http://arbitrationblog.kluwerarbitration.com/2018/04/23/adverse-inferences-defense-good-faith/>. Acesso em: 24 fev. 2020.

______. Adverse inferences in investor-state arbitration. *Arbitration International*, Oxford, v. 34, n. 1, p. 79-103, 2018.

SOURGENS, Frédéric G.; DUGGAL, Kabir; LAIRD, Ian A. *Evidence in International Investment Arbitration*. Oxford: Oxford University, 2018.

SWERDLOFF, Nicolas; ELUL, Hagit *et al*., Arbitrators' Power to Sanction Non-Compliance in Discovery in International Commercial Arbitration. In: BERG, Albert Jan van den (Org.). *Legitimacy*: Myths, Realities, Challenges. Nova York: Kluwer Law International, 2015, p. 221-240.

TARUFFO, Michele. *A prova*. São Paulo: Marcial Pons, 2014.

______. Abuso de direitos processuais: comparativos de lealdade processual (relatório geral). *Revista de Processo*, São Paulo, v. 34, n. 177, p. 153-184, 2009.

______. La verità nel Processo. *Revista de Processo*, São Paulo, v. 235, p. 51-67, 2014 (*online* e não paginado).

TRIPODI, Leandro. Arbitragem doméstica e internacional: o que significam monismo e dualismo no terreno da arbitragem?. In: CAHALI, Francisco José; RODOVALHO, Thiago; FREIRE, Alexandre (Orgs.). *Arbitragem – Estudos sobre a lei n. 13.129, de 26-5-2015*. São Paulo: Saraiva, 2016, p. 329-336.

UNCITRAL. *UNCITRAL 2012 Digest of Case Law on the Model Law on International Commercial Arbitration*. Viena, 2012. Disponível em: <https://uncitral.un.org/sites/uncitral.un.org/files/media-documents/uncitral/en/mal-digest-2012-e.pdf>. Acesso em: 16 mar. 2022.

BERG, Albert Jan van den (Org.). *Planning Efficient Arbitration Proceedings*: The Law Applicable in International Arbitration. Nova York: Kluwer Law International, 1996.

______. *Yearbook Commercial Arbitration 1999*. Nova York: Kluwer Law International, 1999, v. XXIVa.

VÉRAS, Felipe Sebhastian Caldas. *Arbitragem e Corrupção*: um estudo sob a perspectiva do direito brasileiro. Dissertação (Mestrado em Direito) – Faculdade de Direito da Universidade Federal de Minas Gerais, Belo Horizonte, 2020.

VERÇOSA, Haroldo Malheiros Duclerc. Doze anos da lei de arbitragem: alguns aspectos ainda relevantes. In: VERÇOSA, Haroldo Malheiros Duclerc (Org.). *Aspectos da arbitragem institucional*:12 anos da Lei 9.307/1996. São Paulo: Malheiros, 2008, p. 15-32.

WAINCYMER, Jeffrey. *Procedure and Evidence in International Arbitration*. Nova York: Kluwer Law International, 2012.

WEBSTER, Thomas H. Obtaining Documents from Adverse Parties in International Arbitration. *Arbitration International*, Oxford, v. 17, n. 1, p. 41-58, 2001.

WESTGAVER, Claire Morel de. ZINATULLINA, Ellina. Will Adverse Inferences Help Make Document Production in International Arbitration More Efficient?. *Kluwer Arbitration Blog*, Nova York, 2 de Agosto de 2017. Disponível em: <http://arbitrationblog.kluwerarbitration.com/2017/08/02/will-adverse-inferences-help-make-document-production-international-arbitration-efficient/>. Acesso em: 23 fev. 2020.

ZYKOVA, Karina. *Drawing adverse inferences from non-production of documentary evidence in international arbitration*. Dissertação (Mestrado em Direito) – University of Oslo, Oslo, 2017.